| 일러두기 |

• 인명과 지명은 외래어 표기법을 기본적으로 따르되, 퓨기 형태를 그리스어 원음에 가깝게 하였다.
• 단수와 복수의 어형이 다른 경우에는 문맥에 맞는 형태의 용어를 선별하여 표기하였다.

나는 스타벅스에서
그리스신화를 마신다

초판 1쇄 발행 | 2024년 8월 1일
초판 2쇄 발행 | 2024년 10월 21일

지은이 | 이경덕
펴낸이 | 이원범
기획 · 편집 | 김은숙
마케팅 | 안오영
표지 · 본문 디자인 | 강선욱

펴낸곳 | 어바웃어북 **about a book**
출판등록 | 2010년 12월 24일 제313-2010-377호
주소 | 서울시 강서구 마곡중앙로 161-8 C동 1002호 (마곡동, 두산더랜드파크)
전화 | (편집팀) 070-4232-6071 (영업팀) 070-4233-6070
팩스 | 02-335-6078

ⓒ 이경덕, 2024

ISBN | 979-11-92229-41-6   03210

세이렌은 어떻게
당신의 취향을 저격해 왔는가

나는 스타벅스에서
그리스신화를 마신다

이경덕 지음

어바웃어북

BTS, 스타벅스, 해리포터를 낳은
이야기의 힘

나이가 들면 기억력이 떨어지면서 가장 먼저 잊는 것이 '명사'라고 한다. 뒤집어 생각하면 우리 생활에서 명사가 가장 불필요한 말일 수도 있다. 반면 가장 오랫동안 기억에 남는 것은 '동사'다. 명사가 화석화된 품사라면 동사는 생물이다. 신화는 명사가 아닌 동사다. 수천 년 동안 끊임없이 우리 삶을 변주해 오고 있기 때문이다. 신화는 유물화된 관념이 아니라 지금 여기에 살아 움직이는 '이야기'다.

신화를 읽는 일은 매우 현대적이다. 지나온 낯익은 과거가 신화라는 마법을 통해 새로워진다는 점에서 신화를 읽고 만나는 것이 현대적이라는 뜻이다. 그리고 늘 새롭다. 오늘의 신화 읽기를 통해서 과거에 경험했던 사건과 그에 대한 기억을 새롭게 만들 수 있기에 그렇다. 그래서 싱싱하고 건강한 삶을 살고 싶다면 때때로 신화를 만나 삶을 새롭게 만들 필요가 있다.

신화는 제법 긴 삶의 나이테를 가진 인류가 만들어 낸 최초의 '지적인 산물'이다. 인류는 세상을 이해하고 어떻게 사는 게 더 좋은지를 궁리하고,

다른 사람과 나누고, 후손에게 전하기 위해 신화를 만들어 냈다. 그래서 신화는 그 신화를 보유하고 있는 문화와 단단하게 연결되어 있다.

문화가 무엇인지에 관한 연구는 매우 많으나 기본적으로 상징 체계와 관련이 있다는 견해를 받아들인다면, 신화와 문화의 단단한 관계에 대해 밝히기가 한층 쉬워진다. 상징은 이야기를 통해 만들어지고, 신화는 가장 오래되고 세련된 이야기이기 때문이다.

많은 사람이 비둘기가 평화를 상징한다고 인식한다. 그래서 올림픽처럼 지구촌의 큰 행사가 있을 때 어김없이 평화를 기원하며 비둘기를 날려 보낸다. 그런데 2009년 한국 환경부는 비둘기를 시설물 부식을 유발하고 사람에게 질병을 옮기는 해로운 조수로 지정해 먹이 주는 행위를 하지 못하도록 했다.

비둘기가 평화와 유해함이라는 극단적으로 상반된 얼굴을 갖게 된 이유는 바로 상징에 있다. 즉 상징은 이야기를 통해 만들어진 것이기에 실제 모습과 딴판인 경우도 많다. 비둘기가 평화의 상징으로 정착한 것은 『구약성서』의 '노아의 방주' 이야기 때문이다. 물 위를 떠돌던 노아는 홍수가 끝났는지 알아보기 위해 방주 밖으로 비둘기를 날려 보냈다. 귀소 본능이 있는 비둘기는 잎사귀를 물고 돌아와 땅이 말랐다는 것을 알려주었다.

이렇게 이야기가 상징을 만들고 그 상징을 통해 각각 고유한 문화가 형성된다는 점에서 이야기는 매우 큰 힘을 지니고 있다. 오늘날은 이야기 폭증 시대다. 유튜브와 TV, 영화, OTT, 웹툰, 게임 등이 수많은 이야기를 쏟아내고 있다. 여기에 더해 우리는 SNS를 통해서 '나의 고유한 이야기'

를 끊임없이 생산하고 있다. 그 과정에서 꾸준하게 상징을 토대로 한 문화가 형성되었고, 이를 바탕으로 다시 새로운 이야기가 만들어지고 있다. 우리가 듣고 보고 읽고 즐기는 모든 콘텐츠가 이 과정 안에 있다. 한편으로 산업은 이야기를 활용해서 엄청난 수익을 낸다. 커피 한 잔에서 게임, 광고, 케이팝, 챗GPT 심지어 우주로 보낸 탐사선에 이르기까지, 우리가 소비하는 많은 것들이 이야기를 자양분으로 삼고 있다. 그리고 그 이야기의 정점에 '신화'가 있다.

세계화의 영향으로 지구촌 곳곳은 서로의 문화를 공유하고 있다. 우리의 생활과 문화 속에도 서양 문화가 깊숙이 들어와 있으며, 서양 문화의 토대인 그리스 신화와 손을 맞잡은 것들이 우리 주변에 가득하다.

스타벅스는 그리스 신화를 가장 가까이에서 만날 수 있는 공간이다. 초록색 동그라미 안에서 미소 짓고 있는 세이렌은 과거 아름다운 노랫소리로 바다를 지나는 선원들을 유혹하고 홀렸으나, 오늘날에는 커피의 맛과 향으로 세상을 항해하는 우리를 유혹하고 홀린다.

케이팝 그룹 BTS는 '축제의 신'이자 '황홀경의 신' 디오니소스를 무대 위로 소환해 음악과 춤으로 세상과 소통하겠다는 메시지를 전한다. 그리고 이카로스 신화를 통해 감당하기 힘들 만큼 빠르게 성장한 자신들의 처지를 은유한다. 이들은 신화의 상징을 빌려 노랫말을 만드는 데 그치지 않고, 자신들의 생각을 담아 새로운 신화를 써 내려간다. 이들 21세기 이카로스들은 태양을 향해 날아오르기보다는 작은 존재의 소소한 행복을 지키며 그들과 눈 맞추며 나는 것을 비행의 목표로 삼는다.

헤르메스는 지상과 지하세계 등 모든 경계를 넘나드는 신으로, 여행자들

의 수호신이기도 하다. 고대 그리스에서는 헤르메스 석상이 목적지까지
의 거리나 방향을 알려주는 이정표이자 경계석 역할을 했다. 원하는 곳
으로 빠르게 데려다주는 헤르메스의 날개 달린 모자 페타소스는 국내 IT
기업 네이버를 24년간 대표해 오며 정보의 바다를 항해하는 네티즌들의
수호신이 되었다.

〈스타워즈〉, 〈해리포터〉, 〈스파이더맨〉 세 영화의 공통점은 무엇일까? 그
리스 신화의 테세우스와 이아손 같은 영웅의 여정을 충실히 따른다는 것
이다. 비범한 존재라는 것을 모르고 살아가던 주인공이 어떤 사건을 계
기로 정체성을 자각하고, 영웅의 소명을 받아들이고, 모험하며 시련을
겪고, 위기를 극복하며, 마침내 악을 물리치고 진정한 영웅이 된다. 밀리
언셀러 스토리를 만드는 공식이 그리스 신화에 담겨 있는 것이다.

이렇게 신화의 필터를 통해 삶을 바라보면 상상력을 깊이 연구했던 역사
학자 L. 보이아^{Lucian Boia}의 말처럼 "아무것도 새롭지 않으면서 모든 것이
새롭다." 신화 읽기는 우리가 마주하는 수많은 사건과 일상 뒤에 숨어 있
는 상징이라는 마법을 통해 새로울 것 없는 삶을 새롭게 바라볼 수 있게
한다.

그리스 철학자 아리스토텔레스^{Aristoteles, BC 384~322}는 외로울 때 신화가 도움
이 된다고 했다. 외롭거나 지루해서 그래서 새로움이 필요할 때 그곳이
어디든 때때로 신화와 만나볼 것을 제안한다.

2024년 7월

이경덕

CONTENTS

Chapter · 1
신화, 세상의 아이콘이 되다

 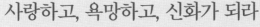

Chapter · 2
사랑하고, 욕망하고, 신화가 되라

Chapter · 3
신화, 문명의 출발점이 되다

Chapter · 4
신화에게 삶을 묻다

Chapter · 1
신화, 세상의 아이콘이 되다

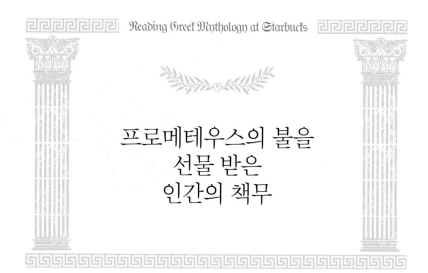

프로메테우스의 불을
선물 받은
인간의 책무

그리스 사람들은 첫 번째 인류의 조상을 많은 신을 제쳐두고 티탄 족인 프로메테우스에서 찾았다. 프로메테우스는 진흙으로 형상을 빚고 아테나에게 생명을 얻어 인류를 창조했다.

처음 이 세상에 모습을 드러낸 시대는 우리가 상상할 수도 없을 정도로 행복한 시대였다. 그래서 '황금시대'라고 불렀다. 아직 계절이 분화되지 않았기 때문에 황금시대에는 언제나 봄처럼 화사한 온갖 꽃들이 피어 있었으며 초목은 그들의 푸르름을 마음껏 드러내고 있었다.

이 시대의 인간은 노동을 몰랐다. 경작을 하거나 수렵을 하지 않아도 대지가 먹을 것을 제공해 주었다. 따라서 남의 것을 빼앗거나 더 많

오토 그레이너, 〈프로메테우스〉, 1909년, 캔버스에 유채, 120.5×80.5cm, 오타와 캐나다국립미술관

프로메테우스가 진흙으로 빚은 인간을 들고 바위 위에 앉아 생각에 잠겨 있다. 인간에게 어떤 능력을 줄지 고민하는 것인지도 모른다. 프로메테우스라는 이름은 '먼저 생각하는 자'라는 뜻으로, 그의 이름에서 딴 'pro'에 언어 또는 말을 뜻하는 'logue'가 합쳐져 'prologue'가 나왔다.

이 소유하기 위해 경쟁하거나 위협할 일이 없었다. 당연히 경쟁과 싸움을 위한 무기도 전쟁도 없었다. 또한 갈등이 없었기 때문에 그로 인해 생기는 슬픔이나 고통도 존재하지 않았다.

삶이 언제부터 이토록 힘겨워졌는가

인간들은 신처럼 살았다. 걱정도 없었으며 몸과 마음을 괴롭히는 문제

안 코시에르, 〈프로메테우스〉, 1636~1638년,
캔버스에 유채, 182×113cm, 마드리드 프라도미술관

천상의 불을 훔쳐 인간세계로 내려오는 프로메테우스.
프로메테우스는 인간에게 처음 문명을 가르친 장본인이다.

도 고뇌도 없었다. 또한 늙지 않는 봄과 같은 육체를 지니고 있었기 때문에 생로병사의 고통에 대해 알지 못했다. 황금시대의 인간은 날마다 연회를 열어 흥청거리며 마셔댔다.

그런 인간이 죽은 것은 잠을 너무 많이 잤기 때문이라고 한다. 제우스는 그들을 지구 밑바닥으로 가라앉게 했다. 어떤 사람들은 인간이 신들과 지나치게 가까워지면서 신들을 경멸했기 때문이라고 말하기도 한다.

황금시대의 뒤를 이은 것은 '은의 시대'이다. 은의 시대가 되

면서 대지는 더 이상 인간을 위해 먹을 것을 주지 않았다. 인간은 먹기 위해 땅을 갈고 씨를 뿌렸으며 처음으로 빵을 먹었다. 그러나 대지가 기름졌기 때문에 큰 노력을 하지 않아도 쉽게 먹을 것을 얻을 수 있었다.

은의 시대에 살았던 인간은 수명이 지금보다 훨씬 길었지만 나약했다. 인간들은 하찮은 일에도 불평을 터뜨렸고 사소한 일로도 싸웠다. 인간의 이런 나약한 모습에 진저리가 난 제우스는 그들을 모두 멸종시켰다.

다음은 '청동시대'였다. 제우스는 청동시대가 되자 1년을 넷으로 나누었다. 계절이 생겨난 것이다. 인간은 처음으로 절망적인 겨울의 추위를 경험했다. 당장 추위를 막을 집이 필요해졌다. 이들이 처음 집으로 삼은 곳이 동굴이었다.

은의 시대에 비해 대지가 척박해졌기 때문에 예전보다 더 노력해야 먹을 것을 얻을 수 있었다. 경작과 수렵은 살기 위해 반드시 필요한 조건이 되었다. 그래서 은의 시대를 살았던 사람들보다 더 많은 지혜를

| 그리스의 네 시대 |

황금시대	계절은 늘 봄이고 대지가 먹을 것을 주었기 때문에 노동이 필요 없는 시대, 또한 죽음이 없는 시대다. 인간은 잠을 너무 많이 자서 멸망했다.
은의 시대	인간은 노동을 통해 식량을 얻었다. 수명은 길었지만 나약한 성격 때문에 멸망했다.
청동시대	사계절이 생겨났다. 생존을 위한 기술이 개발되고 다툼도 생겼다. 인간은 전쟁으로 멸망했다.
철의 시대	신들이 떠나간 시대로, 현재가 철의 시대에 해당한다.

발휘하고 힘을 사용해야 했기 때문에 여러 면에서 기술과 능력이 발전했다. 그러나 기술과 능력이 발달하면서 그 부작용으로 갈등과 다툼이 생겨났다. 더 많이 차지하기 위해 싸우기 시작하고 남들과의 경쟁에서 이기기 위해 노력했기 때문이다. 결국 청동시대 사람들은 전쟁을 일으켜 서로 죽이는 것으로 시대를 마감했다.

온갖 재난이 빠져나가고 남은 한 가지

인간은 욕망을 지니게 되었고 그로 인해 죄악이 넘쳐나기 시작했다. 사랑과 명예 등 신이 인간에게 준 미덕은 점차 사라져갔고 대신 폭력과 살인이 난무하게 되었다. 신들은 진저리를 치며 하나둘씩 인간세계를 떠나기 시작했다.

다만 프로메테우스만이 그런 인간을 동정했다. 그는 제우스를 속여 좋은 고기는 인간이 먹게 했고 내장이나 비계 같은 부위는 신에게 돌아가도록 했다. 그리고 무엇보다 프로메테우스가 인간에게 준 가장 큰 선물은 불이었다.

제우스는 인간에게 불을 준 프로메테우스를 벌하기 위해 프로메테우스의 동생인 에피메테우스에게 줄 판도라를 만들었다. '대장장이의

안토닌 프로차즈카, 〈프로메테우스〉, 1911년, 캔버스에 유채, 110×88.5cm, 브르노 모라비아갤러리

프로메테우스는 코카서스의 바위산에 쇠사슬로 묶인 채 독수리에게 날마다 간을 쪼아 먹히는 벌을 받았다. 프로메테우스의 간은 밤새 다시 회복되어 그는 영원한 고통을 겪게 되었다.

신' 헤파이스토스가 진흙으로 형상을 빚고 아테나가 생명과 옷을 주었으며 아프로디테는 아름다움을, 헤르메스는 교활함과 배신을 주었다. 그런 다음 에피메테우스에게 판도라를 보냈다. 판도라는 '모든 선물'이라는 뜻이다.

에피메테우스는 형 프로메테우스의 강력한 경고에도 불구하고 신이 준 선물을 덥석 받았다. 에피메테우스는 '나중에 생각한다'라는 뜻으로 늘 먼저 생각하는 형과 반대였다(후기, 끝맺는 말이라는 뜻의 'epilogue'는 그의 이름에서 유래했다). 에피메테우스의 집에는 인간에게 주고 싶지 않았던 것을 모아놓은 상자가 있었다. 금지에 대한 욕망이 발동한 판도라는 호기심을 이기지 못하고 상자를 열었다. 흔히 '판도라의 상자'라고 불리는 이 상자가 열리자, 인간을 괴롭히는 많은 재난이 빠져나가고 상자에는 희망만 남았다. 이렇듯 세상은 점점 혼

존 깁슨, 〈판도라〉, 1856년, 대리석, 높이 173cm, 런던 빅토리아앤버트박물관

판도라가 상자를 열자, 상자 속에 들어 있던 인류에게 해가 될 모든 죄악과 재앙이 세상으로 널리 퍼졌다.

탁해지고 죄악으로 붉게 물들어 갔다.

　제우스는 죄악과 재앙으로 물든 세상을 대홍수로 멸하기로 마음먹었다. 프로메테우스는 이를 미리 알고 아들 데우칼리온에게 큰 배를 만들라고 지시했다. 이윽고 제우스가 대홍수를 일으켰을 때 데우칼리온과 에피메테우스와 판도라 사이에서 태어난 피라는 미리 만든 배를 타고 홍수를 피했다.

　세상은 온통 물로 가득 찼다. 하늘에서 쏟아지는 비와 아래에서 올라오는 물은 세상 모든 것들의 생명을 앗아갔다. 인간 가운데 살아남은 것은 데우칼리온과 피라를 비롯해 극히 소수에 불과했다.

　홍수가 그치자 데우칼리온과 피라는 파르나소스 산에서 신들에게 제물을 바치고 제사를 지냈다. 세상이 파괴되는 것을 보면서 인간에 대한 연민을 느꼈던 신들은 데우칼리온과 피라에게 소원을 하나 들어주겠다고 했다.

　데우칼리온과 피라는 다시 인류가 번창하게 해달라고 빌었다. 그러자 신들은 베일을 쓰고 돌아서서 어머니의 뼈를 뒤로 던지라고 대답했다. 고민 끝에 두 사람은 어머니가 '대지의 여신'이며 어머니의 뼈는 돌이라는 걸 알고 뒤로 돌아 돌을 던졌다. 데우칼리온이 던진 돌은 남자가 되었고 피라가 던진 돌은 여자가 되었다. 따라서 그리스 사람들은 모두 데우칼리온과 피라의 후손이다.

　데우칼리온과 피라 사이에서 처음으로 태어난 자식의 이름이 헬렌이다. 이 때문에 그리스 사람들은 스스로를 부를 때 '헬레네스'라고 불렀고, 서양 문명의 한 축이라고 말하는 헬레니즘이란 말도 헬렌에서 유래했다.

'아메리칸' 프로메테우스의 출현

1939년 뉴욕 롱아일랜드 별장에서 여름을 나고 있던 아인슈타인Albert Einstein, 1879~1955에게 핵물리학자 실라르드Leo Szilard, 1898~1964가 찾아왔다. 헝가리 출신의 실라르드는 아인슈타인처럼 나치를 피해 미국으로 망명한 과학자였다. 실라르드는 원자폭탄 탄생이 초읽기에 들어갔으며, 독일이 이미 원자폭탄을 만들기 시작했다는 충격적인 사실을 전했다. 몇 달 뒤인 그해 10월 실라르드가 쓰고 아인슈타인이 서명한 편지가 미국 대통령 루스벨트Franklin Roosevelt, 1882~1945에게 전달되었다. "연합국이 독일보다 앞서 핵무기를 개발해야 한다"라는 편지 내용에 공감한 루스벨트는 극비리에 '맨해튼 프로젝트'를 승인했다.

맨해튼 프로젝트의 총책임자인 레슬리 그로브스Leslie Richard Groves Jr., 1896~1970 미 육군 장군은, 38세의 젊은 물리학자 오펜하이머John Robert Oppenheimer, 1904~1967에게 과학과 이론 분야 총책임을 맡겼다. 오펜하이머는 뉴멕시코주 로스앨러모스의 거대 연구단지에서 당대 최고 과학자들을 이끌고 핵무기 개발에 착수했다.

1945년 7월 16일 새벽. 로스앨러모스에서 340km 떨어진 사막에서 불덩어리가 하늘로 솟아오르고 높이가 12km에 달하는 거대한 버섯구름이 피어올랐다. 과학자들이 '아기'라고 부르던 폭탄을 얹어 놓았던 30m 높이의 강철탑은 순식간에 증발했다. 암호명 '트리니티'. 인류 최초의 핵실험이 성공한 것이다.

그러나 실험 성공 두 달 전인 1945년 5월 독일이 항복을 선언했다.

핵무기 개발 명분이 사라진 것이다. 타깃을 잃고 폐기될 뻔한 원자폭탄은 새로운 타깃을 찾아 나섰다. 1945년 8월 6일 원자폭탄 '리틀보이'를 실은 비행기가 히로시마를 향해 출발했다. 오전 8시 15분, 히로시마 상공에 도착한 비행기는 투하구를 열었다. 길이 약 3m, 지름 71m, 무게 약 4톤의 폭탄 한 개에 인구 30만 명의 도시 히로시마는 지옥불에 휩싸였다. 폭격으로 약 8만 명이 즉사했다. 3일 뒤 나가사키 상공에서 두 번째 원자폭탄 '팻맨'이 폭발했다. 6일 뒤인 그해 8월 15일 일본은 항복을 선언했다. 원자폭탄이 전쟁을 끝낸 것이다.

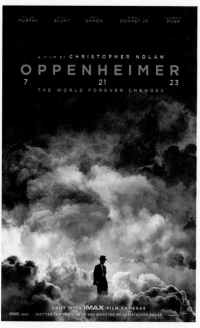

크리스토퍼 놀란 감독의 〈오펜하이머〉 포스터(ⓒ 신카피 · 애틀러스 엔터테인먼트). 오펜하이머는 인류에게 원자폭탄이라는 불을 선사했다.

라디오로 이 소식을 전해 들은 오펜하이머의 심정은 어떠했을까? 핵무기의 참혹한 위력을 목격한 오펜하이머는 극심한 고뇌와 자책감에 빠졌다. 종전 후 트루먼Harry S. Truman, 1884~1972 대통령이 맨해튼 프로젝트의 성과를 치하하는 자리에서 오펜하이머는 "각하, 지금 제 손에 피가 묻은 것 같습니다"라고 자책했다. 그러나 트루먼은 "당신이 책임질 일이 아닙니다"라고 답하고는, 문을 닫고 나가는 오펜하이머의 뒷모습을 보며 참모에게 이렇게 지시했다. "저 울보를 다시는 여기 들이지 말게."

전쟁이 끝나고 오펜하이머는 적극적으로 군축(군비 축소)을 주장했

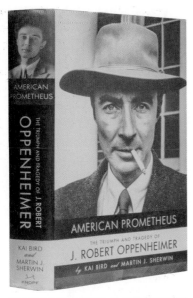
카이 버드와 마틴 셔윈이 쓴 오펜하이머 평전
『아메리칸 프로메테우스』.

다. 그는 핵무기의 존재가 전 세계에 위협이 될 것이며, 핵무기에 대한 의존을 최소화해야 한다고 믿었다. 그러나 정부의 생각은 그와 정반대였다. 미국을 중심으로 세계 질서를 재편할 수 있는 천재일우(千載一遇)로 여겼다. 곧바로 미국은 원자폭탄보다 더 파괴적인 수소폭탄 개발을 추진했다.

오펜하이머가 '원자폭탄의 아버지'에서 '군축의 아버지'로 변모한 대가는 '반역자'라는 낙인이었다. 수소폭탄 개발에 반대하면서, 오펜하이머는 정적들에 의해 소련 스파이로 몰렸다. 이어 1954년 미국 원자력에너지위원회(AEC)는 스파이 의혹을 이유로 오펜하이머의 원자력 관련 기밀에 대한 접근 권한을 차단했다. 이후 오펜하이머는 모든 공직에서 추방당했다.

오펜하이머의 생애를 그린 영화 〈오펜하이머(감독 크리스토퍼 놀란)〉의 원작은 2006년 퓰리처상을 받은 『아메리칸 프로메테우스(카이 버드·마틴 셔윈 지음)』이다. 평전의 저자들은 인간에게 '핵폭탄'을 전해 준 오펜하이머를 프로메테우스에 빗댔다.

맨해튼 프로젝트를 이끌며, 오펜하이머는 원자폭탄이 전쟁을 종식하고 인간의 역사를 바꿔놓을 '프로메테우스의 불'이 될 것이라 기대하였다. 그러나 그의 바람과 달리 핵무기의 위력을 실감한 세계 각국은 경쟁적으로 핵무기 개발에 나섰다. 현재 지구상에는 약 1만 3000여 기의 핵탄두가 있다.

핵무기의 전쟁 억지력은 공포를 기반으로 한다. 오펜하이머는 핵무기 개발 경쟁을 벌이는 미국과 소련을 유리병 속에 든 두 마리 전갈에 비유했다. "서로 상대방을 죽일 수 있는 능력을 가졌지만, 그러려면 자신의 목숨을 걸어야 하는 것이지요."

프로메테우스가 선물한 불 덕분에 인류는 문명의 발판을 마련할 수 있었다. 그렇다면 핵무기는 프로메테우스가 또 한 번 인류에게 선사한 불일까? 오펜하이머에게 프로메테우스라는 수식어가 적합할까?

히로시마 평화공원에는 '원폭 돔'이라 불리는 건물이 있다. 뼈대만 앙상하게 남은 건물은 원자폭탄이 떨어진 날 모습 그대로이다. 건물 안의 시계는 원자폭탄이 떨어진 8시 15분을 가리키며 멈춰있다. 유네스코는 1996년 이곳을 세계문화유산으로 선정했는데, 유네스코가 밝힌 선정 이유에 앞서 던진 질문의 답이 들어있다.

"인간의 실수와 어리석음을 상징하는 히로시마 원폭돔은 핵무기를 폐기하고 영원한 인류 평화를 추구한다는 서약의 상징이다."

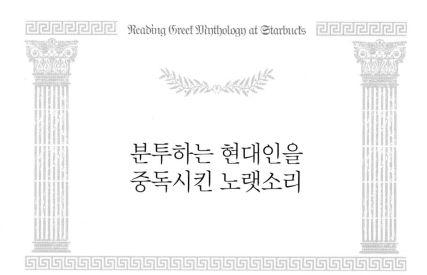

분투하는 현대인을
중독시킨 노랫소리

글을 쓰거나 강의를 준비하는 등 종일 책상에 앉아 있는 날에는 머문 시간만큼 책상에 커피잔이 쌓인다. 어느새 카페인의 도움이 없으면 오래 집중하기 어려운 나이가 되었다. 오늘치 카페인은 스타벅스에서 수혈받았다.

　스타벅스는 여러모로 바다와 관련 있는 브랜드다. '스타벅스(Starbucks)'는 허먼 멜빌Herman Melville, 1819~1891의 소설 『모비딕』에 나오는 일등 항해사의 이름 '스타벅'에서 따온 것이다. 소설의 주인공은 고래 뼈로 만든 의족을 한 선장 에이해브다. 그는 거대한 흰고래 모비딕에게 한쪽 다리를 잃은 후 오로지 모비딕에게 복수하기 위해 살아간다. 선장임에

세계적인 커피 프랜차이즈 스타벅스는 허먼 멜빌의 소설 『모비딕』에 나오는 일등항해사 스타벅의 이름에서 따왔다. 스타벅은 지혜롭고 합리적인 인물로 광기에 사로잡힌 선장 에이해브와 대비되는 인물이다. 그림은 태평양 한가운데에서 일생일대의 목표였던 모비딕과 대면한 선장 에이해브가 바다 위로 솟구치는 모비딕에 작살을 날리는 모습을 묘사한 것이다.

도 포경선 피쿼드호 선원들의 안전은 안중에 없다. 광기에 사로잡힌 에이해브에 대비되는 인물이 스타벅이다. 고래기름을 가득 싣고 귀향하는 것을 꿈꾸는 스타벅은 선장의 광기에 맞서 이성적인 의견을 제시하며 시종일관 갈등을 빚는다.

『모비딕』에는 이런 문장이 있다. "태초부터 사유의 잠수자들은 충혈된 눈을 하고 수면으로 돌아왔다." 스타벅스를 창업한 세 사람은 사유의 바다를 잠수하고 온 이들의 고단함을 커피로 달래주고 싶었던 게 아니었을까.

고단한 노동자를 일으키는 연료, 카페인

스타벅은 미국에서 포경업이 성행하던 시절, 고래잡이로 명성을 떨쳤던 부족 명에서 유래한 이름이다. 기원전 800년부터 스칸디나비아반도에 살던 노르만인들은 새로운 삶의 터전을 찾아 남하했다. 이들을 '좁은 강(vik)에서 온 자'라는 의미에서 바이킹이라고 불렀다. 바이킹 중 오늘날 영국 맨체스터 근교에 정착해 고래를 잡았던 부족이 스토벡(storbek)이다. 이 일대가 갈대(stor)가 무성하게 자라는 개울가(bek)라고 해서 붙은 이름이다. 스토벡 부족은 훗날 미국으로 건너가 포경업계에서 크게 활약했다.

호메로스Homeros, BC 800~750의 장편 서사시『오디세이아』의 주인공 오디세우스도 스타벅스에 많은 영감을 준 인물이다. 이타카 섬의 왕 오디세우스는 트로이 전쟁에서 목마를 만드는 아이디어를 내 그리스군이 승리하는 데 결정적인 역할을 했다. 그러나 상처뿐인 영광이었다. 오디세우스는 포세이돈의 미움을 사서 10년 동안 고향에 돌아가지 못하고 떠돌아야 했다. 방랑자 오디세우스의 여정은 스타벅스 곳곳에 스며있다.

트로이를 떠난 오디세우스가 처음으로 기항한 곳은 키콘 사람들의 도시 이스마로스였다. 오디세우스 일행은 이 도시를 공격해 약탈하고 아폴론의 신관 하나만을 남기고 모두 살해했다. 이후 키콘 사람들이 무장하고 쫓아와 다시 싸움이 벌어져 배 여섯 척을 잃고 바다로 도망쳤다.

다음에 도착한 곳은 로토스를 먹는 자들의 나라였다. 로토스는 달콤한 과일로, 이 과일을 먹으면 모든 것을 잊게 된다. 오디세우스는 부하를 보내 정찰을 하게 했는데, 모두 로토스를 먹고 기억을 완전히 잃었다. 오디세우스는 이들을 억지로 끌고 와 배에 태우고 키클로프스 섬으로 향했다.

오디세우스는 다른 배를 섬 부근에 대기시키고 조심스럽게 열두 명의 부하와 함께 배 한 척만 섬에 정박시켰다. 그러고는 바다 근처에 있는 동굴 속으로 술 한 부대를 들고 들어갔다. 그곳은 외눈박이 거인

그리스 이오니아제도의 이타카 항구에 세워진 오디세우스 동상.

폴리페모스의 동굴이었다. 폴리페모스는 포세이돈의 아들인데 사람을 먹는 거인이었다. 오디세우스는 폴리페모스를 장님으로 만들고 무사히 탈출하기는 했지만, 몇 명의 부하를 잃었다.

내려앉는 눈꺼풀을 이기지 못해 놓쳐버린 귀향

다음에 기항한 곳은 아이올리아 섬이었다. 그곳의 왕은 아이올로스로, 제우스에게서 바람에 관한 모든 권리를 받은 인물이다. 그는 오디세우스를 환대하고 바람이 들어 있는 양가죽 주머니를 주면서 바람 사용 방법까지 일러주었다. 오디세우스는 아이올로스가 준 바람 주머니를 이용해 항해해서 고향인 이타카 섬 부근에 이르렀는데, 그만 잠이 들고 말았다.

그때 오디세우스의 부하들이 바람 주머니를 돈주머니로 오해하고 자루를 열었다. 그 순간 바람이 터져 나오며 다시 아이올리아 섬까지 배가 밀려갔다. 오디세우스는 전후 사정을 말하고 아이올로스에게 다시 한번 도와달라고 부탁했다. 하지만 오디세우스가 신들의 미움을 받고 있다는 것을 알게 된 아이올로스는 그를 섬에서 추방했다.

다음에 도착한 곳은 라이스트리곤 사람들의 땅이었다. 라이스트리곤 사람들은 식인종으로 왕은 안티파테스였다. 오디세우스는 부하 몇 명에게 정찰을 시켰다. 그들은 왕의 딸을 만나 왕 앞으로 인도되었다. 안티파테스는 갑자기 달려들어 오디세우스의 부하들을 잡아먹기 시작했다. 나머지는 놀라서 도망쳤지만 라이스트리곤 사람들이 모두 나와

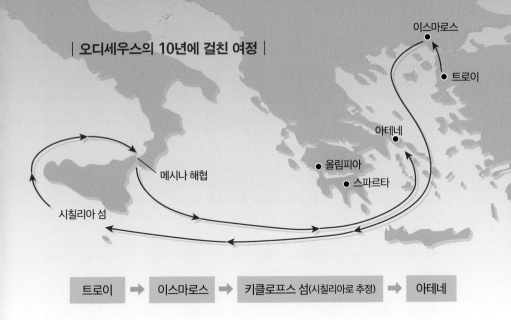

| 오디세우스의 10년에 걸친 여정 |

이스마로스
트로이
아테네
올림피아
스파르타
메시나 해협
시칠리아 섬

트로이 ➡ 이스마로스 ➡ 키클로프스 섬(시칠리아로 추정) ➡ 아테네

배를 부수고 사람들을 잡아먹었다.

겨우 빠져나온 것은 오디세우스가 타고 있는 배 한 척뿐이었다. 다른 배는 모두 부서지고 부하들은 라이스트리곤 사람들에게 잡아먹혔다. 이제 오디세우스에게는 배 한 척이 남아 있을 뿐이었다. 많은 부하가 죽고 배들이 부서졌다. 배 한 척이 외로이 아이아이에 섬에 도착했다. 이 섬에는 태양신 헬리오스의 딸이며 모든 마법에 능통한 키르케가 살고 있었다.

오디세우스는 제비뽑기를 통해 섬에 상륙해서 정찰할 사람을 뽑았다. 그는 제비뽑기 결과에 따라 배에 남았다. 에우리로코스는 스물두 명과 함께 섬에 상륙했다. 이 가운데 에우리로코스를 제외한 나머지 사람들은 키르케의 부름에 따라 집으로 들어갔다. 그들은 키르케가 권하는 대로 치즈와 벌꿀, 보리와 포도주, 그리고 마법의 약이 섞인 음료

존 윌리엄 워터하우스, 〈질투에 사로잡힌 키르케〉, 1892년, 캔버스에 유채, 180.7×87.4cm, 애들레이드 남호주미술관

수를 마시고 모두 마법에 걸려 모습이 바뀌었다. 어떤 사람은 돼지로 변했고 노새, 사자, 이리로 변한 사람도 있었다.

에우리로코스는 숨어서 이 모습을 지켜보다가 배로 돌아와 오디세우스에게 보고했다. 오디세우스는 헤르메스에게 얻은 모리라는 약초를 들고 키르케의 집으로 찾아갔다. 오디세우스는 키르케가 권한 음료수에 모리를 넣고 아무렇지 않게 마셨다. 물론 모습은 변하지 않았다. 오디세우스가 놀란 키르케에게 칼을 뽑아 들고 위협하자 그녀가 그의 부하들을 원래 모습으로 바꾸었다.

오디세우스는 키르케에게 다시는 이런 짓을 하지 않겠다는 다짐을 받고 그녀와 잠자리를 같이했다. 그때 태어난 것이 텔레고노스이다. 오디세우스는 오랜만에 거친 항해에서 벗어나 그곳에서 1년을 머물렀다.

죽음으로 이끄는 황홀한 노랫소리

1년 뒤 오디세우스는 키르케의 충고대로 오케아노스의 끝으로 항해했다. 그는 키르케의 말에 따라 해안에 도랑을 파서 술을 따르고 숫양과 검은색 암컷 새끼 양을 잡아 하데스와 페르세포네에게 바쳤다. 피가 도랑을 타고 흐르자 망령들이 그것을 마시려고 나타났다. 아이아이에 섬에서 살해당한 오디세우스의 부하 엘페노르, 아들이 돌아오지 않자 목숨을 끊은 오디세우스의 어머니 등이 나타났지만 오디세우스는 이들을 제지했다.

마침내 기다리던 눈 먼 예언자 테이레시아스가 나타나자 그에게 피를 마시게 했다. 테이레시아스는 어떻게 하면 고향으로 돌아갈 수 있는지를 오디세우스에게 알려주었다. 테이레시아스는 지하세계에서 유일하게 살아 있을 때와 똑같은 지적 능력을 지니고 있는 영혼이었다.

테이레시아스는 트리나키 섬에 있는 헬리오스의 소를 건드리면 고향에 돌아갈 수 없을뿐더러 부하가 모두 죽을 것이라는 예언과 함께 오디세우스의 집에서 일어나고 있는 일들에 대해서도 말해주었다(150쪽).

오디세우스는 키르케에게 다시 들렀다가 세이렌들이 사는 섬을 지났다. 새의 몸통에 여인의 얼굴을 한 세이렌은 아름다운 노래로 뱃사람을 유혹해 죽음으로 이끌었다. 노랫소리에 정신이 팔린 뱃사람들은 뱃머리를 바위섬 쪽으로 돌렸다가 배가 난파해 목숨을 잃거나 세이렌에게 잡아 먹혔다. 세이렌 자매는 모두 셋으로, 하나는 하프를 타고 하나는 노래를 했으며 하나는 피리를 불었다.

세이렌들의 섬을 통과할 때 오디세우스는 부하들의 귀를 밀랍 마개로 막고 자기 몸을 배에 묶으라고 했다. 키르케의 충고에 따른 것이다. 그러나 세이렌의 노랫소리를 들은 오디세우스는 부하들에게 몸을 묶은 줄을 풀어달라고 외쳤다. 다행히 세이렌의 노래를 들을 수 없었던 부하들은 꼼짝 하지 않았다. 배가 무사히 지나가자 예언대로 세이렌들은 죽었다.

스타벅스 로고는 세이렌을 형상화한 것이다.

작자 미상, 〈세이렌 형상의 병〉,
BC 540년경, 테라코타, 14×21.5×9.9cm,
볼티모어 월터스아트뮤지엄

허버트 제임스 드레이퍼, 〈오디세우스와 세이렌〉, 1909년경, 캔버스에 유채, 177×213.5cm,
요크셔 헐페렌스미술관

화가들도 세이렌의 변신에 일조했다. 화가들은 인간을 파멸로 이끄는 세이렌의 치명적인 매력을 강조하고
자, 세이렌을 누드의 젊고 아름다운 여인으로 묘사했다.

그런데 스타벅스 로고 속 세이렌은 인면조가 아닌 인어다. 세이렌은 북유럽 신화, 기독교적 세계관과 결합하며 반인반어(伴人半漁)로 모습이 바뀌었다. 북구에서 인어는 세이렌처럼 아름다운 노랫소리로 뱃사람을 홀려 목숨을 빼앗았다. 중세 기독교는 여성을 뱀의 꾐에 넘어가 아담을 타락시킨 이브의 자손으로, 악한 존재로 여겼다. 중세시대 유럽에서 여성을 대상으로 자행되었던 마녀사냥도 이러한 사고에 기반하고 있다. 이 시기를 통과하며 세이렌은 젊고 아름다운 육체로 남성을 유혹하는 여성인 팜파탈(femme fatale)의 모습으로 굳어졌다.

신화 밖으로 나온 세이렌의 유혹

세이렌들의 섬을 지나자 두 갈래 길이 나타났다. 역시 키르케의 충고대로 스킬라(256쪽)가 살고 있는 절벽 쪽으로 배를 몰았다. 스킬라는 얼굴과 가슴은 여자이지만 옆구리에 여섯 개의 개 머리와 열두 개의 다리가 달려 있는 괴물이다. 거기서 부하를 여섯 명 잃었다.

다음에 도착한 곳은 테이레시아스가 경고했던 트리나키 섬이었다. 바람 때문에 한 달이나 그곳에 머물렀다. 그런데 트리타키 섬에는 먹을 것이 없었다. 오디세우스의 경고에도 불구하고 부하들은 헬리오스의 소를 잡아먹었고 바다로 나가자마자 폭풍이 불어와 소고기를 먹지 않은 오디세우스를 제외한 사람들이 모두 물에 빠져 죽었다.

배는 모두 부서졌고 돛대에 의지하고 있던 오디세우스는 키리브디스에서 소용돌이에 휘말려 표류하다가 머리 위에 걸려 있는 야생 무화

과에 매달렸다. 그러다 다시 밀려온 배의 돛대를 보고 뛰어내려 9일 동안 표류하다가 칼립소가 살고 있는 오기기아 섬에 도착했다. 그에게는 이제 부하도 배도 없었다.

외로운 여신 칼립소는 오디세우스와 함께 영원히 살기를 원했지만 오디세우스는 거부했다. 결국 칼립소는 오디세우스를 포기하고 뗏목 만드는 법을 가르쳐줌으로써 깊이 사랑한 연인을 떠나보냈다.

뗏목을 타고 다시 바다로 나간 오디세우스는 풍랑을 만나 스케리아 섬에 표류했다. 그곳에서 공주 나우시카의 도움을 받아 잃었던 기억을 되찾고 10년 만에 꿈에도 그리던 집으로 겨우 돌아갈 수 있었다. 허공처럼 텅 빈 눈을 하고서 말이다.

오디세우스의 여정은 스타벅스 곳곳에 스며있다. 스타벅스 로고는 아름다운 노랫소리로 오디세우스 일행을 유혹했던 세이렌의 모습을 형상화한 것이다. 스타벅스는 모바일 주문 서비스에 '사일렌 오더', NFT(대체 불가능한 토큰) 기술을 활용해 선보인 새로운 멤버십 서비스에 '오디세이'라는 이름을 붙였다.

괴테의 의뢰를 받은 화학자 룽게는 커피에서 중추신경계에
작용하여 정신을 각성시키고 피로를 줄이는 등의 효과가 있
는 물질을 추출했다. 그는 이 물질을 커피에 들어 있는 알칼
로이드라는 의미로 카페인(caffeine)이라고 명명했다. 각성
작용을 하는 카페인이 없었다면 커피는 지금처럼 대중화되
기 어려웠을 것이다.

독일의 대문호 괴테Johann Wolfgan von Goethe, 1749~1832는 커피 애호가였다. 괴테는 밤마다 불면에 시달리면서도 커피를 떨칠 수 없는 이유가, 이 검은 액체에 인간을 유혹하는 '독'이 있기 때문이라고 생각했다. 괴테는 화학자 룽게Friedlieb Ferdinand Runge, 1794~1867에게 커피에 관한 의구심을 이야기했다. 1819년 룽게는 커피에서 흰색의 결정체를 추출했다. 이 물질은 중추신경계에 작용하여 정신을 각성시키고 피로를 줄이는 등의 효과가 있다. 그러나 오랫동안 다량 복용하면 중독을 초래할 수 있다. 룽게는 이 물질을 커피(coffee)에 들어 있는 알칼로이드(alkaloid)라는 의미로 카페인(caffeine)이라고 명명했다.

카페인 성분 덕분에 커피는 오늘날 세계에서 가장 대중적인 음료가 될 수 있었다. 산업혁명 당시 노동자와 자본가 두 집단 모두 커피를 환영했다. 맛도 가격도 아닌 카페인의 각성 효과 때문이다. 노동의 피로를 술로 달래던 노동자들이 커피를 마시기 시작하면서 더 오래 일하고 덜 다치게 되었기 때문이다. 고단한 노동자를 깨우는 '연료' 커피. 아침부터 밤까지 도심의 카페가 종일 붐비는 이유는, 그만큼 이 땅에 카페인의 각성 효과가 필요한 사람이 많기 때문일지 모른다.

신화 밖으로 나온 세이렌은 더 이상 아름다운 노랫소리로 뱃사람들을 유혹하지 않는다. 대신 카페인의 힘을 빌려 효율을 더 높이고자 하는 현대인에게 이렇게 외친다.

"○○○님 주문하신 아메리카노 나왔습니다."

아름다움을
다시 정의하다

"아르마니는 부인들이 입을 옷을 만들고, 베르사체는 정부(情夫)의 옷을 만든다."

미국의 패션잡지 〈보그〉 편집장 안나 윈투어Anna Wintour, 1949~는 이탈리아 출신 패션디자이너 조르조 아르마니Giorgio Armani, 1934~와 잔니 베르사체 Gianni Versace, 1946~1997 두 사람을 이렇게 비교했다. 논란의 여지가 있을 수 있겠지만, 필자와 같은 패션 문외한에게는 두 브랜드의 정체성을 압축적으로 설명한 멋진 비유다. '관능' '도발' '대담' '화려함'은 베르사체를 설명하는 대표적인 키워드다.

대학에서 건축을 공부한 잔니 베르사체는 1960년대 말 의류 무역업으로 의류산업에 첫발을 내디뎠다. 제 2차 세계대전 패전국이었던 당시 이탈리아는 낮은 임금, 풍부한 노동력, 높은 기술력을 바탕으로 프랑스 의류를 도맡아 생산했다. 그러나 1970년대 1차 석유 파동으로 세계 경제가 위축되고 아시아 신흥공업국과의 가격 경쟁에서 뒤지며, 이탈리아 의류 산업은 위기를 맞았다. 잔니는 자신의 이름을 딴 독자적인 브랜드를 만들어 위기에 정면으로 맞섰다. 1978년 밀라노에서 연 첫 패션쇼

베네데토 피스트루치, 〈메두사의 머리〉, 1840~1850년, 금에 붉은 벽옥, 6.8×6.8cm, 뉴욕 메트로폴리탄미술관

————

이탈리아의 보석 조각가이자 주화 조각가 베네데토 피스트루치가 만든 브로치. 베르사체 로고 속 메두사와 매우 흡사하다.

에서 인체의 곡선을 살리는 관능적인 의상들을 선보이며, 그는 하루아침에 패션계 스타로 부상했다.

1993년 잔니는 베르사체를 상징하는 로고로 그리스 신화의 대표적인 괴물 메두사를 소환했다. 그는 왜 하필 메두사를 브랜드의 얼굴로 삼았을까?

오만이 부른 신의 저주

그리스 신화에서 가장 못생긴 자매를 꼽는다면 단연 고르곤 자매이다.

카라바조, 〈메두사의 머리〉, 1595~1598년, 가죽을 씌운 나무에 유채, 60×55cm, 피렌체 우피치미술관

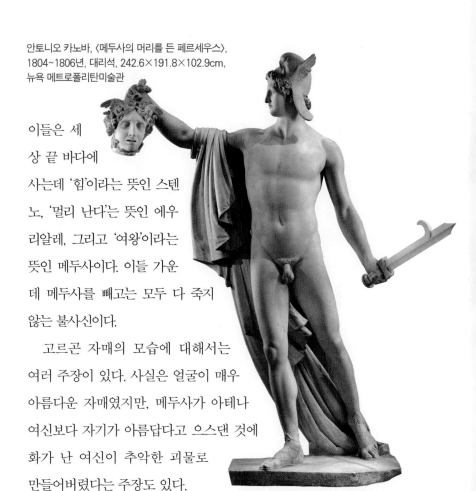

안토니오 카노바, 〈메두사의 머리를 든 페르세우스〉,
1804~1806년, 대리석, 242.6×191.8×102.9cm,
뉴욕 메트로폴리탄미술관

이들은 세
상 끝 바다에
사는데 '힘'이라는 뜻인 스텐
노, '멀리 난다'는 뜻인 에우
리알레, 그리고 '여왕'이라는
뜻인 메두사이다. 이들 가운
데 메두사를 빼고는 모두 다 죽지
않는 불사신이다.

고르곤 자매의 모습에 대해서는
여러 주장이 있다. 사실은 얼굴이 매우
아름다운 자매였지만, 메두사가 아테나
여신보다 자기가 아름답다고 으스댄 것에
화가 난 여신이 추악한 괴물로
만들어버렸다는 주장도 있다.

그러나 고르곤 자매에 대한 대부분의 조각품은 매우 추한 얼굴로
표현되어 있다. 항상 부릅뜬 눈에 머리카락은 뱀이며 몸체는 멧돼지이
고 손은 청동이다. 게다가 길게 찢어진 입에서는 웃을 때마다 긴 혀가
밖으로 나오고 코는 사자처럼 생겼다. 그래서 고르곤 자매 가운데 가
장 유명한 메두사는 아이들의 만화나 소설에까지 추악한 괴물의 상징
으로 등장한다. 그러나 메두사가 괴물이 된 건 전적으로 그녀의 책임

만은 아니다.

　메두사가 포세이돈의 사랑을 받은 것까지는 좋았는데 그들이 함께 땀을 흘린 곳이 하필 아테나 여신에게 바쳐진 신전이었다. '처녀 신'인 아테나는 모욕감을 느끼고 메두사를 무서운 괴물로 변신시켰다. 그리고 메두사의 머리를 보는 사람은 누구든 그 자리에서 돌로 변하게 만들었다. 얼마나 큰 공포감을 주었기에, 그 자리에서 돌로 변했을까?

　아테나의 분노는 여기서 그치지 않았다. 페르세우스가 메두사의 목을 얻기 위해 떠났을 때 그를 돕기까지 했다. 페르세우스는 아테나의 인도를 받아 얼굴을 돌리고 청동 방패에 비친 메두사의 모습을 보며 그 머리를 잘랐다. 머리가 잘릴 때 쏟아진 핏속에서 날개가 달린 말 페가소스와 게리온의 아버지 크리사오르가 태어났다. 게리온은 헤라클레스가 퇴치한 괴물의 하나이다.

　그리고 메두사의 피가 바다로 흘러들어 닿는 것마다 돌처럼 단단해졌는데 거기서 산호가 생겼다고 한다. 또한 '의술의 신' 아스클레피오스(72쪽)는 메두사가 흘린 피를 환자 치료에 이용했다. 메두사의 피에는 죽은 자를 소생시키는 힘과 살아 있는 사람을 죽게 만드는 두 가지 종류의 성분이 들어있었다고 한다.

추악한 얼굴로 사는 것보다 고통스러운 저주

아테나는 페르세우스에게서 메두사의 머리를 받아 방패에 붙였다. 아테나와 메두사의 끈질긴 악연은 이렇게 끝이 났다.

| 신전의 건축 양식 |

신전은 그리스 신들을 모시는 곳이다. 메두사에 대한 아테나의 분노는 신전의 신성
함에서 기인한 것이다. 처음에 신전은 석조 기단 위에 목재와 흙벽돌로 지어졌는데
훗날 석조로 발전했다.

도리스 양식		이오니아 양식
힘차고 단순하며 육중함. 기둥에 세로로 16~20개의 도랑이 새겨져 있고 엔타시스라는 불룩한 부분이 있음.	특징	경쾌하고 우아하며 화려함. 대접받침 장식에 소용돌이 모양을 도입하였고, 대들보를 부조로 장식했음.
아테네 파르테논 신전, 올림피아 헤라 신전, 코린트 아폴론 신전, 링컨 기념관.	대표적 건축물	에레크레온 신전, 대영박물관.

메두사는 페르세우스의 칼에 목이 잘릴 때 행복하지 않았을까? 누
구 하나 똑바로 바라보지 못하는 얼굴로 산다는 것이 얼마나 비극적이
며 불행한 일인가. 자기 얼굴을 보고 너무 놀라 돌이 되는 모습을 보면
서 절망보다 더한 비애를 느끼지 않았을까?

마주한 두 사람이 상대의 눈을 마주 보는 눈맞춤은 소통의 첫걸음이
다. 눈을 맞출 수 없으면 나의 세계에 아무도 들일 수 없고, 이 세계 밖
으로 한 걸음도 나갈 수 없다. 그래서 추악한 얼굴로 살아가는 것보다

베르사체의 커브 브레이슬릿 제품.
베르사체 창업자 잔니 베르사체는
1993년 베르사체를 상징하는 로
고로 그리스 신화의 대표적인 괴물
메두사를 채택했다.

견딜 수 없는 괴로움은 그 누구와도 눈을 맞출 수 없는 데서 비롯되는 고독일 것이다.

　머리가 잘리고 죽음을 맞이한다는 건 메두사에게 오랜 고통의 세월이 끝남을 의미했을 것이다. 그건 메두사의 피에서 태어난 페가소스를 보면 알 수 있다. 괴물의 삶을 끝내고 자유롭게 살고 싶다는 메두사의 희망이 페가소스로 나타난 것이 아닐까.

　후대 예술가들은 눈을 맞추는 사람을 돌로 만드는 메두사의 능력을 치명적인 매력으로 해석했다. 잔니 베르사체도 마찬가지다. 그는 보는 순간 온몸이 굳는 듯한 강렬한 아름다움으로 사람들을 매료시키고 싶은 바람을 담아, 메두사를 브랜드의 얼굴로 삼았다. 실제로 그가 디자인한 옷은 거부할 수 없는 마력을 발휘했다.

　무명 배우 엘리자베스 헐리는 베르사체의 검정 드레스 한 벌로 하루아침에 세계적인 스타가 되었다. 그녀는 남자친구인 휴 그랜트가 출연한 영화 시사회에 베르사체 드레스를 입고 참석했다. 파격적인 디자인 때문이었는지 유명 배우들의 선택을 받지 못하고 마지막까지 남아 있던 드레스가 그녀에게 돌아간 것이다. 사장될 뻔한 드레스는 마력을 발휘했다. 그녀가 앞뒤를 커다란 금색 옷핀으로 연결한 도발적이고 관능적인 검정 베르사체 드레스를 입고 나타나자, '누구의 여자친구' 따위의 수식어는 더 이상 쓸모없어졌다.

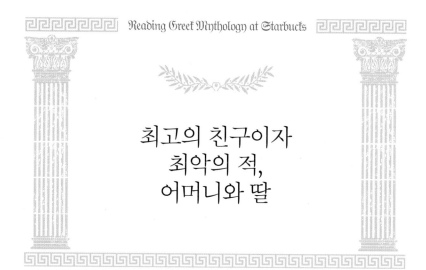

최고의 친구이자
최악의 적,
어머니와 딸

제우스의 전령 헤르메스가 가지 못할 곳은 없었다. 단 한 곳을 빼놓고 말이다. 그곳은 바로 하데스가 다스리는 지하세계였다. 하데스는 지하세계의 지배자 이름이기도 하지만 지하세계를 가리킬 때도 하데스라고 불렀다. 하데스는 지하에서 너무 오래 살아서인지 성격도 음울해서 땅 위로 나오는 일이 거의 없었다.

이쯤에서 제우스의 고민이 시작되었다. 명색이 신들의 왕인데 지하세계를 왕래할 수가 없었다. 왜냐하면 지하세계는 죽어서나 갈 수 있는 곳이기 때문이다. 그렇다고 지하세계로 가기 위해 죽을 수도 없었고, 더욱이 신은 죽지 않는 존재였다.

제우스는 마음을 정하고 누이인 데메테르를 찾아 나섰다. 데메테르는 제우스의 눈길을 보고 그의 의도를 알아차리고는 얼른 몸을 피했다. 그러나 제우스가 더 빨라서 데메테르를 붙잡았다. 그러자 데메테르는 뱀으로 변신해 도망치려 했고 제우스 역시 재빨리 뱀으로 변해 데메테르와 관계를 맺었다. 이렇게 해서 태어난 것이 페르세포네라는 여신이었다.

헤르메스가 아폴론에게서 얻은 케리케이온이라는 지팡이에는 뱀 두 마리가 서로 몸을 꼬아 감고 있다. 이 뱀은 데메테르와 제우스가 변신한 모습이라고 한다. 그런데 두 신은 왜 하필 뱀이 되어 관계를 맺었을까? 제우스는 지하세계를 자유로이 왕래할 수 있는 발판을 마련하고자, 데메테르에게 접근하였다. 뱀은 땅 위와 땅속을 모두 다닐 수 있고, 해마다 돌아오는 봄이 되면 허물을 벗고 새로 태어난다. 제우스와 데메테르가 뱀으로 변해 낳은 페르세포네는 두 세계를 오갈 운명을 타고난 것이다.

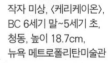

작자 미상, 〈케리케이온〉,
BC 6세기 말~5세기 초,
청동, 높이 18.7cm,
뉴욕 메트로폴리탄미술관

두 세계를 잇는 다리가 될 운명

하데스는 지상에서 신들이 자유롭게 신들끼리 혹은 인간과 연애를 한

지안 로렌초 베르니니,
〈페르세포네의 납치〉,
1621~1622년,
대리석, 높이 255cm,
로마 보르게세미술관

다는 이야기를 듣고 있었다. 하데스만이 유일하게 아내도 없이 어두컴컴하고 음침한 지하에 앉아 있을 뿐이었다. 그렇지만 하데스는 쉽사리 움직이지 않았다. 그렇다고 세상 일을 모른 척하고 지낼 수만도 없는 노릇이었다.

어느 날 오랜 고민 끝에 몸을 일으킨 하데스는 마차를 준비시켰다. 잠시 지하세계를 떠나 제우스를 만나기 위해서였다. 아마 참한 아내를 하나 구해달라고 부탁하러 가려던 것은 아니었을까. 하데스의 마차가 막 지하세계를 빠져나가 햇살이 눈 부신 땅 위로 모습을 드러냈을 때 하데스의 눈길을 잡아끄는 여자가 있었다. 그 여자는 수선화를 따기 위해 고개를 숙인 페르세포네였다. 하데스는 올림포스로 가던 마차를 돌려 그대로 페르세포네에게로 돌진했다. 그리고 그녀와 함께 지하세계로 다시 들어

갔다. 눈 깜짝할 사이에 일어난 일이었다. 또한 하데스다운 외출이기도
했다.

모성의 신화적 기원

한편 페르세포네가 어디론가 증발하자 어머니 데메테르는 거의 실성
한 사람(신이라고 해야겠지만)처럼 세상을 떠돌아다니며 딸의 행방을 탐
문했다. 그러나 페르세포네를 보았다는 신이나 사람은 아무도 없었다.
더러는 알고 있었지만 하데스가 무서워 입을 다물었기 때문에 데메테
르는 깊은 절망의 나락에 빠졌다.

데메테르는 '곡물의 신'이다. 데메테르가 깊은 절망과 시름에 잠기
자 곡물 역시 싹을 틔우지 않았고 세상의 초목이 시들었다. 세상에는
비탄의 소리가 가득했다. 결국 데메테르를 딱하게 여긴 '태양의 신'이
며 티탄 족인 헬리오스가 페르세포네가 어디에 있는지를 알려주었다.

데메테르는 한달음에 달려가고 싶었지만 하데스는 죽어야만 갈 수
있는 곳이었다. 그녀는 대신 올림포스로 제우스를 만나러 갔다. 페르세
포네는 데메테르의 딸이기도 했지만 제우스의 딸이기도 했다. 제우스는
굶주린 인간들의 아우성에 마지못해 하데스에게 페르세포네를 돌려달
라고 했다. 그러나 하데스는 자기가 권하는 대로 이미 페르세포네가 지
하세계의 음식인 석류를 먹었기 때문에 돌려줄 수 없다고 대답했다.

마침내 협상이 이루어져 페르세포네는 1년 가운데 3분의 2는 어머
니 데메테르와 지상에서 보내고 3분의 1은 지하세계에서 남편 하데스

와 보내기로 결정되었다. 사람들은 페르세포네가 지하세계로 가면 어머니 데메테르의 시름 때문에 초목이 시드는 겨울이 오고 그녀가 지상으로 돌아오면 기쁨으로 만물이 소생하는 봄이 온다고 믿었다.

또 하나 중요한 사실은 이제 지하세계에 살아 있는 자의 따뜻한 숨결이 존재하게 되었다는 것이다. 그 뒤 신과 인간들은 살아 있는 채로 지하세계에 들어갈 수 있게 되었다. 페르세포네의 따뜻한 숨결을 타고서 말이다. 아내를 찾으러 내려간 오르페우스, 자기에게 주어진 과업을 수행하기 위해 지하세계를 지키는 개를 잡으러 간 헤라클레스, 페르세포네를 납치하기 위해 지하세계를 찾아간 테세우스, 어머니를 찾으러 간 '술의 신' 디오니소스 등이 모두 그렇다.

심리적 탯줄을 자르지 못한 모녀

어머니 데메테르의 시점에서 전개되는 페르세포네의 납치와 귀환 이야기는 '위대한 모성의 승리'로 읽힌다. 그러나 시점을 조금 달리하면 완벽히 사랑할 수도, 그렇다고 완전히 미워할 수도 없는 복잡 미묘한 관계에 괴로워하는 어머니와 딸이 보인다.

수잔 발라동, 〈버려진 인형〉, 1921년, 캔버스에 유채, 129×81cm, 워싱턴 D.C. 국립여성미술관

그림 속에는 심리적 탯줄을 자르지 못한 어머니와 딸이 있다. 어머니는 정성스레 소녀의 몸을 닦아주고 있다. 하지만 소녀는 그런 어머니의 손길이 불편한지 몸을 돌리고 앉아 있다. 소녀의 성숙한 몸과는 어울리지 않는 커다란 리본과 바닥에 던져놓은 인형은 어머니가 여전히 딸을 돌봄과 보호 대상으로 생각하고 있다는 것을 의미한다.

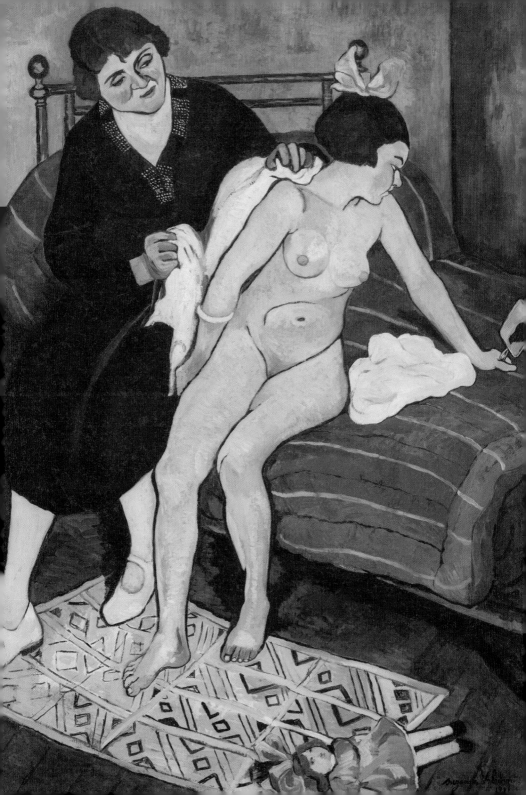

세상 모든 부모는 자녀에게 기대를 품지만, 특히 어머니와 딸 사이에는 투사적 동일시가 일어나기 쉽다. 딸은 어머니를 통해 여성으로서의 정체성을 키워나간다. 그런 딸에게 어머니는 자신이 못다 이룬 꿈을 투사한다. 서로를 동일시하는 과정에서 두 사람은 양가감정을 품게된다. 사랑하지만 밉고, 고맙지만 억울하고, 애틋하면서도 서운한……. 상반된 감정이 하나로 뭉쳐 애증이 되고 떨어져야 할 때 떨어지지 못한 모녀는 여러 감정적인 문제를 떠안게 된다. 어머니에게서 독립하고자 하는 욕구와 동시에 보호받고 의존하고 싶은 욕구 사이에서 갈등하는 딸의 심리를 '페르세포네 콤플렉스'라고 한다.

데메테르는 바람둥이 신과 뭇 남성들로부터 딸을 지키기 위해 페르세포네를 시칠리아 섬에 숨겨 놓고 길렀다. 그리고 기어이 하데스의 아내가 된 딸을 1년 중 8개월은 자신의 곁에 두었다. 데메테르는 딸의 독립을 허용하지 않고 집착하는 어머니, 페르세포네는 그런 어머니에게서 옴짝달싹하지 못하는 딸이다.

현대의 모녀들도 데메테르-페르세포네의 관계를 답습한다. 어머니의 헌신적 보살핌과 기대를 한껏 받고 자라난 딸들은 남성을 뛰어넘는 사회적 성취를 이룬다. 그런 딸들도 '결혼'이라는 통과의례를 통해 어머니로부터 독립을 감행한다. 그러나 출산 이후 다시 어머니의 품으로 회귀한다. 자녀 양육으로 인해 딸의 경력이 단절되는 것을 차마 지켜볼 수 없는 어머니는, 기꺼이 '할머니 엄마'가 되어 이제 딸과 그의 가족까지 돌본다.

그러나 신화는 상실과 분리의 아픔을 감수해야 오롯이 홀로 설 수 있음을 보여준다. 페르세포네는 안온한 어머니의 세계를 벗어나 소녀에서 여성, '데메테르의 딸'에서 지하세계를 통치하는 여왕으로 거듭났다.

딸이 행복해지길 바라는 마음에 어머니는 가슴속을 뒤져 할 말을 찾는다. 어머니가 고르고 고른 말은 "공부해라", "성실해라", "사랑해라". 열다섯 살 소녀의 시간을 지나온 어머니는 세 가지 말 앞에 딸이

가수 양희은이 노래하고 김창기가 가사를 쓴 〈엄마가 딸에게〉는 실망스럽게 성장하고 있는 딸에게 늘 잔소리하는 엄마, 그리고 이런 엄마에게 저항하는 딸이 대화하는 형식으로 구성되어 있다.

아닌 자신을 놓아본다. 이 말들이 딸에게는 뻔한 잔소리로 비칠 수 있다는 걸 깨달은 어머니는 자신이 지나온 모든 시간을 뒤져, 결국 딸에게 가장 하고 싶었던 말을 찾아낸다. "너의 삶을 살아라." 가수 양희은의 〈엄마가 딸에게〉의 노랫말이다. 네 삶을 살라는 말은, 어머니와 심리적 탯줄을 끊고 새로운 세상으로 나아가야 할 페르세포네들에게 가장 힘이 되는 말이다.

현재 시각은
자정까지 90초 전

제우스는 크로노스(343쪽)처럼 독재자는 아니었지만 모두가 그를 사랑한 것도 아니었다. 특히 과거에 권력을 쥐고 흔들었던 티탄 족은 불만이 많을 수밖에 없었고 그 불만은 티탄 족의 어머니인 가이아에게도 전염되었다. 물론 제우스 형제들은 가이아의 도움을 받아 티탄 족을 물리쳤다. 그런데 제우스가 티탄 족을 하데스보다도 더 밑에 있는 지하감옥인 타르타로스에 가두자, 가이아는 어머니로서 손자 제우스에게 크게 화를 냈다. 그렇게까지 할 이유는 없다는 것이 가이아의 생각이었다.

이 때문에 가이아는 두 번에 걸쳐 제우스의 권력을 빼앗기 위해 도전했다. 첫 번째는 거인을 통해서이고 두 번째는 괴물을 통해서였다. 먼저 거인의 이야기부터 살펴보자.

이 거인의 이름은 기간테스(Gigantes)로 '땅에서 태어난 자들'이라는 뜻이며 영어로 '거인'을 뜻하는 '자이언트(giant)'와 10억을 나타내는 접두어 '기가(giga)'라는 말이 여기에서 유래했다. 기간테스는 순전히 제우스에게 도전하기 위해 태어난 거인 족이었다. 그들은 보는 것만으로도 공포를 느끼기에 충분했고 머리와 턱에는 머리털과 수염이 무성했으며 발은 용의 비늘로 덮여 있었다.

기간테스 퇴치를 위해 준비된 영웅, 헤라클레스

물론 제우스도 기간테스의 탄생을 알았다. 그리고 기간테스가 신에 의해서는 멸망하지 않을 것이라는 사실을 알았다. 그렇다고 불사라는 의미는 아니다. 기간테스를 세상에서 몰아내기 위해서는 인간 영웅의 힘이 필요했다. 제우스가 준비한 영웅은 그리스 신화 최고의 영웅 헤라클레스였다.

가이아는 제우스의 의도를 알고 기간테스가 인간 영웅에게 죽임을 당하지 않게 하려고 영원한 생명을 줄 약초를 낳았다. 바야흐로 신들과 기간테스 사이에 전쟁이 벌어지려고 하는 순간이었다. 신들과 기간테스의 전쟁을 '기간토마키아'라고 부른다.

제우스는 선수를 쳐서 기선을 제압했다. '태양의 신' 헬리오스, '달의 여신' 셀레네, '새벽의 여신' 에오스에게 자기가 불사의 약초를 찾아

프란시스코 고야, 〈거인〉, 1808년 이후, 캔버스에 유채, 116×105cm, 마드리드 프라도미술관

가이아는 손자 제우스의 권력을 빼앗기 위해 거인 족 기간테스를 동원한다. 기간테스는 '땅에서
태어난 자들'이라는 뜻이며 영어로 '거인'을 뜻하는 '자이언트(giant)'와 10억을 나타내는 접두어
'기가(giga)'라는 말이 여기에서 유래했다.

뽑아낼 때까지 세상에 모습을 드러내지 말라고 명령했다. 그리고 기간 테스보다 먼저 불사의 약초를 찾아 없앤 뒤, 황금 양가죽을 찾기 위해 아르고 원정대에 참가하고 있던 헤라클레스를 전쟁터로 불러들었다.

기간토마키아는 기간테스가 살고 있는 '불타는 들판'이라는 뜻의 플 레그라에서 벌어졌다. 기간테스 가운데 최고의 전사는 알키오네우스 와 포르피리온이었다. 이들은 산을 들어 올려 던지거나 거대한 떡갈나 무를 신들에게 휘두르며 달려들었다.

헤라클레스는 알키오네우스를 향해 독화살을 쏘았다. 화살에 맞은 알키오네우스는 털썩 소리를 내며 그 자리에서 쓰러졌지만 곧 벌떡 일 어났다. 기간테스는 자기들이 살고 있는 곳에서는 죽지 않는 존재였다. 그래서 헤라클레스는 아테나의 말을 듣고 알키오네우스를 밖으로 유 인해서 독화살을 쏘아 죽였다.

포르피리온을 상대한 것은 헤라였다. 그런데 포르피리온은 자기 힘 을 믿었던 것인지 헤라를 만만하게 보고 겁탈을 하려고 달려들었다. 제우스는 이 모습을 보고 눈에 불똥을 튀기면서 벼락을 던졌다. 그리 고 헤라클레스가 독화살을 쏘아 마무리했다.

이 밖에도 수없이 많은 기간테스가 처참하게 살해되었다. 팔라스라 는 기간테스는 아테나에게 쫓기다가 몸의 가죽이 벗겨졌다. 아테나는 그 가죽을 자기의 방패에 감았다. 엔켈라도스는 싸우다가 패하자 도망 을 쳤는데 아테나가 던진 시칠리아 섬에 맞아 밑에 깔렸다. 전하는 말 에 따르면 아직 죽지 않고 에트나 화산에서 열기를 뿜어내고 있다고 한다.

신들이 기간테스를 쓰러뜨리면 헤라클레스가 독화살을 쏘아 마무리했다. 헤라클레스의 화살에는 히드라라고 하는 괴물의 몸에서 나온 치명적인 독이 발라져 있었다. 처음에 말한 대로 기간테스를 없애기 위해서는 '인간 영웅'이 필요했고 헤라클레스는 자기에게 주어진 일을 충실히 해냈다. 이로부터 신과 영웅은 새로운 관계를 맺게 된다.

괴물을 앞세워 손자를 응징하려는 할머니

가이아의 첫 번째 도전은 헤라클레스를 끌어들인 제우스의 승리로 끝이 났다. 싸움이라는 것이 그렇듯이 이긴 쪽은 기분이 좋지만 패한 쪽은 두고두고 원한이 남기 마련이다. 신들의 어머니인 가이아는 기간테스가 처참하게 패하자 크게 분노했다.

가이아는 더 이상 힘으로 밀어붙여서는 안 된다고 생각한 듯하다. 그래서 이번에는 땅에서 하늘만큼의 거리로 땅속으로 들어간 지하에 있는 타르타로스와 관계를 맺어 무시무시한 괴물을 낳았다. 힘에 심리적인 공포를 더한 것이다.

이 괴물의 이름은 티폰(Typhon)이었고 여기에서 '태풍'을 뜻하는 '타이푼(Typhoon)'이란 말이 유래했다. 티폰은 100개에 이르는 뱀의 머리를 가졌다. 100개의 혓바닥에서는 듣기만 해도 섬뜩한 소리가 새어 나왔는데 각각의 소리가 모두 달랐다. 또 눈에서는 불이 튀어나왔다.

티폰의 생김새를 보면 몸통은 인간과 다르지 않았다. 그 크기는 땅 위에 있는 모든 산보다 높고 가끔 머리가 별에 스칠 정도였다. 그가 한쪽 팔을 뻗으면 서쪽 끝에 닿았고 다른 쪽 팔을 뻗으면 동쪽 끝에 닿았다. 허벅지 아래는 거대한 독사가 똬리를 튼 모습으로 그것을 풀면 머리까지 닿았는데 매우 큰 소리를 냈다. 또한 온몸에는 날개가 달려 있었고 머리와 턱에 나 있는 무성한 털은 바람에 휘날렸다. 티폰은 당시 그리스 사람들이 상상해 낸 최고의 괴물이었다.

작자 미상, 〈티폰〉, BC 500~450년, 테라코타, 높이 33cm, 런던 대영박물관

━━━

티폰은 가이아가 제우스를 응징하고자 타르타로스와 관계를 맺어 낳은 무시무시한 괴물이다.

　티폰은 강력한 태풍처럼 신들을 덮쳤다. 신들은 티폰이 내지르는 소리에 놀라 전의를 상실하고 도망치기에 바빴다. 전하는 말에 따르면 이때 그리스의 신들이 동물로 모습을 바꿔 이집트로 많이 도망쳤다고 한다. 이런 까닭에 이집트에 유난히 동물 신이 많아졌다고 한다.

　어쨌든 신들의 왕 제우스는 체면 때문에라도 도망치지 못하고 맞서 싸웠다. 제우스의 최고 무기는 키클로페스가 선물한 벼락이었다. 그러나 그리 만만하게 무너질 티폰이 아니었다. 그랬다면 애초에 가이아가 낳지도 않았을 테니까.

티폰은 오히려 제우스에게 반격해서 금강석으로 만든 낫을 빼앗고 제우스를 사로잡았다. 그런 다음 제우스의 팔과 다리에서 힘줄을 빼고는 곰 가죽에 싸서 뱀의 모습을 한 괴물인 델피네에게 지키게 했다. 힘줄을 빼앗긴 제우스는 꼼짝없이 동굴 속에 갇히고 말았다. 여기까지는 가이아의 의도가 성공하는 듯이 보였다.

가이아의 위협을 제압한 신과 인간의 연대

그러나 가이아가 제우스를 싫어하는 만큼 제우스를 따르는 신들도 있었다. 먼저 헤르메스가 델피네의 주의를 다른 곳으로 돌렸다. 이때 아테나가 곰 가죽에 싸여 있는 힘줄을 빼내 제우스에게 돌려주었다. 겨우 동굴을 빠져나온 제우스는 힘을 되찾고 티폰과 맞서기 위해 날개 달린 마차를 타고 새로 벼락을 가지고 티폰에게 도전했다.

이미 한번 티폰과 맞서본 제우스는 심리적으로 위축되지 않고 맹공격을 가했다. 티폰이 아무리 강한 괴물이라고 해도 신들의 왕 제우스를 당해낼 수는 없는 노릇이었다. 티폰은 일단 소나기를 피하겠다는 마음으로 몸을 피했다. 그때 '복수의 여신들'인 에리니에스를 만났다. 복수의 여신들은 티폰에게 더 강한 힘을 얻고 싶다면 인간의 음식을 먹으라고 충고했다. 순진한 티폰은 시키는 대로 했지만 오히려 힘이 약해졌다. 복수의 여신들이 티폰을 속인 것이다.

티폰은 마지막으로 힘을 모아 제우스와 맞섰다. 그러나 역부족이었다. 티폰이 몸을 돌려 도망치려하자, 제우스는 이탈리아 앞바다에서 섬 하나를 들어 티폰을 향해 던졌다. 이렇게 해서 생긴 섬이 현재 이탈리아의 시칠리아 섬이다. 지금도 티폰은 시칠리아 섬 밑에 깔려 있다.

초읽기에 돌입한 지구종말시계

지구에 관한 이해를 뒷받침하는 과학 이론 가운데 가이아의 이름을 붙인 것이 있다. 영국의 환경과학자 제임스 러브록^{James E. Lovelock, 1919~2022}이 1979년 저서 『가이아 : 지구상의 생명을 보는 새로운 관점』에서 주창한 '가이아 이론'이다. 이론의 핵심은 가이아 즉 지구를 스스로 변화에 적응하고 진화해 나가는 거대한 생명체로 보는 것이다. 가이아 이론에 따르면 수많은 동식물과 미생물들이 지구의 바다·흙·공기를 변화시켜

'가이아 이론'을 주장한 제임스 러브록. 러브록은 『가이아의 복수』에서 인간이 저지른 환경오염 때문에 지구는 회복 불가능한 상태에 빠졌으며, 지금이라도 인간이 생존하기 위해서는 '지속 가능한 발전'이 아닌 '지속 가능한 퇴보'를 선택해야 한다고 주장했다.

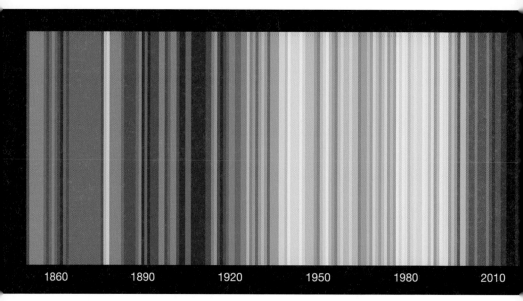

영국의 기후과학자 에드 호킨스가 개발한 '기후 줄무늬'(© Ed Hawkins). 지구 온도를 색으로 표현해 배치한 것으로, 세로줄 한 개는 1년의 평균기온을 의미한다. 1971년부터 2000년의 평균기온을 기준으로 기온 감소 폭이 클수록 진한 파란색, 상승 폭이 클수록 진한 빨간색으로 표시된다. 최근 몇 년 사이 기후 줄무늬에는 빨간색 계열이 계속 나타나고 있다.

자신들이 살아가기에 적당한 환경으로 만들고, 변화된 지구 환경이 다시 생물들에게 영향을 주며 지구와 생물이 함께 진화해 간다.

러브록은 2006년에 『가이아의 복수』를 통해 가이아 이론에 새로운 주장을 덧붙였다. 그는 인간이 저지른 환경파괴로 가이아는 회복 불가능한 상태에 빠졌고, 더 이상 자기조절 능력을 발휘할 수 없게 된 가이아가 자신을 방해한 인류에 대한 복수를 시작했다고 주장했다.

'대지의 여신' 가이아는 홍수·지진·태풍을 일으켜 파괴에 대한 보복과 정화 작용을 한다. 가이아가 티폰과 기간테스를 통해 제우스에 대항한 것이 가이아 이론의 배경이다.

'지구종말시계(doomsday clock)'라는 것이 있다. 아인슈타인[Albert Einstein, 1879~1955]과 맨해튼 프로젝트(22쪽)에 참여했던 과학자들이 미국 핵물리학회를 창설해 학회지 BAS(Bulletin of the Atomic Scientists)에 지구종말시계를 처음 발표했다. 1947년 이 시계의 분침은 자정 7분 전이었다. BAS는 2007년부터 인류를 파멸로 이끄는 새로운 위협 요인에 지구온난화를 포함시켰다.

최근 전 세계적으로 폭염, 폭우, 대형 산불과 가뭄 등 이상기후 현상이 끊이지 않고 있다. 전에 없던 이상기후 현상이 빈번하게 발생하는 이유는 지구온난화 때문이다. 2023년 지구의 연평균 온도는 산업화(1850~1900년) 이전보다 1.45도 상승했다. 2015년 파리협정에서 제시한 인류 생존을 위한 마지노선은 산업화 대비 1.5도 온난화이다. 전문가들은 1.5도 방어선이 무너지면 기후가 되돌릴 수 없는 최악의 상황으로 치닫을 가능성이 높다고 우려한다. 2024년 1월 BAS가 발표한 지구종말시계의 시각은 자정 90초 전이다.

인류 절멸의 위기를 타개할 힌트가 신화에 있다. 가이아의 복수를 멈출 수 있는 것은 연대뿐이다.

문러시,
그들이 달에 가려는 까닭

제우스는 수많은 여신과 인간 여자와 관계를 맺었다. 이를 보고 중세의 신부들은 그리스 신화를 음란하다고 비난했다. 만약 제우스를 비롯한 신들이 그렇게 하지 않았다면 수많은 신들과 영웅들은 어디서 나타난단 말인가. 신화가 황당한 부분이 있기는 하지만 그래도 논리와 질서는 필요하다. 이렇게 보면 오히려 제우스가 피해자이다.

이런 전제를 두고 제우스와 연관된 두 티탄 족 여신을 만나보려 한다. 제우스는 많은 애정 행각을 벌였고 대개 쉽게 목적을 이루었다. 그런데 아스테리아라는 티탄 족 여신은 제우스의 뜨거운 손길을 외면했다. 그뿐만 아니라 제우스를 피해 메추라기로 변신해 바다로 뛰어들었다. 그리고 얼마 뒤 그곳에 섬이 하나 생겼다. 처음에는 섬 이름을 아스테리아 또는 '메추라기'의 그리스어에서 파생된 오르티기아 섬이라고 불렀다.

두 번째 티탄 족은 레토이다. 레토는 제우스의 뜨거운 손길을 거부하지 않았다. 뜨거운 눈길과 손길이 오고 가면 결과물이 생기기 마련이다. 그런데 이 사실을 제우스의 아내 헤라가 알아채고 말았다. 헤라는 레토가 낳을 자식이 자기가 낳은 자식(헤파이토스, 아레스, 에일레이티아, 헤베)보다 훌륭해질 것을 알고 있었기 때문에 아이를 낳지 못하게 방해했다.

리자드 비드만, 〈레토와 그녀의 아이들〉, 1742년경, 대리석, 높이 40cm, 로스앤젤레스카운티미술관

금쪽같은 쌍둥이

레토는 아이를 낳을 수 있는 곳을 찾아 세계를 떠돌았다. 헤라는 모든 나라에서 레토를 받아들이지 못하게 만들고 해가 비치는 곳에서는 아이를 낳을 수 없다고 말했다. 하늘 아래 해가 비치지 않는 곳이 어디

작자 미상, 〈베르사유의 아르테미스〉, 125년, 대리석, 높이 200cm, 파리 루브르박물관
작자 미상, 〈벨베데레의 아폴로〉, 1800~1900년, 석고, 높이 230cm, 파리 루브르박물관

있단 말인가.

　그런데 만삭이 된 레토를 받아준 곳이 바로 아스테리아 섬이었다. 이 섬은 고정되어 있지 않기 때문에 바다 위를 떠다녔다. 그렇기 때문에 어디에도 속하지 않았다. 또한 제우스의 부탁을 받은 포세이돈이 파도를 높게 쳐서 섬에 해가 비치지 않게 만들었다. 레토는 이 섬의 감람나무 아래에서 비로소 쉴 수 있었다.

　먼저 세상에 나온 것은 '사냥의 여신' 아르테미스였다. 아르테미스는 태어나자마자 어머니를 도와 동생을 받는 산파 역할을 했다. 이렇게 태어난 것이 태양신 아폴론이다. 이들 남매가 처음 한 일은 어머니를 박대했던 큰 뱀 피톤을 죽이는 것이었다.

레토는 자식에 대한 자부심이 대단했다. 테베의 여왕 니오베가 자기는 자식이 열두 명이 된다고 말하면서 레토를 섬기지 말고 자기를 섬기라고 말하고 다녔다. 니오베의 말에 크게 분노한 레토는 아폴론과 아르테미스를 시켜 열두 명의 자식을 전부 활로 쏘아 죽게 했다. 아폴론은 니오베의 아들들을 아르테미스는 딸들을 죽였다.

아폴론과 아르테미스는 그리스의 신전이 젊은 신들로 채워졌다는 것을 상징하는 신들이다. 먼저 태어난 아르테미스는 아테나처럼 처녀성을 지키겠다고 선언했다. 이는 더 이상 결혼을 통해 신들의 수를 늘리지 않아도 될 만큼 올림포스에 신들이 가득 찼음을 의미한다.

나중에 태어난 아폴론은 여기서 한 걸음 더 나아가 피톤을 비롯해 괴물을 살해하기 시작한다. 이와 같은 아폴론의 괴물 퇴치는 훗날 세상에 등장하는 영웅들에게 삶의 모범이 되었다. 그리스 신화에서 영웅은 괴물을 퇴치하는 사람들이기 때문이다.

아르테미스를 향한 러시

1889년 4월 22일 미국 오클라호마주. 정오가 되자 기병대 장교가 권총을 머리 위로 들어 올렸다. '탕!' 소리와 동시에 말과 마차를 타고 출발선 앞에서 기다리던 5만여 명의 사람들이 전속력으로 달리기 시작했다. 커다란 먼지구름이 피어오르고 들판은 지진이라도 난 것처럼 흔들렸다. 가장 먼저 달려가 깃발을 뽑은 사람은 이렇게 소리쳤다. "이 땅은 내 거야!"

이날을 미국 역사는 '1889년 오클라호마 랜드러시(Oklahoma land rush)'로 기록하고 있다. 서부 개척이 한창이던 미국은 이런 방법을 통해 개척지로 사람을 유인했다. 한 사람에게 무상으로 불하된 토지는 160에이커(약 64만 7497m²). 규칙은 단 하나. 총성 소리를 신호로 아무 곳이나 먼저 도착해 깃발을 뽑은 자가 땅의 새로운 주인이 되는 것이다.

19세기의 랜드러시가 21세기에 달에서 재현되고 있다. 이른바 문러시(moon rush). 달은 화석연료와 원자력을 대체할 헬륨3, 반도체와 디스플레이 제조의 핵심 자원인 희토류 등이 풍부하게 매장되어 있는 것으로 알려져 있다. 2000년대 들어 세계 여러 나라는 앞다퉈 달에 탐사선을 보내며 문러시에 뛰어들고 있다.

문러시를 부추기는 것이 미국이 주도하는 새로운 우주법 '아르테미스 협정'이다. 아르테미스 협정은 우주 탐사와 이용 방식에 관해 참여국들이 지켜야 할 원칙을 담고 있다. 이 가운데 우주 자원의 채굴과 활용을 허용하는 규정이, 각국을 달 탐사 레이스에 뛰어들게 했다. 즉 달에 먼저 깃발을 꽂는 나라가 엄청난 자원을 갖는 것이다. 아르테미스 협정에 서명한 국가는 영국, 프랑스, 독일, 일본, 한국 등 39개국이다(한국은 2021년 협정에 서명).

중국과 러시아는 아르테미스 협정이 지나치게 미국 중심이라는 이유로 참여를 거부했다. 아르테미스 협정으로 달을 포함한 외계 행성의 자원에 대한 상업적 이용을 금지하는 유엔의 1979년 '달 조약'은 휴지

19세기 말 오클라호마에 160만 에이커의 땅을 나눠 갖기 위해 5만여 명의 사람이 모여들었다. 1889년 4월 22일 정오를 알리는 총성을 신호로 말과 마차를 탄 사람들은 정부가 미리 구획해 놓은 땅에 꽂혀 있는 깃발을 뽑기 위해 일제히 달려 나갔다.

조각이 됐다.

미국은 아르테미스 협정을 바탕으로 1972년 아폴로 17호를 끝으로 중단했던 달 탐사를 50여 년 만에 재개했다. 유인 달 탐사 프로그램인 아르테미스 계획은 무인우주선 발사, 유인우주선 발사, 달 기지 건설이라는 총 3단계 목표로 이루어져 있으며 1단계는 2022년에 이미 성공했다. 두 세기에 걸쳐 미국이 달 탐사에 신화 속 쌍둥이 남매의 이름을 붙인 까닭은, 아르테미스가 '달의 여신'이기 때문이다.

미국과 힘을 합쳐 달에 깃발을 꽂으면 우리도 달의 주인이 될 수 있을까? 명심할 것이 하나 있다. 아르테미스는 니오베를 벌하려고 그녀의 죄 없는 딸들에게 활시위를 당겼으며, 자신이 목욕하는 모습을 본 악타이온을 사슴으로 만들어 사냥개에게 갈기갈기 찢겨 죽게 했다. 아르테미스는 오만한 인간에게 무자비한 여신이다.

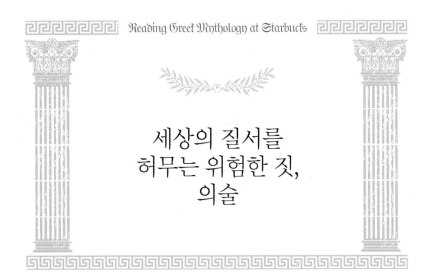

세상의 질서를
허무는 위험한 짓,
의술

죽음과 삶이라는 서로 이질적인 빛이 하나로 비쳐 드는 이야기를 살펴
보려 한다. 굳이 말하자면 죽음을 통해 삶을 얻은 신의 이야기이다. 인
간으로 태어나 훗날 '의술의 신'이 된 아스클레피오스가 그 주인공이다.

생각해보자. 여름날 강한 햇살이 내리쬐는 한낮을 말이다. 밝은 햇살
아래 무엇을 숨길 수 있을까? 세상의 모든 일은 다 드러난다. 그래서 태
양신은 세상에서 일어나는 일들을 속속들이 알고 있다. 페르세포네가
어디로 납치되었는지를 데메테르에게 알려준 것도 태양신이었다.

그런데 이런 속성 때문에 태양신 아폴론은 대개 사랑에 실패했다.
사랑이란 것이 좀 덮여 있는 부분도 있고 숨겨진 곳도 있어야 신비로

운 법이다. 또한 열정이라는 것도 밖으로 드러나는 부분은 빙산의 일
각인데 태양 아래 감출 것이 없다면 그 사랑이 제대로 되겠는가.

어머니의 재에서 꺼낸 아기

아폴론이 한번은 코로니스라는 인간
여자와 사랑에 빠졌다. 아폴론은 당시
는 흰색이었던 까마귀를 통해 사랑의
밀어를 전하기도 하고 감시도 시켰다.
그런데 코로니스는 아폴론을 배신하
고 이스키스라는 남자와 깊게 사
귀었다.

　어느 날 까마귀에게 애인의
배신 이야기를 전해 들은 아
폴론은 분노로 활활 타올랐
다. 분노의 불길은 먼저 까마
귀로 향했다. 지금처럼 까마귀
가 검게 변한 것도 이때였다.
아폴론이 까마귀의 몸을 흰
색에서 검은색으로 바꾸었기
때문이다. 그런 다음 남매인
'사냥의 여신' 아르테미스에게

루이 레오폴드 샹바르, 〈아폴론과 코로니스〉,
1842년, 테라코타, 높이 38.4cm, 파리 루브르박물관

코로니스를 죽여달라고 부탁했다.

　냉정한 사냥꾼인 아르테미스는 아폴론의 부탁을 받고 활을 쏘아 코로니스를 살해했다. 그런데 행복 뒤에 늘 불행이 뒤따라오듯이 세상일에는 늘 후회가 따라다니게 마련이다. 아폴론은 코로니스가 죽고 난 뒤 그녀가 자기 아이를 임신하고 있었다는 것을 알게 되었다. 아폴론은 땅을 치며 후회했지만 이미 엎질러진 물이었다. 아무리 시간과 무관한 신이라 해도 자기 자식에게는 끔찍했다.

　코로니스의 화장이 끝나고 아폴론은 재 속에서 자기 아들을 꺼냈다. 코로니스는 인간이었기 때문에 재로 돌아갔지만 아이는 반쯤 신성을 지니고 있었기 때문에 죽지 않았다. 아폴론은 어머니가 죽은 뒤에 태어난 불쌍한 자식의 교육을 켄타우로스인 케이론에게 맡겼다. 케이론은 당시 최고의 스승이었다. 그리스 최고의 영웅들인 헤라클레스, 이아손 등이 모두 케이론의 제자였다.

불사(不死)에 도전한 인간

아폴론의 아들 아스클레피오스는 어머니 없이 잘 자랐다. 그리고 의술에 탁월한 재능을 발휘했다. 그런데 과유불급이라고 했다. 지나친 것은 모자람보다 못하다. 아스클레피오스의 의술은 신의 경지에 이르러 죽은 사람까지 살려낼 정도였다. 인간들이야 고맙지만 신들은 불평을 늘어놓았다. 특히 목소리를 높인 것은 지하세계의 지배자 하데스였다. 아스클레피오스의 의술 때문에 사람이 죽지 않게 된다면 죽은 사람의 왕국 하데스는 그야말로 무용지물이 될 터였다.

제우스가 보기에도 아스클레피오스는 위험한 존재였다. 신들의 고유 영역인 불사에 도전하는 인간을 그냥 둘 수는 없는 노릇이었다. 제우스는 아스클레피오스를 향해 벼락을 던졌다. 다른 사람은 치료할 수 있지만 스스로는 구할 수 없는 법이어서 천하의 명의 아스클레피오스는 벼락에 맞아 타 죽었다. 그리고 죽은 뒤 헤라클레스처럼 신이 되어 하늘로 올라갔다.

이 사건으로 가장 화를 낸 것은 당연히 아버지인 아폴론이었다. 그렇다고 아들을 죽인 제우스에게 덤빌 수는 없는 노릇이어서 벼락을 처음 만들어 제우스에게 준 외눈박이 거인 키클로페스를 죽여버렸다. 불똥이 엉뚱한 곳으로 튄 셈이다. 이 일로 아폴론은 1년 동안 인간의 노예가 되어 봉사하는 벌을 받았다(126쪽). 사회봉사 명령을 받은 셈이다.

대개 아스클레피오스는 뱀이 휘감겨 있는 지팡이를 짚고 있는 모습으로 묘사된다. 아스클레피오스를 상징하는 동물이 뱀이기 때문이다. 아스클레피오스가 여느 날처럼

작자 미상, 〈아스클레피오스〉, 2세기, 대리석, 높이 125cm, 베를린구박물관

죽은 사람을 살리려고 애를 쓸 때였다. 방 안으로 뱀 한 마리가 슬그머니 기어들어 왔다. 깜짝 놀란 아스클레피오스는 지팡이를 던져 뱀을 죽였다. 잠시 후 다른 뱀 한 마리가 약초를 입에 물고 방 안으로 기어 와서는 죽은 뱀의 주둥이에 약초를 올려놓고 사라졌다. 그러자 죽은 뱀이 되살아났다. 이것을 본 아스클레피오스가 뱀이 물고 있던 약초를 죽은 사람의 입에 가져다 대자, 죽은 사람이 살아났다. 이때부터 아스클레피오스는 지팡이를 휘감고 있는 뱀을 자신의 상징으로 삼았다.

튀르키예 페르가몬에는 세계에서 가장 오래된 병원인 아스클레피온 유적지가 있다. 고대 그리스 시대에 지어진 아스클레피온은 아스클레피오스에게 봉헌된 신전이자, 의술을 가르치는 학교이자, 아픈 사람들을 치유하는 공간이었다. '의학의 아버지'로 불리는 히포크라테스 Hippocrates, BC 460~377도 이곳에서 의술을 배웠다. 아스클레피온 유적지에 뿌리만 남아 있는 기둥에는 아스클레피오스의 사자(使者)인 뱀이 휘감겨 있는 모습으로 새겨져 있다.

수십 년 의료단체를 대표해 온 저승사자

몇 년 전 우리나라 의료단체들이 잇따라 로고를 변경한 일이 있다. 로고에서 가장 핵심적인 변화는 뱀의 마릿수다. 기존 로고는 대부분 날개 달린 지팡이에 뱀 두 마리가 휘감겨 있는 형상이었다. 여기서 날개와 뱀 한 마리를 빼고 새로운 로고를 만들었다. 일반인에게는 지팡이를 감고 있는 뱀이 한 마리든 두 마리든 대수인가 싶겠지만, 의료계에

세계보건기구(WHO) 로고. 뱀이 타고 올라가는 아스클레피오스의 지팡이는 오늘날 의료·의술의 상징으로 널리 사용되고 있다.

서는 꽤 오래된 논쟁거리 중 하나였다고 한다.

뱀이 뒤얽혀 관계를 맺는 것을 형상화한 것이 '케리케이온'이라고 불리는 헤르메스의 황금 지팡이이다. 뱀 두 마리가 지팡이에 몸을 감고 서로 마주 보는 변경 전 의료단체들의 로고는 아스클레피오스가 아닌 헤르메스의 지팡이이다. 모든 경계를 넘나드는 헤르메스는 죽은 영혼을 지하세계의 하데스에게 안내하는 일도 했다. 헤르메스가 영혼의 안내자 역할을 할 때는 케리케이온이 사람들을 깊은 잠에 빠트려 조용히 저승으로 인도할 수 있게 도왔다.

대한의사협회가 1947년 처음 로고를 제정했을 때부터 지팡이를 감고 있던 뱀이 두 마리였으니, 수십 년간 저승사자가 의료단체를 대표해 온 것이다. 너무 오래전 일이라 오류의 발단을 찾기는 어렵다고 한다. 다만 미국 육군 의무부대 표식을 케리케이온으로 오인한 데서 비롯되었을 것으로 추정할 뿐. 같은 칼도 외과의사의 손에 들리면 생명을 살리는 메스가 되지만 살인자의 손에 들리면 흉기가 된다. 뱀이 누구의 지팡이에 감겼느냐에 따라 의미하는 바는 천양지차이다.

뱀에 대한 폭넓은 상징

꿈틀거리는 길쭉한 몸통, 무서운 독을 품은 채 날름거리는 갈라진 혀, 독살스럽게 생긴 눈. '뱀' 하면 가장 먼저 떠오르는 것은 무섭고 혐오스러운 이미지이다. 그런 뱀이 어떻게 의술을 상징하는 동물이 되었을까? 단순히 아스클레피오스의 일화 때문만은 아니다. 그리스 신화에 나오는 다양한 뱀의 이미지에서 답을 찾을 수 있다.

그리스 신화에서 뱀은 수소와 함께 중요한 상징적 역할을 하는 동물이다. 먼저 그리스 신화에서 뱀은 새로운 대상을 창조하는 존재다. 그러나 뱀에 의한 창조는 원래 그리스 신화의 특징이 아니다. 그 원형은 메소포타미아 신화에서 찾아볼 수 있다. 메소포타미아 신화에서 신들을 낳은 것은 흔히 악룡이라고 불리는 티아마트(Tiamat)였다. 고대 신화에서 용은 뱀과 거의 동일시된다. 티아마트는 모든 신의 어머니였다. 그러나 그리스 신화에서 우라노스와 크로노스가 권좌에서 물러난 것처럼 새로운 신들에 의해 티아마트 역시 권좌에서 쫓겨나고 살해되어 새로운 세계를 만드는 재료가 되고 말았다.

제우스도 뱀의 이미지를 지니고 있다. 그는 신의 왕이 된 다음 자기의 누이인 데메테르에게 욕정을 품고 겁탈하려고 했다. '곡물의 여신'

데메테르는 제우스를 피해 뱀으로 변신했지만 역시 뱀으로 변신한 제우스는 자기의 욕망을 실현시켰다. 이렇게 해서 태어난 것이 훗날 지하세계의 여왕이 되는 페르세포네이다(49쪽).

그렇다면 왜 뱀이었을까? 뱀은 이중적인 상징을 지니고 있다. 먼저 『성서』의 「창세기」에서 보듯이 인류를 타락의 늪으로 인도한 사악한 존재로 인식된다. 이는 뱀이 지니고 있는 외면적인 모습에서 기인한 것으로, 다리가 없이 비늘 덮인 몸으로 땅 위를 미끄러지듯 기어 다니고 다른 동물과 떨어진 곳에서 사는 생물학적 속성이 여기에 첨가되었다.

그러나 한편으로 봄이 되면 허물을 벗고 재생 또는 부활한다는 이미지가 작용해 뱀은 영원한 생명력을 상징하기도 한다. 봄이 되면 초목이 푸르러지고 꽃이 피며 만물이 소생한다는 것은 뱀의 이미지와 그대로 결부된다. 그래서 페르세포네가 지하세계에서 귀환하는 봄이 되면 만물이 소생했다가 그녀가 지하세계로 돌아가는 겨울이 되면 초목은 시들고 만물은 황폐해진다는 신화가 생겨난 것이다. 곡물의 여신 데메테르가 딸 페르세포네의 귀환과 지하세계로의 복귀에 따라 기뻐하고 슬퍼하기 때문에 만물이 소생했다가 시들게 된다. 그리고 뱀은 생김새가 남성의 성기를 연상시키는데 이 역시 생산력과 생명력을 상징한다.

제우스는 데메테르에 이어 페르세포네와도 뱀으로 변신해서 관계를 맺어 디오니소스를 낳았다(널리 알려지기로는 세멜레가 디오니소스의 어머니이지만, 이탈리아 남부에서는 페르세포네를 디오니소스와 연관시키기도 한다). 제우스는 왜 이와 같은 근친상간을 자행했을까? 그저 욕망에 휩싸여 어머니와 딸을 겁탈한 것은 아니다. 그 이유는 신들의 왕국과 세계의 질서를 위한 것이었다. 하데스가 조카 딸인 페르세포네를 납치하기 위해

제우스에게 허락을 구하러 왔을 때 제우스는 흔쾌히 응낙했다.

그것은 지상과 지하의 교류가 시작될 수 있는 계기였기 때문이다. 지하세계에 생명의 숨을 쉬는 페르세포네가 자리 잡게 되면서 페르세포네라는 매개를 통해 지상과 지하가 서로 교류할 수 있게 되었다. 새로운 질서의 탄생이다.

이후 아내를 찾으려는 오르페우스, 어머니 세멜레를 구해내려는 디오니소스, 주어진 과업을 수행하려는 헤라클레스, 페르세포네를 납치하려는 테세우스 등이 지하세계로 들어갈 수 있게 되었다.

세상의 질서를 재편하기 위한 제우스의 행보는 '복수의 여신' 네메시스에게도 이어진다. 제우스를 피해 온갖 동물로 변신하고 지구 끝까지 도망치는 네메시스를 제우스는 끝까지 쫓아가 관계를 맺고 헬레네(225쪽)를 잉태시켰다. 헬레네의 탄생은 지상에 엄청난 변동을 초래했다. 제우스의 입장에서 보면 그 역시 필연성에 따른 새로운 질서의 확립이었지만 인간, 특히 영웅의 입장에서 보면 대파멸이었다. 그 계기는 헬레네였고 트로이 전쟁으로 그 모습을 드러냈다. 트로이 성벽 아래에서 수많은 영웅이 숨을 거두었고 이로써 영웅의 시대가 마감되었다.

구스타프 클림트, 〈하이게이아〉, 1907년, 캔버스에 유채, 430×300cm, 빈대학교

클림트가 1900~1907년 사이에 빈대학교 대강당 천장에 그린 〈철학〉, 〈법학〉, 〈의학〉 연작 중 〈의학〉의 일부다. 그림은 1945년 독일군의 방화로 소실되고, 〈하이게이아〉 부분만 남았다. 하이게이아는 아스클레피오스의 딸로 건강과 위생을 의인화한 여신이다.

혼돈과 증오의 단초가 된
인류 최초의 미인대회

"미혼일 것, 키는 다섯 자(약 151cm) 정도일 것, 몸은 깡마르거나 뚱뚱하지 않을 것, 얼굴은 둥그스름하고 복스러울 것, 치아는 반듯하고 하얗게 반짝거릴 것, 전체적인 몸의 균형은 장래 현모양처로서 품위가 있을 것."

우리나라 미인대회의 원조 격인 '여성경염대회'의 심사 기준이다. 지금은 잘 쓰지 않는 단어인 '경염(競艶)'은 아름다움을 다툰다는 의미다. 놀랍게도 여성경염대회는 포탄이 날아다니던 한국전쟁 중인 1953년 부산에서 열렸다. 2013년 부산시가 발간한『부산을 읽는 키워드-기네스 125선』에 따르면 당시 본선 수영복 심사는 비공개로 진행

되었는데, 수영복을 입은 미녀를 보겠다고 심사장으로 사람들이 몰려드는 통에 개회식도 열지 못하고 본선 심사를 취소하는 사태가 빚어졌다고 한다.

우리나라 미인대회를 대표하는 미스코리아 대회는 그로부터 4년 뒤인 1957년 5월 19일 서울 명동 시립극장에서 열렸다. 대회를 연 가장 큰 목적은 미국에서 개최되는 미스유니버스 대회에 보낼 한국 대표를 선발하기 위해서였다.

1980년대까지만 해도 미스코리아 선발대회는 TV로 생중계될 정도로 인기가 높았다. 당시 미스코리아 '진' 당선자는 다음날이면 온 국민이 아는 스타 반열에 올랐다. 그러나 여성의 용모를 평가해 우열을 가리는 미인대회 형식은 획일적인 미의 기준을 강요하고 성을 상품화한다는 비판에서 자유로울 수 없었다. 지상파 방송은 2001년부터 미스코리아 대회 생중계를 중단했다.

미스유니버스 대회 우승자에게 수여되는 왕관. 1952년에 시작된 미스유니버스 대회는 미스월드, 미스인터내셔널, 미스어스와 함께 세계 4대 미인대회로 꼽힌다.
미스코리아 대회는 미스유니버스 대회에 보낼 한국 대표를 선발할 목적으로 개최되었다. 한때 전 미국 대통령 도널드 트럼프는 미스유니버스 대회 운영권을 가지고 있었다(1996~2015년까지). 미스유니버스 대회는 2023년부터 기혼이며 자녀가 있는 여성도 참가할 수 있게 규정을 바꾸었고, 2024년부터 참가자에 대한 연령 제한을 폐지했다.

미인대회의 기원은 헤라, 아테나, 아프로디테가 트로이 왕자 파리스 앞에서 아름다움을 뽐냈던 '파리스의 심판'이다.

인류가 기억하는 최초의 미인대회

'바다의 여신' 테티스와 인간 펠레우스가 결혼식을 올리던 날, 모든 신들이 초대를 받았지만 '불화의 여신'만 부름을 받지 못했다. 화가 난 불화의 여신은 '가장 아름다운 여신에게'라고 쓰여 있는 황금사과 하나를 결혼식장에 던지고 떠났다. 가장 아름다운 여신 후보로 헤라와 아테나, 아프로디테가 나섰고 제우스는 그 판정을 할 사람으로 트로이의 왕자 파리스를 지명했다.

제우스는 헤르메스를 시켜 세 여신을 이데 산으로 보냈다. 이데 산은 제우스가 어린 시절을 보낸 곳이다. 이곳에는 트로이의 왕자 파리스가 살고 있었는데, 그는 갓난아기 때 이데 산에 버려졌다. 그의 어머니 헤베카는 도시를 모두 불태우는 나무에 관한 태몽을 꿨다. 태어날 아이가 트로이를 멸망시킬 것이라는 예언을 들은 헤베카 부부는 아기가 태어나자마자 유기했다. 산속에 버려진 파리스는 곰의 젖을 먹고 살아남아 양치기 아겔라오스의 손에서 훌륭하게 성장했다.

파리스는 가장 아름다운 여신을 가리는 결정권이 왜 자기에게 넘어왔는지 생각해 보지 않았다. 천하의 세 여신이 자기에게 내민 조건을 생각하는 것만으로도 매우 벅찼기 때문이다.

헤라는 전 인류의 왕이 되게 해주겠다고 약속했고, 아테나는 싸움에

베르텔 토르발센,
〈사과를 들고 있는 아프로디테〉,
1813~1816년,
대리석, 높이 160.8cm,
코펜하겐 토르발센박물관
————————
그리스 신화 속 인물들은 저마다
상징물을 가지고 있다. 독수리는
제우스, 공작새는 헤라, 삼지창이
나 고래는 포세이돈, 밀 이삭은
데메테르, 올빼미 또는 창은 아
테나를 상징한다. 아프로디테를
표현한 회화나 조각 작품을 보면
종종 사과 한 알을 들고 있는데,
이 사과는 그녀가 헤라, 아테나
와 아름다움을 겨뤄 받은 트로피
나 다름없다.

카소네(14~16세기 이탈리아에서 신랑이 지참금과 예물을 채워 신부에게 선물했던 상자 모양의 수납 가구)를 장식했던 그림이다. 왼쪽 패널의 활을 든 여성이 오이노네, 오른쪽 패널의 황금 갑옷을 입은 남성이 파리스다. 중앙 패널에는 파리스의 심판과 파리스와 오이노네의 이야기가 묘사되어 있다. 오이노네는 파리스에게 헬레네를 쫓다 맞게 될 끔찍한 운명을 예언했지만, 파리스는 그녀를 남겨두고 헬레네와 함께하는 비극적인 운명을 향해 질주하고 있다.

서 언제나 이길 수 있게 해주겠다는 약속을 했다. 마지막으로 아프로디테는 세상에서 가장 아름다운 여인을 주겠다고 제안했다. 파리스는 아프로디테에게 황금사과를 건넸다. 그는 아직 피가 뜨거운 젊은이였던 것이다. 이 판정을 통해 아프로디테는 명실상부 최고의 미를 지닌 여신이 되었다.

모든 것에는 빛과 그림자가 있기 마련이다. 파리스가 손에 넣을 최고의 미녀가 빛이라면 인류의 왕을 만들어 줄 수 있는 헤라와 언제나 싸움에서 이기게 만들어 줄 수 있는 아테나를 적으로 삼은 것은 아주 짙은 그림자였다.

프란체스코 디 조르지오, 〈오이노네와 파리스 이야기〉, 1460년대, 패널에 템페라,
(좌 · 우 패널)34×17cm, (중앙 패널)34×109cm, 로스앤젤레스 폴게티미술관

트로이 전쟁을 촉발한 아프로디테의 선물

파리스가 원하는 최고의 미녀 헬레네는 유부녀였다. 어쨌든 아프로디
테의 부탁을 받은 파리스의 아버지 프리아모스는 파리스를 사신으로
임명해서 스파르타로 보냈다. 그곳에서 파리스는 아무것도 모르는 헬
레네의 남편 메넬라오스로부터 극진한 환영을 받았다. 파리스가 도착
한 지 열흘째 되는 날 메넬라오스는 외할아버지 카트레우스의 장례식
에 참석하기 위해 크레타로 떠났다. 그리고 침실에는 헬레네만 외로이
남아있었다.

헬레네는 아프로디테가 뒤에서 일을 꾸며놓았기 때문에 이미 이방인인 파리스에게 마음을 빼앗긴 상태였다. 파리스는 헬레네를 유혹해 집 안에 있는 대부분의 보물을 챙겼다. 헬레네는 아홉 살 된 딸 헤르미오네를 남겨둔 채 파리스를 따라 스파르타를 떠났다. 그리고 헬레네와 파리스는 트로이 왕가의 반대를 무릅쓰고 결혼식을 올렸다. 그렇게 파리스가 죽을 때까지 두 사람은 19년을 함께 지냈다. 19년은 긴 시간이다. 비록 절반 이상이 트로이 전쟁과 함께였지만 파리스는 행복했을 것이다.

그리움이라는 불씨에 검게 타버린 여인

파리스는 아폴론에게 힘을 얻어 그리스 연합군의 최고 영웅 아킬레우스를 화살로 죽였지만, 그 역시 화살에 맞아 죽음에 이르게 된다. 파리스의 첫 번째 아내인 '강의 신' 오이노네는 이데 산에서 남편이 돌아오기를 오랫동안

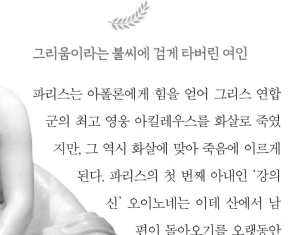

해리엇 호머스, 〈오이노네〉,
1854~1855년,
대리석, 높이 86cm,
세인트루이스
밀드레드레인켐퍼미술관

기다렸다. 오이노네는 이미 자기가 버림받을 것과 파리스가 화살에 맞을 것을 예견하고 있었다. 그리고 오이노네에게는 파리스를 치료해 줄 능력도 있었다. 그러나 그녀는 너무 오랫동안 기다렸다. 무려 19년이다. 세상에서 가장 힘든 일은 누군가를 기다리는 것이다. 그것도 언제 올지 모르는 사람을.

오이노네는 화살을 맞고 이데 산으로 돌아온 파리스를 냉담하게 대했다. 기다림에 지쳐 가슴이 가뭄에 갈라진 논바닥처럼 갈라져 있었던 것이다. 그러나 파리스가 죽자 눈물이 메마른 가슴을 적셨고 그 위로 감정의 싹이 자라기 시작했다. 오이노네는 자기가 파리스를 죽였다는 자책감에 시달리다가 목을 매고 말았다.

다른 이야기에 따르면 오이노네는 파리스를 화장하는 불길에 몸을 던져 재가 되었다고도 한다. 기나긴 기다림 끝에 검게 타버린 오이노네. 그러나 그녀의 비극은 황금사과 한 알이 일으킨 수많은 비극의 서막에 불과했다.

내 속엔
내가 너무도 많아서

그냥 동네 뒷산이라고 부르는 낮은 산일지라도 정상에 오르면 "야호" 하고 외치고 싶어진다. 단전에서부터 소리를 끌어올리다가도 인적이 느껴지면 입 밖으로 나올 채비를 하던 단어를 삼킨다. 민망함을 무릅쓰고 소리쳐봤자 이런 낮은 산에서는 메아리가 들릴 리 만무하다.

'메아리'라는 뜻의 에코는 헬리콘 산에 사는 님프였다. 그런데 에코는 매우 수다쟁이였다. 한번은 제우스가 바람피우는 현장을 덮치기 위해 몰래 잠복하고 있는 헤라 앞에 에코가 나타났다. 헤라는 저쪽으로 가라고 손짓했지만, 에코는 아랑곳하지 않고 조잘조잘 말을 늘어놓았다. 물론 인기척 때문에 제우스는 헤라의 잠복을 눈치채고 시치미를 떼며 사라지고 말았다.

그런 일이 몇 번 계속되자 헤라는 크게 화를 냈다. 헤라는 에코가 제우스의 명령을 받고 자기가 제우스의 뒤를 밟을 때마다 나타나 일부러 큰 소리를 내서 제우스에게 알려주고 있다고 생각했다. 실제로 에코는 제우스가 님프들과 정을 통할 때 헤라가 나타나면 그것을 알리기 위해 헤라를 붙잡고 큰 소리로 떠들었던 것이다.

그래서 헤라는 에코가 남이 말하기 전에는 먼저 입을 열지 못하게 했고, 다른 사람이 하는 말의 마지막 부분만 반복해서 따라 하도록 하는 벌을 내렸다. 산에 가서 크게 소리를 지르면 마지막 말만 되풀이해서 울리는 것처럼 말이다.

여기에 대해 다른 주장도 있다. 자유롭고 성을 밝히는 '초목과 목동의 신'인 판은 에코를 사랑했다. 하지만 에코는 그를 거들떠보지도 않았다. 화가 난 판은 에코에게서 말을 빼앗고 남이 하는 말의 끝말만 따라 하게 했다. 그러자 목동들이 자기들의 말을 따라 하는 에코에게 화나 나 그녀를 찢어 죽였다. 이를 불쌍히 여긴 '대지의 여신'이

폴 르무안, 〈요정 에코〉,
1821년, 대리석, 50×140×70cm,
파리 루브르박물관

에코의 시체를 거두면서 말을 따라 하는 능력은 남겨두었다. 그것이 메아리라는 것이다.

어쨌든 수다쟁이 에코는 속이 터질 만큼 답답했지만 그렇다고 불평을 늘어놓을 수도 없었다. 더 이상 말을 할 수 없게 되었으니까. 그런데 더욱 답답하고 절망적인 일이 일어났다. 에코가 한 남자를 보고 사랑에 빠진 것이다. 그의 이름은 나르키소스였다. 그는 어릴 때 예언자 테이레시아스로부터 "자기를 모르면 오래 살 수 있다"라는 말을 들었다.

자기 자신이라는 헤어 나올 수 없는 늪

말을 할 수 없었던 에코는 나르키소스 주위만 맴돌 뿐이었다. 에코가 나르키소스가 내뱉은 말의 끝부분을 계속 따라 하자 나르키소스는 화를 냈다. 사랑에 목마른 에코는 나르키소스의 냉담함 때문에 점점 야위어 갔다.

사랑에 실패한 에코는 절망 속에서 '복수의 여신' 네메시스에게 그녀의 사랑만큼이나 간곡한 복수를 기원했다. 네메시스는 에코의 기원을 받아들였다. 그리고 나르키소스에게 헬리콘 산의 샘을 통해 자기 모습을 보게 만들었다.

그러자 테이레시아스의 예언이 이루어졌다. 샘에서 자기의 모습을 본 나르키소스는 그 모습에 흠뻑 취했다. 그때부터 자기에 대한 애정에 취해 날마다 샘에 비친 자기 모습만 보며 살았다. 그리고 자기도취 속에서 죽었다. 이를 가련하게 여긴 신들은 그를 아름다운 수선화로

엄레상드르 카바넬, 〈에코〉, 1874년, 캔버스에 유채, 97.8×66.7cm, 뉴욕 메트로폴리탄미술관

줄러 벤츄르, 〈나르키소스〉, 1881년, 캔버스에 유채, 116×100.5cm, 부다페스트 헝가리국립미술관

변신시켰다. 그래서 수선화의 꽃말은 자기도취가 되었다.

　나르키소스 이야기는 후대 학자들에게 영감을 줬다. 독일의 정신과 의사 폴 나케Paul Näcke, 1851~1913가 자기애를 '나르시시즘(Narcissism)'이라고 명명했다. 건강한 자기애는 인간이 성장하는 데 꼭 필요하다. 자신에 대한 사랑이 지나쳐 헤어 나오지 못하는 상태는 '자기애성 인격장애(Narcissistic personality disorder ; NPD)'로 치료가 필요한 질환이다. 이들은 관심받는 걸 즐기며 사람들이 자신을 존경하고 칭찬해주기를 열망한다. 이런 사람은 다른 사람의 감정을 이해하거나 배려하는 능력이 결여되어 있을 가능성이 크다.

　그러나 과도한 자신감이라는 가면 뒤에는 자신의 가치를 확신하지 못하며 사소한 비판에도 쉽게 화를 내는 존재가 숨어있다. 자신감 과잉과 자기 혐오는 얼핏 양극단의 감정 같지만, 두 가지 다 자신에게 극단적으로 집착한 결과인 셈이다.

마크 디두, 〈에코〉, 1963년, 청동, 2.25×1.88×1.20m, 토리노 주세페 베르디 거리

황홀하고 찬란한 응시

신화의 사연만 놓고 본다면 수선화는 어리석은 자나 고집이 센 사람을 상징하는 꽃이어야 하지 않을까? 그런데 그리스 사람들은 수선화를 '영생의 신이건 필멸의 인간이건 모두가 한 번 보기만 하면 찬미하게 되는 경이롭고 찬란한 꽃'이라 찬양했다.

사실 부부가 서로 싸우면서 닮아가는 것처럼 에코와 나르키소스는 서로 닮아있다. 높은 산에 올라 내 이름을 부르면 산도 내 이름을 불러주고, 샘물을 바라보면 샘물 또한 내 얼굴을 보여주는 것처럼 말이다.

이쯤에서 나르키소스가 황홀한 아름다움을 가진 수선화가 된 까닭이 수면 위로 떠오른다. 나르키소스 신화는 "자기 이름을 부르고 자기를 들여다보라"라는 말을 전하고 있다. 즉 "자신을 사랑하라"는 말을 하고 있는 것이다.

타인에게 보이는 겉모습 꾸미기에 집착하는 내가 아닌, 오로지 자신을 위해 자기 내면으로 던지는 사랑의 눈길이 어찌 황홀하지 않으며 경이롭고 찬란하지 않겠는가.

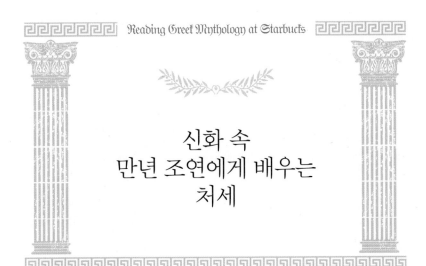

신화 속
만년 조연에게 배우는
처세

제우스와 티탄 족 사이에서 또 다른 신이 하나 태어났다. 헤르메스라
는 이름이 붙은 이 아이의 어머니는 거인 아틀라스와 님프 플레이오네
의 딸 마이아였다. 마이아(Maia)는 어머니 또는 유모라는 뜻이다. 마이아
는 헤라의 질투로 칼리스토(144쪽)가 곰이 되자 그녀의 아들 아르카스를
맡아 키웠다. 무엇이든 키우고 길러내는 존재인 그녀의 이름은 만물이
소생하는 계절인 봄의 정점이기도 하다. 영어에서 5월을 뜻하는 '메이
(May)'는 '마이아의 달'을 뜻하는 라틴어 '마이움(Maium)'에서 유래했다.

　헤르메스가 태어나서 처음 한 일은 이복형 아폴론의 소를 훔치는 것
이었다. 헤르메스는 소를 훔쳐 그 꼬리를 틀어쥐고서 뒤로 걸은 다음

작자 미상, 〈헤르메스〉, 1780~1850년, 청동,
높이 179cm, 워싱턴D.C.국립미술관

조반니 다 볼로냐의 〈헤르메스〉를 모작한
작품. 뱀 두 마리가 지팡이에 몸을 감고 서로
마주 보고 있는 날개 달린 지팡이 케리케이
온, 날개 달린 모자 페타소스, 날개 달린 신
발 탈라리아 등 헤르메스를 대표하는 장신구
를 모두 볼 수 있다. 헤르메스 발아래에서 양
볼을 한껏 부풀려 바람을 부는 얼굴은 '서풍
의 신' 제피로스이다.

발자국을 지우고 소 창자와 거북의 등을 이
용해 비파를 만들었다. 그리고 소 두 마리를
잡아서 신들에게 제사까지 지냈다. 그런 다음 무
슨 일이 있었느냐는 듯이 시치미를 떼고 동굴로 돌
아와 요람에 누웠다.

소를 50마리나 도둑맞은 아폴론은 소도둑을 잡으
려고 했지만 흔적이 없었다. 아폴론은 점을 쳐서 헤르
메스가 도둑임을 알아차리고 범인을 잡기 위해 동굴로
갔다. 그러나 그곳에는 갓난아기 하나가 깊은 잠에 빠져
있을 뿐이었다.

갓난아기의 첫 흥정

아폴론은 자는 아이를 깨워 소를 내놓으라
고 했지만 헤르메스는 자기가 태어난 지

하루밖에 되지 않아 소가 뭔지도 모른다고 잡아뗐다. 화가 난 아폴론은 헤르메스를 데리고 올림포스로 올라가 제우스에게 판결을 내려달라고 했다. 모든 것을 다 알고 있던 제우스는 헤르메스의 기지에 탄복했지만, 훔친 소를 돌려주라고 명령했다.

헤르메스는 소를 숨겨놓은 곳으로 아폴론을 데리고 가면서 아까 만들었던 비파를 꺼내 연주했다. 아폴론은 '태양의 신'이기도 하지만 '음악의 신'이기도 했다. 처음 보는 악기에 정신이 팔린 아폴론은 비파와 소를 맞바꾸자고 제안했다. 순순히 이 제안에 응할 헤르메스가 아니었다. 헤르메스는 자기가 소도둑임을 알아낸 점치는 방법과 훗날 헤르메스의 상징이 된 케리케이온이라는 지팡이까지 끼워주면 생각해 볼 용의가 있다고 말했다. 아폴론은 꼼짝없이 불평등한 거래를 하고 말았다.

로마의 이야기꾼 오비디우스Publius Naso Ovidius, BC 43~17는 『변신 이야기』를 통해 헤르메스의 첫 흥정에 얽힌 흥미로운 이야기를 덧붙인다. 헤르메스가 아폴론의 소를 훔칠 때 바토스라는 노인이 그 장면을 목격했다. 노인이 떠벌릴 것이 걱정된 헤르메스는 잘생긴 소 한 마리를 주며 입을 다물어달라고 당부했다. 노인은 돌이 고자질하는 일은 있어도 자신이 그럴 일은 절대 없다며 헤르메스를 안심시켰다. 그럼에도 헤르메스는 노인이 미덥지 않았다. 그도 그럴 것이 노인의 이름인 바토스는 '수다쟁이'라는 뜻이다. 헤르메스는 다른 사람으로 변신해 노인 앞에 다시 나타났다. 이번에는 소 두 마리를 줄 테니 아는 것을 말해달라고 했다. 그러자 바토스는 자기가 본 것을 그대로 일러바쳤다. 헤르메스는 거래의 중요한 덕목인 신의(信義)를 저버린 노인을 무거운 돌로 만들었다.

이쪽과 저쪽을 잇는 놀라운 처세

아폴론과 아르테미스에게 그랬던 것처럼 헤라는 제우스가 다른 여자에게서 얻은 아이들을 무척이나 싫어했다. 하기는 누군들 좋아하겠는가. 그런데 유독 헤르메스만은 그렇지 않았다. 그의 능청이 헤라의 마음을 움직였기 때문이다. 그래서 헤르메스는 헤라의 젖을 먹고 컸다고 한다.

지금까지의 이야기 때문에 헤르메스는 도둑의 신, 상업의 신으로 불린다. 그러나 헤르메스의 중요한 역할은 신과 인간에게 제우스의 뜻을 전하는 전령이었다. 그냥 중간에서 심부름하는 신으로 보이겠지만 헤르메스의 역할은 매우 중요했다. '해석학(hermeneutics)'이라는 말이 헤르메스에게서 나왔다는 것에서 알 수 있듯이 제우스의 뜻을 읽고 이를 해석해서 신과 인간에게 설명해 주어야 했기 때문이다.

헤르메스와 아프로디테가 관계를 가져 낳은 자식이 있는데 이름이 헤르마프로디토스로 남녀 두 성을 모두 가지고 있었다. '빠르게 흐르는 은'이라는 뜻의 '퀵 실버(quick silver)'라는 별명이 붙은 금속인 수은은 상온에서 액체로 존재하는 유

아돌프 히레미히르슈칠, 〈아케론의 영혼들〉, 1898년, 캔버스에 유채, 215×340cm, 빈 벨베데레오스트리아미술관

'전령의 신' 헤르메스가 옮기는 것은 비단 신의 뜻만이 아니다. 헤르메스는 죽은 자의 영혼을 하데스의 세계로 안내한다. 그래서 헤르메스는 '프시코폼포스 (psychopompppos)' 즉 영혼의 안내자로 불렸다.

| 행성과 신의 대응 |

행성 신	그리스의 신	로마식 표기	영어식 표기
수성	헤르메스	메리쿠리우스	머큐리
금성	아프로디테	베누스	비너스
화성	아레스	마르스	마스
목성	제우스	유피테르	주피터
토성	크로노스	사투르누스	새턴
천왕성	우라노스	우라누스	유러너스
해왕성	포세이돈	넵투누스	넵튠
명왕성	하데스	플루토	플루토
달	아르테미스	디아나	다이애나
은하수	헤라	유노	주노(밀키웨이)
지구	가이아	가에아	지어

일한 금속이다. 영어로 수은을 '머큐리(mercury)'라고 하는데, 머큐리는
헤르메스의 로마식 이름이다. 헤르메스의 자식이 남성이기도 여성이
기도 한 점, 헤르메스의 이름이 붙은 수은이 금속이면서 액체인 점은
모든 경계를 넘나드는 헤르메스의 성격과 관계가 있다. 헤르메스는 전
령으로 신과 인간, 지하세계를 자유롭게 오간다.

　전령의 신, 여행의 신, 상업의 신, 무역의 신, 도둑의 신, 협상의
신……. 헤르메스는 자기 역할 때문에 그리스 신화 곳곳에 얼굴을 비
친다. 또한 그가 있는 곳에 제우스의 의도가 있다. 헤르메스는 제우스
를 비추는 거울과 같기 때문이다. 할 일이 많다 보니 헤르메스는 한 곳
에 정주하는 법 없이 늘 바삐 움직인다. 바쁜 신을 돕는 것은 여섯 개의
날개다. 뱀 두 마리가 지팡이에 몸을 감고 서로 마주 보고 있는 날개 달

린 지팡이 케리케이온, 날개 달린 모자 페타소스, 날개 달린 신발 탈라리아. 국내 IT 기업 네이버를 24년간 대표했던 날개 달린 모자 로고가 헤르메스의 페타소스였다. 여섯 개의 날개에 '서풍의 신' 제피로스의 입김이 더해지면 헤르메스는 바람처럼 빠르게 이동했다.

수성은 공전 주기가 88일로 태양계 행성 중 가장 빠르다. 그리고 태양계 여덟 행성 중 태양 가장 가까이에 자리하고 있다. 수성은 영어 이름이 머큐리로, 즉 헤르메스의 행성이다. 아버지 제우스의 총애를 받으며 그의 전령으로 활약했으니, 행성보다는 목성을 중심으로 공전하는 위성 하나쯤 차지하는 게 마땅하지 않을까.

그리스 신화의 세계에서 가장 힘센 존재는 제우스지만, 태양계 제1권력자는 태양이다. 제우스의 행성인 목성마저도 태양을 중심으로 돌지 않는가. 신화 밖으로 나온 마당에 처세술의 달인 헤르메가 새로운 주인을 섬기는 것은, 그다지 놀라울 일이 아니다.

작자 미상, 〈헤르메스 두상〉,
BC 1세기~AD 1세기, 대리석, 높이 33cm,
보스턴 하버드대학교미술관

헤르메스라는 이름은 돌무더기를 뜻하는 그리스어 '헤르마(herma)'에서 유래했다. 나그네들이 이 길 위에서 무탈하길 빌며 하나씩 쌓은 돌무더기는 제대로 길을 가고 있음을 확인해 주는 이정표이자 경계석 역할을 했다. 실제로 헤르메스 상은 거리 표지석으로 사용되었다.

Chapter · 2
사랑하고, 욕망하고,
신화가 되라

네 이름으로 나를 불러줘,
내 이름으로 너를 부를게

인간은 왜 자신의 반쪽을 찾아 헤맬까? 플라톤^{Plato, BC 427~347}의 『향연』에 이 질문에 관한 흥미로운 답이 있다. 『향연』은 아가톤의 집에 모인 손님들이 차례로 사랑(에로스)에 관해 이야기하는 형식으로 구성되어 있다. 네 번째 연사인 아리스토파네스^{Aristophanes, BC 445~385}(고대 그리스 최고의 희극작가)에 따르면 옛날에는 남성, 여성 그리고 남녀가 한 몸인 양성 이렇게 세 가지 성별이 있었다고 한다. 그런데 제우스 신이 오만한 인간을 벌하기 위해 몸을 두 조각 내 다른 시공간 속에 흩어놓았다. 그러자 인간은 떨어져 나간 반쪽을 찾기 위해 시공간을 떠돌게 되었다.

그의 이야기대로라면 사랑은 불완전해진 인간이 완전했던 본래의 모습으로 회귀하려는 본성이라 할 수 있다. 상실한 본성을 치유하는 데 이성애냐 동성애냐의 구분은 무의미하다.

고대 그리스 시대는 동성애가 이성애만큼이나 자유로웠다. 특히 성인 남성과 소년의 결합을 가장 이상적인 사랑으로 봤다. 성인 남성은 자기 경험과 지식을 나누어주는 멘토, 소년은 가르침을 받는 멘티의 위치에서 그리스를 끌어나갈 인재를 양성했다.

그리스 신화에서 처음 동성애를 한 사람은 타미리스였다. 타미리스는 용모가 빼어날 뿐 아니라 음악적 재능도 매우 뛰어났다. 그러나 델포이에서 열린 음악 제전에서 우승한 뒤, 자만심에 빠져 '음악의 여신'인 뮤즈에게 도전했다가 패배했다. 그 대가로 뮤즈에게 두 눈과 음악적 재능을 빼앗겼다. 타미리스는 스파르타의 왕자이자 눈부시게 아름다운 소년인 히아킨토스를 사랑했다.

아폴론을 두고 떠난 어린 연인들

이후 히아킨토스는 남자 신인 아폴론의 사랑을 받았다. 이들은 종종 둘이서만 경기를 했다. 하루는 원반던지기를 했는데 아폴론이 던진 원반이 히아킨토스의 이마에 정통으로 맞았다. 아폴론은 꺼져가는 생명의 불씨를 되살리기 위해 안간힘을 썼지만, 히아킨토스는 그 자리에서 죽었다.

아폴론이 일부러 히아킨토스를 죽인 건 아니다. 자기가 사랑하는 사람을 죽일 이유는 없다. 전하는 말에 따르면 히아킨토스를 좋아하던 '서

풍의 신' 제피로스가 아폴론이 던진 원반의 방향을 바꾸었기 때문에 히아킨토스가 원반에 맞았다고 한다. 이렇게 보면 질투심은 여자만의 전유물이 아니다.

아폴론의 사랑을 받은 남자는 히아킨토스만이 아니다. 텔레포스의 아들 키파리소스 역시 매우 아름다운 소년이었다. 아폴론은 키파리소스를 무척 사랑했다.

키파리소스는 님프들이 사랑하는 성스러운 수사슴을 좋아해서 언제나 사슴들과 함께 풀밭에 나가 풀을 먹였고 기쁜 마음으로 그 모습을 지켜보았다. 하루는 사슴이 햇볕을 피해 그늘에서 풀을 뜯고 있었는데 키파리소스가 착각해서 사냥용 창을 사슴에게 던졌다. 물론 창을 맞은 사슴은 그 자리에서 쓰러져 피를 흘리며 죽었다.

키파리소스는 자기가 너무나 좋아하던 사슴을 자기 손으로 죽였다는 절망감에서 헤어나지 못했다. 그를 아끼는 아폴론은 이렇게 저렇게 달래보기도 하고 위협도 해보았지만 소년의 절망을 덜어내지 못했다.

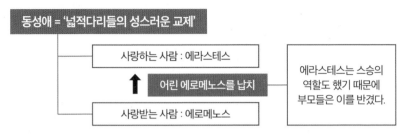

| 그리스 신화에 나타난 동성애 |

동성애 = '넓적다리들의 성스러운 교제'

사랑하는 사람 : 에라스테스

↑ 어린 에로메노스를 납치

사랑받는 사람 : 에로메노스

에라스테스는 스승의 역할도 했기 때문에 부모들은 이를 반겼다.

오히려 키파리소스는 아폴론에게 자기를 죽여달라고 부탁했다. 아폴론은 그럴 수 없다고 말했고 실제로 자기가 좋아하는 소년을 죽일 수도 없었다. 키파리소스는 만약 죽일 수 없다면 영원히 비탄에 시달리는 몸으로 만들어달라고 졸랐다. 이번에도 아폴론은 고개를 저었다.

소년은 하염없이 눈물을 흘렸다. 그리고 차츰 말라갔다. 연인이 죽어가는 모습을 차마 지켜볼 수 없었던 아폴론은 그를 삼나무로 만들었다. 그리스어로 키파리소스(Cyparissus)는 삼나무를 뜻한다. 그때부터 삼나무는 슬픔을 상징하는 나무가 되었다.

잃어버린 반쪽을 찾아 헤맸던 여름

열일곱 소년 엘리오(티모시 샬라메 역)와 스물넷 청년 올리버(아미 해머 역)의 잊지 못할 사랑의 순간을 그린 영화 〈콜 미 바이 유어 네임〉. 고대 그리스인들의 사랑을 엿볼 수 있는 장치를 영화 곳곳에 숨겨놓았다.

영화는 그리스 조각 사진과 자료로 어지럽혀진 책상을 비추며 시작한다. 이탈리아의 가족 별장에서 무료한 여름을 보내고 있는 엘리오에게 낯선 손님 올리버가 찾아온다. 올리버는 여름 동안 고고학자인 엘리오 아버지의 작업을 도와주러 미국에서 온 연구자다.

엘리오 아버지는 호수에서 무언가 발견했다는 발굴팀의 연락을 받고, 두 사람과 함께 호수에 간다. 오래전 침몰한 배에서 미소년 청동상을 건져 올렸는데, 프락시텔레스 Praxiteles, BC 395~?의 조각을 복제한 작품이다.

프락시텔레스는 고대 그

루카 구아다니노 감독이 연출한 〈콜 미 바이 유어 네임〉 포스터. ⓒ 소니픽쳐스코리아.

리스를 대표하는 조각가로, 남성성(직선)과 여성성(곡선)을 상징하는 고정된 표현 방식에서 벗어나 인간 본연의 아름다움에 집중한 예술가이다. 수면 위로 올라온 그리스풍 미소년 동상은 올리버를 통해 낯선 감정을 발견하게 된 엘리오를 상징한다. 그리고 동성애가 이성애만큼 자유로워서 아무도 색안경을 쓰고 보지 않았던 그리스 시대를 소환한다.

"네 이름으로 나를 불러줘, 내 이름으로 널 부를게." 서로에 대한 감정을 알아챈 엘리오와 올리버는, 두 세계가 하나가 되는 강력한 사랑

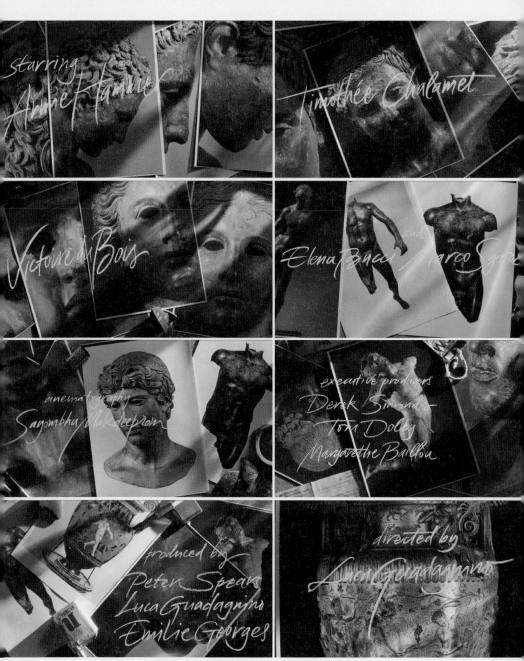

영화 〈콜 미 바이 유어 네임〉 오프닝. 영화가 꾸준히 그리스 조각을 비추는 것은 동성애가 이성애만큼 자연스러웠던 시절을 떠올리게 하는 미장센이다. ⓒ 소니픽쳐스코리아

의 밀어를 속삭이며 결합한다. 어느덧 뜨거웠던 여름이 끝나고 두 사람은 본래의 자리로 돌아간다.

엘리오에게 찾아왔던 특별한 사랑을 눈치챈 아버지는 이렇게 조언한다. "둘이 서로를 찾은 건 큰 행운이었어. …… 지금의 그 슬픔, 그 괴로움 모두 간직하렴. 네가 느꼈던 기쁨과 함께."

어느덧 흰 머리칼이 더 많아진 아버지는 알고 있다. 떨어져 나간 반쪽을 찾기란 쉽지 않다는 것을, 평생을 찾아 헤매도 영영 만나지 못할 수도 있고, 마침내 찾더라도 신이 어긋 낸 시공간 때문에 하나가 되지 못할 수도 있다는 것을 말이다. 그러니 부디 이 여름을 기억하라고 아들에게 이야기하는 것이다.

작자 미상, 〈와인을 붓는 사티로스〉, BC 1세기~AD 1세기, 대리석, 높이 110cm, 볼티모어 월터스아트뮤지엄

프락시텔레스의 작품을 로마 시대에 모사한 조각상으로, 원본은 BC 375~340년경 제작된 것으로 추정된다. 프락시텔레스 특유의 부드러운 곡선과 근육 없는 소년의 신체가 주는 우아한 매력이 잘 드러난 작품이다.

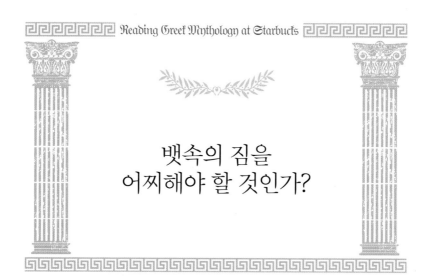

뱃속의 짐을
어찌해야 할 것인가?

2022년 6월 미국 연방대법원이 '로 대 웨이드(Roe v. Wade)' 사건 판례를 파기했다. 그러자 여성 수백만 명이 거리로 나와 거세게 반발했다. 로 대 웨이드는 1973년 내려진 미국 연방대법원의 판례로, 여성의 자기결정권 중 하나로서 낙태할 권리가 헌법으로 보호된다는 내용을 담고 있다. 판결의 결과 미국 여성들은 임신 24주까지 낙태권을 보장받았다. 다만 임신 24주 이후에는 태아가 자궁 밖에서도 생존할 가능성을 인정해 낙태를 금지했다.

　1970년대 초까지 미국 대부분 주에서는 낙태가 불법이었다. 1864년 제정된 '낙태법'에 따른 결과였다. 미국 '낙태법'은 임산부의 생명이 위급한 상황을 제외하면 임신 중 모든 시기에 낙태를 금지했다. 강간이나 근친 상간에 의한 임신도 예외가 아니었다. 임산부의 목숨을 살리기 위한 예외조차 95%가 남성 의사들로 구성된 낙태수술위원회가 판단했다.

낙태를 해야만 하는 상황에 놓인 여성들은 위험을 감수하고 큰 비용까지 지불한 뒤 수술대에 올랐다. 경제력이 없었던 대다수 여성은 계단에서 구르는 방법 등 자해를 시도했다(당시 상황은 영화 〈콜 제인〉에도 자세히 묘사되어 있다).

낙태 수술이 불법이던 1960년대 시카고에서 원치 않는 임신 또는 건강상의 이유로 낙태를 원한 여성들을 도운 단체 '제인스'의 이야기를 극화한 영화 〈콜 제인(필리스 나지 감독)〉.
ⓒ 프로타고니스트 픽처스.

1969년 텍사스주 댈러스에 사는 스물두 살의 미혼 여성 노마 맥코비[Norma McCorvey, 1947~2017]가 강간으로 원치 않는 임신을 했다. 그녀는 병원에 낙태 수술을 요청했으나 거부당했다. 임산부의 생명이 위독하지 않고, 성폭행 사건에 대한 경찰 보고서가 없다는 것이 거부의 이유였다. 당시 다른 주도 사정이 비슷했다.

뱃속의 짐

맥코비는 텍사스주를 상대로 '낙태법' 위헌소송을 제기했다. 신변 보호를 위해 제인 로라는 가명을 사용했다. 원고와 소송의 피고인이었던 댈러스카운티 지방 검사의 이름을 따 소송의 명칭이 '로 대 웨이드'라고 불리게 되었다. 1973년 미국 연방대법원은 낙태 선택을 포함하여 여성이 스스로 의료 결정을 내릴 권리가 헌법에 따라 보호된다는 판결을 내렸다.

그러나 49년 만인 2022년 로 대 웨이드 판결이 뒤집히며, 헌법으로 보장됐던 여성의 낙태권이 다시 제한받게 되었다. 로 대 웨이드 판례가 폐기되자 텍사스주는 가장 먼저 '낙태법'을 부활시켰다. 강간·근친상간 등 원치 않는 임신일 경우에도 낙태 금지를 예외 없이 적용하기로 했다. 낙태에 대한 헌법상 권리를 폐지하면서, 현재 미국은 낙태 논쟁으로 뜨겁다.

범죄의 피해자로 원치 않는 임신을 중단하고자 싸웠던 맥코비의 이야기에, 크레우사와 그녀의 아들 이온을 덮친 비극이 떠오른다. 크레우사는 헤파이스토스의 정액이 떨어지자 '대지의 여신'이 이를 받아 낳은 아테네의 왕 에리크토니오스(360쪽)의 딸이었다. 그녀는 크수토스라는 남자와 결혼을 했다. 그런데 어느 날 꽃을 꺾다가 뒤에서 나타난 아폴론에게 근처 동굴로 끌려가 강간을 당하고 임신을 했다. 원하지 않은 생명을 품게 된 크레우사의 심정을, 고대 그리스의 극작가 에우리피데스Euripides, BC 484~406는 『이온』에서 이렇게 그리고 있다.

노마 맥코비(왼쪽)와 변호사 글로리아 알레드(오른쪽)가 "낙태를 합법화하라"고 적힌 피켓을 들고 1989년 4월 25일 워싱턴 D.C.의 미국 연방대법원 앞에 서있다. 맥코비는 텍사스주를 상대로 '낙태법' 위헌소송을 제기해 여성의 낙태권을 헌법이 보장하는 기념비적인 판결을 끌어냈다.

"아버지 모르게 (그것이 신의 뜻이라 믿기에) 배 속에 있는 짐을 참아내 고 견뎌냈어."

달이 차고 출산이 임박해지자 크레우사는 자기가 강간을 당했던 동굴로 가서 아이를 낳았다. 그런 다음 보기에도 끔찍한 메두사가 수 놓인 천을 바구니에 깔고 아이를 누인 다음 그 자리를 떠났다. 아폴론은 쓸쓸한 표정으로 그 모습을 지켜보고는 헤르메스를 시켜 아이를 델포이로 데려가 신전 앞에 놓아두게 했다. 아이는 아폴론 신전의 여사제인 피티아에게 발견돼 신전에서 자랐다.

어머니와 아들이 칼을 겨누는 비극

몇 년의 시간이 지났지만, 크수토스와 크레우사 사이에 아이가 생기지 않았다. 크수토스는 신탁을 듣기 위해 아폴론 신전을 찾았다. 신탁은 사람들이 감당하기 어려운 일을 당했을 때 신의 뜻을 묻는 일이다. 피티아는 신전을 나가 처음 만나는 사람이 아들이라고 대답했다. 크수토스가 밖으로 나와 처음 만난 사람은 당연히 이온이었다. 크수토스는 그 아이가 자기 아들이라고 생각하고 '도중에서 만났다'는 의미인 이온이라는 이름을 붙여주었다.

그런데 크레우사는 크수토스가 사생아인 이온을 아버지 에리크토니오스의 혈육인 것처럼 꾸며 아테네의 왕위를 물려주려 한다고 오해했다. 크레우사는 절대로 그런 일이 일어나서는 안 된다고 생각했다.

그리고 마침내 이온을 환영하는 파티가 열렸을 때 이온의 술잔에 독을 넣었다. 어머니가 아들을 죽이려는 순간이었다. 역시 가슴을 졸이면서 지켜보던 아폴론은 그대로 있지 않았다. 이온이 술을 마시려고 했을 때 옆에 있던 노예가 불길한 말을 내뱉었다. 이를 들은 이온은 술잔을 바닥에 쏟았고 아폴론의 비둘기 한 마리가 쏟아진 술을 먹다가 고통스럽게 죽었다.

크레우사가 이온을 독살하려고 했다는 사실이 발각됐다. 화가 난 이온은 그 자리에서 크레우사를 죽이려고 했지만 아폴론 신전의 여사제 피티아가 이온이 어머니를 죽이는 엄청난 죄를 짓는 것을 막기 위해 출생의 비밀을 털어놓았다.

존 콜리어, 〈델포이의 여사제〉, 1891년, 캔버스에 유채, 160×80cm, 애들레이드 남호주미술관

피티아는 신탁을 맡아보는 무녀로 50세가 넘어야 할 수 있다. 처음에는 피티아가 어린 처녀였는데, 납치되어 겁탈당하는 일이 생기자, 나이 제한을 두었다.

피티아는 메두사의 모습이 수 놓인 천을 크레우사 앞에 내놓았다. 크레우사는 그제야 이온이 자기가 동굴 속에서 숨어 낳은 아이임을 깨달았다. 아들과 어머니는 각각 서로를 죽이려고 했던 셈이다.

아폴론의 강간으로 일어난 이 사건은 두 번의 근친 살해 위험을 넘기고 행복하게 끝났다. 이온은 아테네의 왕이 되었고 크수토스와 크레우사 사이에서도 두 아들이 태어났다.

이온은 엘레우시스와 전쟁이 일어나자 아테네의 군대를 이끌고 싸워 승리를 거두었지만, 전투 중에 전사하고 말았다. 현재의 이오니아 지역은 이온의 이름을 딴 것이다.

낙태는 여성의 자기결정권과 태아의 생명권이 첨예하게 맞서는 난제다. 애초 모두 한목소리를 내기 힘든 문제다. 크레우사와 이온의 이야기는 낙태를 찬성하는 쪽과 반대하는 쪽, 저마다 다르게 읽힌다. 같은 범죄의 피해자였지만, 신화 속 여성 크레우사와 20세기 여성 맥코비는 뱃속의 짐을 두고 다른 선택을 했다. 여러분은 누구의 선택을 지지하는가?

* * *

2023년 4월 전국언론노동조합 성평등위원회는 '젠더보도 가이드라인'을 통해 태아가 달이 차기 전에 죽어서 나온다는 의미를 지닌 '낙태' 대신 여성이 출산을 스스로 결정할 수 있는 권리를 염두에 둔 '임신중지' 혹은 '임신중단'이라는 대체 용어를 제시했다.

사랑한다면,
증명하라

부부가 몇 년 만에 얼굴을 마주 보고 섰다. 여자의 얼굴을 한참 바라보던 남자는 말한다. "누구랑 많이 닮았네요." 그게 누구냐고 묻는 여자에게 남자의 대답은 비수가 되어 심장에 꽂힌다. "내 아내요." 두 사람은 대체 어떤 시간을 지나왔길래, 남편은 아내를 알아보지 못하는 것일까?

크리스티안 페촐티 감독의 〈피닉스〉 이야기다. 넬리(니나 호스 역)는 아우슈비츠에서 기적적으로 살아남았다. 그녀는 총상으로 얼굴을 잃었다. 의사는 넬리에게 이전과는 완전히 다른 얼굴로 수술해 과거를 잊고 새출발할 것을 권한다. 그러나 넬리는 최대한 원래 모습처럼 수

독일의 역사를 사랑에 은유한 영화 〈피닉스(Phoenix, 2014년)〉(ⓒ 슈람 필름 쾨르너 & 베버). 프랑스 작가 위베르 몽텔레의 소설 『재의 귀환』을 바탕으로 크리스티안 페촐트 감독이 연출했다.

술해달라고 한다. 그녀의 바람은 시곗바늘을 돌려 남편과 행복했던 시간으로 돌아가는 것이다.

성형수술을 받은 넬리는 연락이 끊긴 남편 조니(로날드 제르필드 역)를 찾아 헤맨다. 마침내 클럽 '피닉스'에서 마주한 두 사람. 그러나 조니는 넬리를 알아보지 못한다.

넬리를 죽은 아내와 닮은 사람으로 오인한 조니는 그녀에게 연극을 제안한다. 넬리가 넬리를 연기하는 것! 조니는 아내가 살아 돌아온 것처럼 꾸며 아내 앞으로 남겨진 막대한 유산을 받아낼 계획이다. 남편이 자신을 알아봐 줄 것이라는 실낱같은 희망을 붙들고, 넬리는 '나'를 연기하기로 결심한다.

세상에서 가장 슬픈 연극

아내가 죽었다고 믿는 조니에게 낯선 얼굴로 찾아온 넬리는 사랑을 증명하는 일종의 시험이다. 사랑한다면 상대가 어떤 모습이더라도 알아봤을 것이다. 설령 진흙으로 얼굴을 가린 무리 안에 있더라도 말이다. 그리스 신화의 알페이오스도 사랑을 증명하려면 그녀를 찾아야만 했다.

알페이오스는 사냥꾼이었다. 그의 첫사랑은 '사냥의 여신' 아르테미스였다. 아르테미스는 자기의 벗은 몸을 보았다고 악타이온을 사슴으로 만들어 사냥개에게 물려 죽게 한 비정한 여신이다. 그럼에도 사랑에 눈이 먼 알페이오스는 아르테미스를 부지런히 찾아다녔다.

아르테미스 역시 알페이오스가 자기를 찾아다닌다는 것을 알았다. 그러나 알페이오스에게 해를 가하지는 않았다. 그가 자기를 사랑하는 것이 아니라 자기가 '사냥의 신'이기 때문에 숭배하는 것임을 알았기 때문이다. 다만 알페이오스가 그 사실을 미처 모르고 있었던 것이다. 그래서 아르테미스는 알페이오스에게 그 사실을 알려주기로 했다.

어느 날 알페이오스 앞에 아르테미스가 나타났다. 그러나 아르테미스는 혼자가 아니었다. 시녀들과 함께였다. 아르테미스를 포함해 모든 여자들

장 루이 르무안, 《다이아나의 동반자》, 1710~1724년, 대리석, 높이 182cm, 워싱턴D.C.국립미술관

의 얼굴에는 진흙이 발라져 있었다. 그들은 알페이오스에게 이 가운데 누가 아르테미스인지를 물었다. 아르테미스에게는 즐거운 게임이었고 알페이오스에게는 잔인한 시험이었다.

알페이오스는 진흙을 바른 여자들 속에서 아르테미스를 찾아내지 못했다. 그리고 자기가 아르테미스를 사랑하는 게 아니라는 것을 깨달았다. 진실로 사랑한다면 아무리 진흙을 바르고 있더라도 알아보아야 한다고 생각했기 때문이다. 그는 조용히 여자들 앞을 떠났다.

첫사랑에 실패하고 깨달은 사랑에 대한 답

알페이오스는 첫사랑의 실패를 담담히 받아들이고 다시 사냥에 열중했다. 그러다가 그의 눈에 들어온 여자가 있었다. 강에서 목욕하고 있던 아레투사라는 님프였다. 알페이오스는 다시 찾아온 사랑을 확신했다.

바티스타 로렌치, 〈알페우스와 아레투사〉,
1568~1570년, 대리석, 148.9×82.9×59.7cm,
뉴욕 메트로폴리탄미술관

그러나 아레투사는 알페이오스를 거부했다. 사랑을 확신한 알페이오스는 끊임없이 아레투사에게 사랑을 호소했다. 아레투사는 멀리 이탈리아까지 도망을 갔다. 그리고 아폴론에게 쫓긴 다프네가 월계수로 변한 것처럼 아레투사 역시 아르테미스의 도움을 받아 샘으로 변신했다.

알페이오스는 단념하지 않았다. 바다를 바라보던 알페이오스는 스스로 몸을 던져 강이 되었다. 강이 된 알페이오스는 바다 밑으로 계속 흘러 아레투사의 샘물까지 갔다. 그리고 그들은 하나가 되었다. 상대가 물이 되자 그 역시 물이 된 것이다.

실제로 알페이오스 강은 그리스와 이탈리아 사이에 있는 바다 밑을 지난다. 그래서인지 알페이오스 강물의 맛과 아레투사가 변한 샘물의 맛이 다르지 않다고 한다.

날 대신해 죽을 자, 누구인가!

'사랑이란 무엇인가'에 관한 수많은 대답이 있다. 이 대답은 사람의 수만큼 많을 것이다. 사랑에 대한 대답 가운데 하나가 사랑하는 사람을 위해 죽을 수 있다는 것이다. 세상에 목숨을 걸고 할 수 있는 몇 안 되는 것 가운데 하나가 사랑이다. 알케스티스는 사랑하는 사람을 위해 목숨을 내놓았다.

페라이의 왕 아드메토스는 자기를 찾아온 모든 사람에게 친절했다. 또한 그는 용감해서 칼리돈의 멧돼지 사냥과 황금 양가죽을 찾아 떠난 아르고 원정대에도 참가했다. 이런 이유 때문에 아드메토스를 싫어하는 사람이 없었다. 그건 신들도 다르지 않았다.

아폴론의 아들 아스클레피오스는 죽은 사람까지 살려내는 바람에 신들의 분노를 사서 제우스의 벼락을 맞고 죽었다(75쪽). 화가 난 아폴론은 차마 제우스에게는 덤비지 못하고 대신 벼락을 만든 외눈박이 거인 키클로페스를 죽였다. 키클로페스 입장에서 보면 그야말로 날벼락이었다. 제우스도 벌컥 화를 내며 아폴론에게 1년 동안 인간 밑에서 노예 생활을 하라는 형벌을 내렸다. 신이 인간의 노예가 된다는 건 참을 수 없는 치욕이었다. 그러나 아폴론은 기꺼이 받아들였다.

아폴론이 주인으로 선택한 사람은 바로 아드메토스였다. 아폴론은 허름한 차림새로 아드메토스를 찾아갔다. 아드메토스는 왕이었지만 남루한 아폴론을 박대하지 않고 친절하게 맞아들여 목동 일을 해달라고 부탁했다. 아폴론은 잔인한 면도 있었지만 자기에게 존경을 나타내는 사람에게는 많은 것을 베푸는 신이었다.

아폴론이 목동이 되어 한 일은 모든 암소가 쌍둥이를 낳도록 한 것이었다. 아드메토스의 소는 금세 엄청난 수로 불어났다. 아폴론의 선행은 여기서 그치지 않았다. 아드메토스가 이올코스의 공주 알케스티스에게 청혼을 했는데, 이올코스의 왕 펠리아스가 조건을 내세웠다. 그 조건이 황당했는데, 사자와 멧돼지가 끄는 전차를 타야 한다는 것이었다. 인간의 힘으로는 불가능한 일이었다. 그러나 아폴론이 사자와 멧돼지를 함께 전차에 묶음으로써 이 문제는 해결되고, 아드메토스는 알케스티스와 결혼할 수 있었다. 또한 아드메토스가 결혼식 때 깜빡 잊고 아르테미스에게 제물을 바치지 않아 아르테미스가 신방에 뱀을 잔뜩 풀어놓았을 때, 누나인 아르테미스를 설득하고 화를 풀어준 것도 아폴론이었다.

그러나 무엇보다 아드메토스에 대한 아폴론의 애정은 그가 큰 병에 걸려 죽음에 이르렀을 때 빛을 발했다. 아폴론은 젊은 나이에 병에 걸려 죽게 된 아드메토스가 너무 안타까워 '운명의 여신'에게 그를 살려달라고 부탁했다. 운명의 여신은 정 그렇다면 아드메토스를 위해 다른 누군가가 죽어야 한다고 대답했다.

그러나 아무도 아드메토스를 위해 죽으려고 하지 않았다. 가장 먼저 찾아간 것이 아드메토스의 부모였다. 이제 살날이 그리 많이 남아 있지 않은 그들도 아들을 위해 예정보다 일찍 죽고 싶어하지 않았다. 왕을 위해 죽겠다는 백성도 없었다. 그때 아드메토스의 아내인 알케스티스가 나섰다.

목숨 건 사랑에 대한 신의 응답

아드메토스는 사랑하는 아내를 말렸지만 남편을 위해 죽음을 택한 확고한 결심을 되돌릴 수 없었다. 갑자기 알케스티스는 중병에 걸렸고 아드메토스는 건강해졌다. 마침내 죽음의 날이 닥쳐왔다. 그러나 알케스티스는 죽지 않았다. 마침 이 왕국에 와 있던 헤라클레스가 죽음의 사자를 힘으로 제압해서 쫓아냈던 것이다. 또 다른 설에 따르면 지하세계의 여왕인 페르세포네가 누군가를 대신하여 죽은 사람은 받아들일 수 없다고 쫓아냈다고도 한다. 어쨌든 아드메토스는 아내의 희생과 아폴론의 도움으로 죽음에서 벗어났다.

하인리히 프리드리히 퓌거, 〈아드메토스를 위해 희생하는 알케스티스〉,
1803~1805년, 캔버스에 유채, 46.1×36.3cm, 빈박물관

〈피닉스〉의 조니는 아내 넬리가 얼굴만 달라져 돌아왔는데 왜 알아채지 못했을까? 조니는 아내가 죽었다고 확신했다. 아니 아내가 살아 돌아와서는 안 된다고 생각했다. 두 사람의 은신처를 밀고한 것이 조니였기 때문이다. 그는

뉘른베르크 법에 따른 인종 분류(ⓒ 미국홀로코스트기념박물관). 독일인, 2급 혼혈인, 1급 혼혈인, 유대인으로 구분되어 있다. 허용된 결혼과 금지된 결혼 유형도 담겨 있다.

넬리가 체포된 직후에 이혼서류를 작성해 유대인 아내를 삶에서 완전히 지웠다. 그러니 조니는 아내를 알아보지 못한 것이 아니라 온몸으로 자신임을 증명하는 넬리를 필사적으로 부인한 것이다.

조니의 배신은 유대인 배우자를 둔 독일인의 생존 공포에서 비롯되었을 것이다. 1935년에 제정된 '뉘른베르크 법(유대인 인종학살의 근거가 된 법)' 1조 1항은 독일인과 유대인의 혼인과 성관계를 금지했다. 유대인과 독일인의 혼인은 법에 따라 무효가 되었다. 그리고 독일인과 성관계를 가진 유대인은 강제수용소로 보내졌고, 독일인은 몇 개월 동안 정신교육을 받아야 했다. 그해 11월 나치는 부속법령으로 '유대인 분류 기준'을 확정했다. 법령에 따라 (외)조부모 네 명 가운데 한 명이라도 유대인이 있으면 2급 혼혈로 분류되고, 이 사람은 시민권을 포함한 모든 정치적 권리를 박탈당했다.

목숨을 건 사랑! 말은 그럴듯하지만, 무척 어려운 일이다. 신들도 그 어려움을 알기에 알케스티스의 목숨을 빼앗지 않은 것이다.

절대로 돌아보지 마

아일랜드 수도 더블린(Dublin)은 아일랜드어로 '검고 낮은 땅'을 의미한다. 1759년 12월 31일, 더블린 시내의 다 허물어져 가는 양조장을 젊은 남자가 무려 9000년간 장기 임차하겠다고 나섰다. 임대료는 연 45파운드. 우리 돈으로 약 8만 원가량이다. 남자는 이곳에서 더블린을 닮은 맥주를 생산했다. 그리고 맥주에 자신의 이름을 붙였다. 세계에서 가장 많이 팔리는 흑맥주, 기네스(GUINNESS)의 시작이다.

아일랜드 '국민 맥주'가 되겠다는 포부를 담고 싶었던 걸까. 기네스는 1862년부터 지금까지 아일랜드를 상징하는 켈틱 하프 문장(紋章)을 로고로 사용하고 있다. 아일랜드인들은 예로부터 하프를 '천국으로 인도하는 악기'라고 부르며 사랑했다. 중세 아일랜드에 살았던 게일족은 부족마다 하프 연주자를 뒀으며, 이들을 전쟁터에도 데리고 갔다.

켈틱 하프가 19세기에 개량되기 전까지 아일랜드 연주자들은 하프를 손가락이 아닌 손톱으로 연주했다. 흥미롭게도 기원전 5~6세기에 제정된 아일랜드 전통법인 '브레혼법'에는 하프 연주자의 손톱을 보호하는 것과 관련한 내용이 있었다고 한다.

아일랜드 더블린에서 탄생한 기네스 맥주는 1862년부터 캘틱 하프를 로고로 사용하고 있다. 1922년 아일랜드 정부가 캘틱 하프를 국장(國章)으로 채택하면서, 기네스사는 60년간 사용한 로고를 빼앗길 뻔했다. 그러나 정부가 국장의 하프 좌우를 뒤집음으로써, 충돌을 피했다.

신화의 세계에서 애달픈 선율로 신들을 울린 이가 있었으니, 바로 오르페우스다. 오르페우스를 상징하는 악기가 리라(lyre)다. 리라는 하프와 마찬가지로 세로로 평행하게 걸린 줄을 맨손으로 튕겨 연주하는 수금(竪琴) 악기다. 서양 악기 중에서 가장 오래된 현악기로, 하프 또는 기타의 전신으로 본다.

지하세계의 문을 연 비탄의 선율

아폴론은 '태양의 신'이지만 '음악의 신'이기도 하다. 아폴론의 아들인

작자 미상, 〈오르페우스〉, 1800년경, 캔버스에 유채, 33.8×42.0cm, 개인 소장

오르페우스는 최고의 음악가였다. 아폴론은 사랑하는 아들에게 헤르메스에게서 얻은 리라를 선물로 주었다. 오르페우스가 리라를 연주하면 사람은 물론이고 동물이나 생명이 없는 돌까지도 눈물을 흘리거나 흥겨워할 정도였다. 이렇게 감수성 깊은 사내는 에우리디케라는 여자를 깊이 사랑하게 되었다.

둘은 곧 결혼식을 올렸다. 그런데 '혼인의 신' 히메나이오스가 결혼 선물을 가져오지 않았을뿐더러 도리어 그가 들고 온 횃불에서 매캐한 연기가 나서 사람들이 모두 눈물을 흘렸다. 좋지 않은 징조였다. 그리고 비극이 시작되었다.

에우리디케가 친구들과 어울리고 있을 때 지나가던 양치기가 그녀를 보고 한눈에 반해 겁탈을 하려고 덤벼들었다. 에우리디케는 놀라서 도망치다가 낮잠을 즐기고 있던 뱀을 밟고 말았다. 화가 난 뱀은 에우리디케를 물었다. 몸에 독이 퍼진 에우리디케는 곧바로 숨을 거두었다.

오르페우스는 깊은 슬픔에 빠졌다. 그가 연주하는 리라 소리가 너무나 구슬퍼 눈물을 흘리지 않는 생물이 없었다. 세상이 모두 비탄의 늪에 빠진 듯했다. 얼마 뒤 오르페우스는 억울하게 죽은 아내를 되찾기 위해 하데스가 지배하는 지하세계로 내려가기로 마음먹었다. 살아서는 갈 수 없는 곳이지만 아내에 대한 사랑은 죽음을 초월했다.

믿음이 무너진 자리에 찾아오는 것

가장 먼저 그를 맞이한 것은 카론이라는 뱃사공이었다. 그는 돈을 받고 죽은 사람을 하데스의 세계로 인도하는 뱃사공이었다. 그러나 오르페우스의 구슬픈 리라 소리를 듣자 아무 말도 하지 않고 그를 건네주었다. 그다음은 지하세계의 입구를 지키는 괴물 케르베로스였다. 케르베로스는 티폰의 후손으로 머리가 셋이고 뱀의 꼬리가 달린 무서운 괴물이었다. 사나운 케르베로스 역시 오르페우스의 리라를 듣고 깊은 슬픔에 빠졌다.

오르페우스는 마침내 하데스와 그의 아내 페르세포네 앞에 섰다. 그는 억울하게 죽은 아내를 돌려달라고 간절히 부탁했다. 그러나 억울하게 죽지 않은 사람이 어디 있으며, 한 번 지하세계에 들어온 영혼은 다시 나갈 수 없는 게 지하세계의 규칙이라는 대답만 들었다.

그러자 오르페우스는 리라를 연주하기 시작했다. 순식간에

오귀스트 로댕,
〈오르페우스와 에우리디케〉,
1893년, 대리석,
123.8×79.1×64.5cm,
뉴욕 메트로폴리탄미술관

지하세계는 통곡의 바다로 변했다. 오르페우스의 간절한 사랑과 깊은 슬픔이 녹아든 리라 소리가 차가운 지하세계를 녹였던 것이다.

하데스는 난처했다. 그 역시 감동을 받았지만 규칙을 어길 수는 없는 노릇이었다. 그런데 페르세포네를 비롯한 지하세계의 모든 가족들이 우는 모습을 보고는 마음이 약해졌다. 하데스는 지하세계를 빠져나갈 때까지 뒤를 돌아보지 않는다는 조건을 붙여서 에우리디케를 돌려주었다. 오르페우스는 기쁨을 감추지 못하고 에우리디케의 손목을 붙잡고 우울하고 차가운 지하세계를 떠났다.

두 연인은 얼마를 걸었는지는 모르지만 오랫동안 걸었다. 오르페우스는 에우리디케의 손목을 잡고 있었지만 얼굴은 아직 보지 못했다. 하데스와의 약속 때문이다. 마침내 저 멀리서 빛이 보이기 시작했다. 오르페우스는 더 이상 견딜 수가 없었다. 사랑하는 아내의 얼굴을 보기 위해 고개를 돌렸을 때 에우리디케는 저 멀리로 사라지고 말았다. 오르페우스는 가슴을 쥐어뜯으며 후회했지만 이미 엎질러진 물이었다.

그 뒤 오르페우스는 절망과 자책에 시달리다가 그를 좋아했던 여자들이 던진 돌에 맞아 죽었다. 그리고 비로소 사랑하는 아내 곁으로 갈 수 있었다.

어떤 사랑의 맹세도
신의 귀에 이르지 않는다

'어이쿠. 한발 늦었군!'

낙담한 갈릴레오 갈릴레이Galileo Galilei, 1564~1642는 이렇게 중얼거렸다. 1609년 5월, 갈릴레이는 네덜란드의 안경 제작자가 렌즈 두 개를 나란히 하여 멀리 있는 사물을 크게 볼 수 있게 해주는 물건을 만들었다는 소문을 들었다. 바로 망원경이다. 망원경이 돈이 될 거라 판단한 갈릴레이는 속히 8배율짜리 망원경을 만들었다. 그러나 귀족들을 상대로 야심 차게 망원경 영업에 나선 갈릴레이는 당황할 수밖에 없었다. 이미 유럽 전역에서 비슷한 성능의 망원경이 쏟아졌던 것이다. 돈을 벌지는 못했지만 갈릴레이는 포기하지 않고 더 성능이 뛰어난 망원경 제작에 착수했다.

1609년 11월 갈릴레이는 20배율짜리 망원경 제작에 성공했다. 그리고 자신이 만든 망원경을 들고 밤하늘을 올려다봤다. 가장 먼저 달을 봤다. 달 표면은 유리알처럼 매끈할 것이라는 예상과 달리 울퉁불퉁했다. 다음엔 태양을 봤다. 태양 표면에서 검은 반점(흑점)들이 관측되었다. 그리고 몇 달 뒤

미국 항공우주국(NASA)의 갈릴레오 탐사선이 촬영한 목성의 위성 이오(IO). 이오는 목성과 가장 가까이 있는 위성으로, 목성의 위성 중 세 번째로 크다. 활화산에서 나온 용암에 포함된 황 화합물 때문에 노란색을 비롯한 다양한 빛이 감돈다.

에는 망원경으로 목성을 관측했다. 목성 곁에 희미하지만 분명한 별이 세 개 더 있었다. 그다음 날도 목성을 봤다. 전날 본 희미한 별 세 개의 위치가 조금 달라져 있었다. 그다음 날에는 별 세 개 중 한 개가 보이지 않았다. 갈릴레이는 날마다 망원경으로 목성 주변을 관측하고 기록을 남겼다.

목성의 위성이 처음 발견된 순간이다. 이후 갈릴레이는 목성의 위성을 하나 더 확인해 총 네 개의 위성을 발견했다. 지구는 위성이 달 한 개뿐이지만, 목성은 현재까지 발견된 것만 95개다. 갈릴레이가 발견한 네 개의 위성 이름은 이오, 유로파, 가니메데, 칼리스토다. 그리스 신화에서 제우스의 연인이었던 이들이다.

이오는 목성과 가장 가까이 있는 위성이다. 목성의 95개 위성 중 세 번째로 크고, 지름이 364km로 달보다 약간 크다. 이오는 태양계에서 화산 활동이 가장 활발해 '불의 천체'라고 불린다. 활화산이 400개나 되며, 지표면 전체에서 용암이 분출된다. 활화산에서 나온 용암에 포함된 황 화합물 때문에 노란색을 비롯한 다양한 빛이 감돈다.

유리보다 깨지기 쉬운 사랑의 맹세

신과 사랑에 빠지는 것은 참으로 불행하고 위험한 일이다. 신의 사랑을 받는다는 것은 모든 것을 잃는 것을 의미했다. 부모와 형제, 고향을 떠나야 하는 운명에 놓이거나 죽음을 택해야 했다. 이오는 앞의 경우였다. 고향인 아르고스를 떠나 전 세계를 방황한 끝에 이집트에 정착했다.

이오는 헤라 신전에서 일하는 여사제였다. 그런데 제우스가 이오에게 사랑을 느껴 그녀를 유혹했다. 하지만 곧 헤라가 제우스와 이오의 관계를 알아차렸다. 제우스는 재빨리 이오를 하얀 암소로 변신시키고 이오와 관계를 가진 적이 없다고 딱 잡아뗐다.

그리스의 역사가 헤시오도스Hesiodos, BC 8세기경는 이 일화를 두고 사랑의 맹세를 깨뜨려도 신의 분노를 사지 않는다고 말했다. 신들의 왕 제우스가 솔선수범해서 사랑의 맹세를 깨뜨렸는데 누가 벌을 준단 말인가.

헤라는 제우스에게 이오와 관계가 없다면 하얀 암소를 자기에게 달라고 말했다. 제우스는 자기가 판 함정에 빠졌다. 하얀 암소를 넘겨받

안토니오 다 코레조, 〈제우스와 이오〉, 1520~1540년, 캔버스에 유채, 162×73.5cm, 빈미술사박물관

| 제우스의 여인들 |

이오	헤라 신전의 여사제	이집트로 감. 이집트 왕과 결혼함.
에우로페	페니키아의 공주	유럽으로 납치됨. 크레타의 왕비가 됨.
칼리스토	사냥의 여신인 아르테미스의 시녀	곰으로 변신함. 큰곰자리가 됨.
레다	스파르타 왕비	백조알 두 개를 낳음. 남자와 여자 쌍둥이가 태어남.
다나에	아르고스의 공주	황금비로 변신한 제우스와 결합함. 페르세우스가 태어남.
데메테르	곡물의 여신, 제우스의 누이	뱀으로 변신함. 페르세포네가 태어남.

은 헤라는 한꺼번에 두 개 이상 눈을 감지 않는 100개의 눈을 가진 아르고스에게 그 암소를 지키게 했다.

아르고스는 암소를 미케네의 숲속에 있는 올리브 나무에 매어두었다. 제우스는 헤르메스를 시켜 이오를 훔쳐내도록 명령했다. 그러나 몰래 훔쳐내는 것이 불가능했기 때문에 헤르메스는 아르고스를 살해했다. 아르고스를 살해한 방법에 대해서는 다른 주장이 있다. 헤르메스가 판이 만든 시린크스라는 피리를 불면서 그에 얽힌 이야기를 들려주어 아르고스를 잠재운 다음 살해했다는 것과 돌을 던져서 살해했다는 것이다.

헤라는 아르고스의 죽음을 안타까워하며 그의 눈을 새의 깃털에 새겨 놓았다. 지금도 동물원에 가면 확인할 수 있다. 공작이 그 새로, 날개를 펼치면 아르고스의 많은 눈이 시퍼렇게 뜬 채 살아 있음을 알 수 있다.

헤라의 집요한 추적을 피하기 위한 끝없는 방랑

헤라는 아르고스의 죽음에 대한 안타까움 이상으로 이오에게 증오심을 느꼈다. 그래서 등에를 보내 암소를 괴롭혔다. 암소로 변한 이오는 등에를 피해 그의 이름에서 유래한 이오니아 해를 헤엄쳐 건넜다가 하이모스 산을 넘어 역시 이오의 행적에서 유래한 보스포루스 해협을 건넜다.

이오는 유럽과 아시아 여기저기를 떠돌아다녔다. 헤라의 추적이 집요했기 때문이다. 그녀가 정착한 곳은 이집트였다. 본래의 모습으로 돌아온 이오는 외아들인 에파포스를 낳았다.

그러나 헤라의 증오가 가라앉지 않았다. 헤라는 쿠레테스를 시켜 이오가 어디 있는지를 확인하고 에파포스를 납치하도록 명령했다. 쿠레테스는 아이를 납치해 숨겨두었다. 이를 안 제우스는 쿠레테스를 죽였고 이오는 아들을 찾아 또다시 유랑을 시작했다.

이오는 누군가로부터 시리아의 왕이 에파포스를 양육하고 있다는 이야기를 들었다. 이오는 시리아를 뒤져서 아이를 찾은 다음 이집트로 가서 그곳의 왕 텔레고노스와 결혼했다. 이렇게 해서 이오의 후예들이 이집트에 살게 되었고 이오의 방랑도 끝이 났다.

아브라함 블루마르트, 〈머큐리, 아르고스 그리고 이오〉, 1592년경, 캔버스에 유채,
63.5×81.3cm, 위트레흐트중앙박물관

　NASA가 목성에 보낸 탐사선이 2024년 2월 이오의 활화산에서 지평선 위로 솟아오르고 있는 두 개의 기둥을 발견했다. 또 길이 200km에 달하는 거대한 용암 호수와 평평한 용암지대에 교회 첨탑 같은 산이 뾰족하게 솟아오른 모습을 촬영해 지구로 보냈다.

　이오에 대한 다양한 정보를 지구로 보내는 목성 탐사선은 2011년 8월 5일 발사된 것이다. 탐사선은 2016년 목성에 도착해 2021년까지 목성 주위를 타원형으로 공전하면서 많은 과학적 정보를 수집했다. 하지만 목표를 완수한 후에도 상태가 양호했기 때문에 NASA는 탐사선에 2025년까지 연장 임무를 부여했다. 탐사선은 남은 연료를 이용해 점점 더 목성과 가까운 타원 궤도를 돌면서 그 안쪽에 있는 위성에 차례로 접근하고 있다.

　목성 탐사선의 이름은 주노, 헤라의 로마식 이름이다. 제우스와 이오에 대한 헤라의 추적은 아직 끝나지 않았다.

밤하늘에 슬픔을 풀어놓은
어머니와 아들

별자리는 잘 모르지만, 북두칠성만큼은 눈을 감고도 그릴 수 있다. 일곱 개의 별을 이어 국자 모양을 만들면 된다. 북두칠성은 모든 별이 2등성 내외로 밝아서 옛날부터 길 떠난 이들의 길잡이가 되었다. 국내 바이오회사 중 '셀트리온(Celltrion)'이 있다. 셀트리온은 세포를 뜻하는 'cell'과 북두칠성을 뜻하는 'triones'를 합친 말이다. 바이오산업의 길잡이가 되겠다는 포부를 담은 작명이다.

　사실 북두칠성은 하나의 별자리가 아니라 큰곰자리의 꼬리 부분에 해당하는 별 무리다. 큰곰자리에서 조금 위로 올라가면 작은곰자리가 있다. 작은곰자리에서 가장 밝은 별인 알파별이 천구의 중심인 북극성이다. 큰곰자리와 작은곰자리는 모자 관계다. 어미 곰은 칼리스토, 새끼 곰은 칼리스토의 아들 아르카스이다.

칼리스토는 아르카디아의 왕 리카온의 딸이라는 말도 있고 님프라는 말도 있다. 칼리스토라는 이름은 '가장 아름답다'라는 말에서 유래했다. 이름을 이렇게 붙일 정도였으니 실제로 얼마나 아름다웠을까? 제우스가 아름다운 여자를 그냥 둘 까닭이 없다.

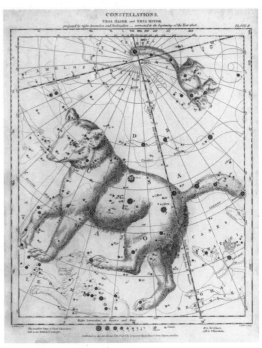

큰곰자리와 작은곰자리를 그린 성도(별지도). 큰곰자리와 작은곰자리의 주인공은 칼리스토와 그녀의 아들이다.

순결을 잃고 곰이 된 칼리스토

칼리스토는 '사냥의 여신' 아르테미스를 섬기면서 정절을 지키겠다는 맹세를 했다. 그도 그럴 것이 아르테미스가 처녀 신이었기에 시녀들도 모두 처녀성을 유지해야 했다. 그런데 제우스가 칼리스토를 유혹했다. 칼리스토는 유혹에 넘어가지 않았다. 그러자 제우스는 아르테미스로 변신해서 칼리스토를 한적한 곳으로 유인해 강제로 범했다.

안드레아 스키아보네,
〈칼리스토를 유혹하는 제우스〉,
1550년경, 캔버스에 유채,
18.7×18.9cm,
런던 내셔널갤러리

안드레아 스키아보네,
〈아르카스의 사냥〉,
1550년경, 캔버스에 유채,
18.78×18.4cm,
런던 내셔널갤러리

두 그림은 '카소네'(14~16세기
이탈리아에서 신랑이 지참금과
예물을 채워 신부에게 선물했
던 상자 모양의 수납 가구)라고
알려진 나무 상자의 옆면을 장
식하기 위해 그린 그림이다.

가장 아름다운 여자 칼리스토는 이렇게 순결을 잃고 게다가 몸도 곰으로 변했다. 칼리스토가 곰이 된 이유에 대해서는 세 가지 주장이 있다. 제우스가 헤라의 저주를 피하기 위해 곰으로 변신시켰다는 것과 질투에 사로잡힌 헤라가 그녀를 곰으로 만들었다는 주장이다. 다른 하나는 정절 서약을 어겼다는 이유로 아르테미스가 그녀를 곰으로 만들었다는 말이다. 어떤 이유든 칼리스토 입장에서 보면 달라질 것은 하나도 없다. 억울하게 곰이 되고 말았으니까.

이렇게 곰이 된 이유가 각각 다르기 때문에 아들 아르카스와의 관계에 대해서도 각각 다른 이야기가 전해진다. 먼저 제우스가 칼리스토를 보호하기 위해 곰으로 만들었다. 헤라는 아르테미스에게 곰을 활로 쏘아 죽여달라고 부탁했다. 이 이야기를 들은 제우스는 헤르메스를 보내 칼리스토의 배 속에 들어 있는 아이를 구했다고 한다.

다른 이야기는 이렇다. 칼리스토는 무사히 아이를 낳았다. 하지만 헤라의 저주를 피할 수는 없었다. 아이는 농부의 손에 맡겨져 무럭무럭 자라서 어른이 되었는데 산속에서 우연히 곰으로 변한 어머니를 발견하고 활로 쏘아 죽였다. 모르고 저지른 일이지만 근친 살해를 범하고 말았다.

아들을 안을 수도, 부를 수도 없는 저주

그러나 가장 널리 알려진 오비디우스^{Publius Naso Ovidius, BC 43~17}의 설에 따르면 우연히 산속에서 장성한 아들과 곰으로 변신한 어머니가 만났다. 그리고 아들이 곰을 향해 활을 쏘려고 하는 순간 제우스가 중간에 뛰어들어 아들 아르카스를 만류하고 어머니와 아들을 하늘로 들어 올려 큰곰자리와 작은곰자리라는 별자리로 만들었다고 한다. 오비디우스의 이야기가 가장 비현실적이면서도 가장 그럴싸하다.

그러자 화가 난 헤라는 자기를 키워준 '대양의 신' 오케아노스에게 달려가 큰곰자리와 작은곰자리가 바다 너머로 지는 일이 없도록 해달

작자 미상, 〈아르테미스 이야기〉, 17세기 전반, 상아, 높이 8.5cm, 파리 루브르박물관

원통 모양의 상자에는 아르테미스와 관련한 두 가지 에피소드가 조각되어 있다. 한쪽에는 여신이 목욕하는 모습을 몰래 훔쳐본 악타이온에게 사슴으로 변하게 하는 벌을 내리는 이야기, 다른 쪽에는 냇가에서 목욕하던 중 칼리스토의 부른 배를 본 여신이 그녀를 내쫓는 이야기를 새겨놓았다.

라고 부탁했다. 그때부터 칼리스토와 아들 아르카스는 쉬지 않고 하늘 꼭대기를 도는 주극성(지평선 아래로 온종일 지지 않는 별)이 되었다.

태양계에서 가장 큰 행성인 목성은 덩치에 걸맞게 가장 많은 위성을 거느리고 있다. 그래서 목성과 그 위성들을 합쳐 '작은 태양계'라고도 한다. 지금까지 인류가 확인한 목성의 위성은 모두 95개. 국제천문연맹(IAU)의 천체 명명 규정에 따르면 제우스 신을 상징하는 목성의 위성에는 모두 제우스의 연인 또는 자손의 이름만 붙일 수 있다.

목성의 위성 중 두 번째로 큰 위성의 이름은 '칼리스토'다. 칼리스토는 1610년에 갈릴레오 갈릴레이가 발견했다. 갈릴레이가 발견한 네 개의 위성 중 목성으로부터 제일 멀리 있다. 칼리스토 표면에는 운석처럼 단단한 천체가 떨어져 생긴 구덩이 모양의 충돌구가 많다. 과학자들은 칼리스토에 있는 지름 60km의 충돌구를 그녀의 아들, 아르카스의 이름을 따서 지었다.

밤을 엮고
다시 푸는 나날들

전라북도 남원을 대표하는 지역 축제가 무엇인 줄 아는가? 1931년 시
작돼 한국전쟁 중에도 거르지 않고 이어진 '춘향제'다. 축제의 주인공
은 소설 『춘향전』의 주인공 성춘향이다.

　허구의 인물인 춘향의 삶은 이 땅에 살았던 그 어떤 사람보다 생생
하게 재현되고 있다. 몽룡과 춘향이 처음 만난 광한루, 두 사람이 이별
했던 오리정, 떠나는 몽룡을 잡으려 춘향이 버선이 벗겨지는 줄도 모
르고 뛰어갔다는 버선밭 등 소설 속 공간이 우리 현실 안에 버젓이 존
재한다. '만고열녀 성춘향지묘(萬古烈女成春香之墓)'라는 비문이 새겨진
춘향묘 앞에 이르면, 간신히 붙들고 있던 허구와 현실의 경계가 와르

신윤복, 〈단오풍정〉 중 그네 부분도,
18세기, 수묵채색화,
28.2×35.6cm, 간송미술관

단오는 여성들이 아름다움을 맘껏 드
러내는 날이었다. 음력 5월 5일 단옷
날, 남원 부사의 아들 몽룡은 봄바람
을 쐬러 광한루에 나갔다가 그네를
타는 춘향을 보고 첫눈에 반했다.

르 무너진다.

잘 알고 있듯이, 몽룡과 생이별
한 춘향은 새로 부임한 변학도의
수청 제의를 거부하다 옥에 갇혀 죽
을 지경에 이른다. 연인의 처지가 이
지경인데도 암행어사가 되어 돌아온
몽룡은 거지 행색으로 춘향 앞에 나타
나 그녀를 시험한다. 그리고 탐관오리 변
학도를 벌하던 날, 어사의 지휘를 앞세워 그
녀에게 수청을 요구하며 한 번 더 그녀를 흔든다.

"그런 분부 마옵시고 어서 바삐 죽여주오."

춘향이 목숨 바쳐 일부종사를 말하자, 비로소 몽룡은 춘향에게 얼굴
을 보여준다. 그렇게 두 차례 시험을 통과한 춘향은 죽음을 불사하고
정절을 지킨 여인으로 추앙받게 되었다.

기약 없는 긴긴 기다림

그리스 신화에서 춘향과 오버랩되는 인물이 오디세우스의 아내 페넬로페다. 춘향은 장원급제해 돌아오겠다는 몽룡을, 페넬로페는 전쟁터로 떠난 오디세우스를 하염없이 기다린다. 두 인물 모두 기약 없는 기다림과 싸웠지만, 기다린 시간의 길이로 따지면 페넬로페 쪽이 춘향보다 더 가혹했다. 페넬로페는 트로이 전쟁 10년, 귀향길 10년 총 20년 동안 남편을 기다렸다.

페넬로페와 이타카의 왕 오디세우스는 결혼하여 아들 텔레마코스를 낳고 행복한 시간을 보내고 있었다. 그러나 두 사람이 결혼한 지 겨우 1년 남짓 지났을 때 트로이에서 전쟁이 터졌다. 트로이 왕자 파리스가 메넬라오스의 아내 헬레네를 유혹해서 트로이로 데리고 떠나자 그리스는 헬레네를 되찾아 오기 위해 동맹군을 결성했다(229쪽). 그리스 동맹군은 헬레네에게 청혼했던 청혼자들이 헬레네에게 무슨 일이 생겼을 때 서로 돕겠다고 한 서약에 따라 결성된 것이었고, 이 제안을 처음 한 사람은 다름 아닌 오디세우스였다.

그런데 정작 오디세우스는 참전하고 싶지 않았다. 머리가 좋은 오디세우스가 생각하기에 이 전쟁은 짧은 시간 내에 쉽게 끝날 성질의 것이 아니었다. 그렇다면 굳이 전쟁에 참가할 이유가 없다고 생각했다. 그가 선택한 것은 미치광이 흉내를 내는 것이었다. 그러나 연극은 그가 정말 미쳤는지 확인하러 온 팔라메데스에 의해 들

조셉 라이트, 〈실을 푸는 페넬로페〉, 1785년, 캔버스에 유채, 101.6×127cm, 로스앤젤레스 폴게티미술관

페넬로페는 끈질긴 구혼자들을 물리치기 위해 시아버지의 수의가 완성되면 청혼을 받아들이겠다고 한다.
그녀는 오디세우스를 기다릴 시간을 벌기 위해 낮에는 천을 짜고 밤이면 천을 다시 풀었다.

통나고 말았다. 오디세우스는 하는 수 없이 아내와 아들을 남겨두고 전쟁터에 따라나섰다.

　트로이 전쟁이 끝나고 다른 사람들은 돌아왔지만 오디세우스는 돌아오지 않았다. 오디세우스의 집에는 페넬로페에게 구혼한 113명이나 되는 사람들이 득시글거렸다. 이들은 아예 오디세우스의 집에 눌러살며 집안의 재산을 탕진하고 페넬로페와 텔레마코스를 모욕했다. 오디세우스의 하인들마저 이들에게 돌아서서 집안은 엉망진창이었다. 오디세우스의 어머니는 아들이 죽었다고 생각한 나머지 목숨을 끊었고, 아버지는 시골로 내려가 버렸다.

　페넬로페는 시아버지의 수의를 다 짜면 구혼자 가운데 한 사람을 택해 결혼을 하겠다고 하고서, 낮에는 천을 짜고 밤에는 풀면서 시간을 끌고 있었다. 그렇게 한 것이 벌써 10년이었다. 여기서 '페넬로페의 베짜기(web of Penelope)'라는 말이 나왔다. 이 말은 쉴 새 없이 하는데도 끝나지 않는 일, 언제 끝날지 모르는 일을 의미한다.

기다림의 끝자락에서 터지는 울음

오디세우스가 집으로 돌아왔을 때 그를 알아본 것은 늙은 사냥개뿐이었다. 그나마 너무 늙어 자리에서 일어나지 못하고 꼬리만 흔들다가 주인을 만났다는 안도감 때문인지 그 자리에서 죽고 말았다.

　오디세우스는 다음날 거지 차림으로 나타나 113명이나 되는 구혼자들에게 구걸을 했다. 대부분 그에게 먹을 것을 주었지만 더러는 의자로 때리거나 구박했다. 그때 페넬로페가 나타나 구혼자들의 탐욕과 오만을 꾸짖고는, 무표정한 얼굴로 이제는 새로운 남편을 선택하겠다고 했다.

페넬로페는 멀리서 찾아온 거지가 남편의 소식을 알고 있을지도 모른다고 생각하고 그를 초대해 이야기를 들었다. 거지로 변장한 오디세우스는 남편이 곧 돌아올 것이라고 말했다. 페넬로페는 경기를 개최해 새로운 남편을 뽑겠다고 했다. 유모는 거지의 발을 씻기다가 그의 정체를 알았지만 비밀로 하기로 했다.

구혼자들이 치를 경기는 오디세우스의 활을 사용해 화살 하나로 한 줄로 세워져 있는 도끼머리 구멍을 꿰뚫어야 하는 몹시 어려운 일이었다. 구혼자들은 무기를 모두 밖에 맡기고 한 명씩 돌아가면서 활을 쏘았

작자 미상, 〈페넬로페에게 돌아오는 오디세우스〉, BC 460~450년, 테라코타, 18.7×27.8cm, 뉴욕 메트로폴리탄미술관

거지로 변장한 오디세우스는 절망하고 있는 페넬로페에게 남편이 곧 돌아올 것이라고 말했다.

지만, 아무도 성공하지 못했다. 활을 당기는 것조차 불가능했다.

이때 거지가 나타났다. 구혼자들은 모두 반대했지만 오디세우스의 아들 텔레마코스가 우겨서 그도 활을 쏠 기회를 얻었다. 거지는 유유히 활을 당겨서 열두 개의 도끼머리를 한 번에 꿰뚫었다. 그와 동시에 밖으로 통하는 문이 잠기고 오디세우스와 텔레마코스는 구혼자들을 죽이기 시작했다. '지혜의 여신' 아테나도 변장을 하고 나타나 구혼자들의 살육을 도왔다. 살아남은 자는 단 두 명뿐이었다.

유모가 페넬로페에게 오디세우스의 귀환을 알렸다. 그러나 그녀는

믿지 않았다. 오디세우스와 텔레마코스가 구혼자들의 시체를 치우고 주인을 배신한 하인과 하녀들을 모두 죽였을 때, 페넬로페가 그곳에 나타났다. 그곳에서는 피비린내가 진동했다. 페넬로페와 거지는 서로를 마주 보았다. 잠시 뒤 페넬로페는 하녀에게 이제 주인이 돌아오셨으니 침대를 옮겨놓으라고 명령했다.

오디세우스는 하녀를 불러 세우고 그럴 필요가 없다고 말했다. 20여 년 전 침대를 만든 건 오디세우스였다. 오디세우스는 땅속에 뿌리를 내리고 있는 나무의 줄기를 베어 그대로 침대를 만들었기 때문에 침대를 옮길 수 없다는 말로, 페넬로페에게 자신을 증명했다.

페넬로페의 눈에서 눈물이 흐르기 시작했다. 죽었을지도 모르는 사람을 기다리고 있던 그녀였기에 더욱 서러웠을 것이다. 오디세우스의 눈에서도 눈물이 흘렀다. 두 사람은 뿌리를 내리고 있는 침대로 갔다. 오디세우스와 페넬로페는 베개를 나란히 하고 이 밤이 다 지나도 끝나지 않을 긴긴 이야기의 실타래를 풀었다.

어디서 무엇이 되어
다시 만나랴

세계 인구의 절반이 별이 보이지 않는 밤하늘 아래에서 살아간다고 한다. 24시간 잠들지 않는 도시를 밝히는 인공 불빛은 하늘에서 별빛을 지웠다. 그렇다고 실망하기엔 이르다. 도시 불빛을 피해 맑고 어두운 밤하늘을 찾으면 언제고 별을 볼 수 있다.

오리온자리는 겨울 저녁 동남쪽 하늘에서 볼 수 있는 겨울을 대표하는 별자리다. 누군가는 방패연을, 누군가는 모래시계를, 누군가는 찌그러진 H 모양을 떠올릴 만한 모양이다. 나란히 빛나는 별 세 개를 기준으로 왼쪽 위에서 붉게 빛나는 별이 베텔게우스, 오른쪽 아래에서 파랗게 빛나는 별이 리겔이다. 오리온자리에는 사랑 때문에 눈이 멀고,

오리온자리는 우리나라 밤하늘의 대표적인 겨울철 별자리이다. 우리나라에서 볼 수 있는 별자리 가운데 유일하게 1등성이 두 개 있어 선명하게 보인다.

사랑 때문에 목숨을 잃은 애처로운 사냥꾼 오리온의 영혼이 깃들어 있다. 오리온은 바다를 지배하는 포세이돈과 여자만 살고 있다는 아마존의 여왕 에우리알레 사이에서 태어났다. 그는 별처럼 아름다운 남자였고 뛰어난 사냥꾼이기도 했다. 또한 아버지로부터 바닷속을 자유롭게 걸어다닐 수 있는 힘을 부여받았다.

오리온의 출생에 관해서는 또 다른 설이 있다. 오리온이란 말은 '오줌'이란 뜻인 '오우리아'에서 유래했다. 아들이 없었던 오리온의 아버지 히리에우스가 신들에게 간절히 아들을 달라고 빌었다. 그러자 신들은 황소 가죽에 오줌을 누고 땅에 묻으라고 시켰다. 그리고 9개월 뒤에 거기서 거인 오리온이 태어났다.

사랑 때문에 두 눈을 잃고도 다시 사랑하는 남자

오리온은 시데를 아내로 삼았지만 시데는 여신들과 아름다움을 경쟁하다가 헤라의 분노를 사서 지옥에 떨어지고 말았다. 아내를 잃고 상심한 그의 눈길을 사로잡은 여자는 키오스 섬의 공주인 메로페였다. 오리온은 메로페의 환심을 사기 위해 키오스 섬 깊숙한 곳에 사는 사자를 맨손으로 때려잡아 가죽을 벗겨 메로페에게 바쳤다. 그러나 정작 키오스 섬의 왕이자 메로페의 아버지인 오이노피온은 자기와 이름이 비슷한 오리온을 좋아하지 않았다.

오리온은 재차 오이노피온에게 딸과 결혼하게 해달라고 말했지만 오이노피온은 자꾸 피하기만 했다. 화가 난 오리온은 메로페를 강제로 겁탈하려고 했다. 이에 위기를 느낀 오이노피온은 오리온에게 술을 잔뜩 먹여 취하게 만든 다음, 오리온의 두 눈을 불로 지져 뽑고 해변에 내팽개쳐 버렸다.

사랑 때문에 눈이 먼다고 했던가. 아버지의 숨결인 파도가 오리온을 깨웠지만 아무것도 보이지 않았다. 오리온은 '새벽의 여신'에

니콜라 푸생, 〈떠오르는 태양을 찾는 눈먼 오리온〉, 1658년, 캔버스에 유채, 119.1×182.9cm, 뉴욕 메트로폴리탄미술관

오스가 사는 곳으로 찾아갔다. 거기서 새벽 햇살을 눈에 쪼이고 다시 시력을 회복했다. 그와 동시에 그의 눈에 덮여 있던 메로페에 대한 사랑이라는 두꺼운 망막도 제거되었다.

    사랑은 전염이 된다고 했던가. 오리온의 열정이 이번에는 그를 치료해 준 에오스에게로 전이되었다. 에오스는 오리온을 납치해 아폴론과 아르테미스의 고향인 델로스로 데리고 갔다.

　에오스가 오리온에게 푹 빠져든 것은 아프로디테의 복수 때문이었다. 아프로디테의 애인인 '전쟁의 신' 아레스가 에오스와 바람을 피웠던 것이다. 에오스는 오리온에게 파괴적인 열정과 탐욕을 보였다.

　에오스가 오리온을 납치해 간 델로스는 아폴론과 아르테미스의 땅이다. 오리온은 자연스럽게 이들과 알게 되었다. 이들이 서로 알아가는 과정에 대해서는 서로 다른 이야기가 전해진다.

신에게 위협이 된 사랑

하나는 오리온과 아르테미스가 서로 사랑하게 되었다는 것이다. 아르테미스는 처녀성을 지닌 여신이고 아폴론은 질서를 상징하는 신이다. 그런데 오리온은 처녀성에 대한 위협과 그로 인한 질서의 혼란을 일으킬 수 있는 존재였다. 다시 말해서 아르테미스와 아폴론에게 위험한 존재였다.

　위험한 존재는 제거된다. 아버지 제우스를 닮은 아폴론은 계략을 꾸미며 아르테미스로 하여금 오리온을 살해하게 만든다. 오리온은 '사냥의 여신' 아르테미스의 화살을 맞고 사냥감처럼 쓰러져 죽었다.

　두 번째와 세 번째 이야기도 크게 다르지 않다. 오리온이 원반던지기로 아르테미스에게 도전했다가 그 원반에 맞아 죽었다는 것과 히페르보레오이가 사는 곳에서 온 처녀인 오피스를 폭력으로 범했기 때문

다니엘 세이터, 〈오리온 시신 곁의 아르테미스〉, 1685년, 캔버스에 유채, 116×152cm, 파리 루브르박물관

에 아르테미스가 쏜 화살에 맞아 죽었다는 것이다.

원반던지기는 질서에 대한 도전, 폭력을 수반한 강간은 처녀성에 대한 위협으로 이해해야 한다. 그렇다면 겉모습은 크게 차이가 나지만 본질적인 면에서는 같은 이야기를 하고 있다고 생각된다.

아주 오래전 밤하늘을 올려다보던 양치기들은 겨울 밤하늘에 아름답게 빛나던 별 무리에 낭만적인 전설을 부여했다. 전설에 따르면, 오리온이 죽고 슬픔에 잠긴 아르테미스는 아버지 제우스에게 그를 밤하늘의 별자리로 만들어 달라고 부탁했다. 그리고 오리온이 사냥할 때 항상 데리고 나갔던 사냥개 시리우스와 프로키온도 밤하늘에 올려, 그의 곁을 지키게 했다고 한다.

이별로 끝난 연인의 서사가 못내 아쉬웠던지, 현대의 과학자들은 아르테미스와 오리온의 재회를 준비하고 있다. NASA가 주도하는 아르테미스 프로젝트는 1972년 발사된 아폴론 17호 이후 50여 년 만에 재개된 유인 달 탐사 계획이다. 프로젝트 명이 아르테미스인 이유는 그녀가 사냥의 여신이자 달을 상징하는 여신이기 때문이다. 우주인들을 싣고 달에 갈 아르테미스 프로젝트의 주력 우주선 이름은 '오리온'. 1단계로 2022년 11월 마네킹을 태우고 달 궤도를 비행한 오리온은, 코앞에서 보는 듯 생생한 달 지표면 사진을 찍어 지구로 전송했다.

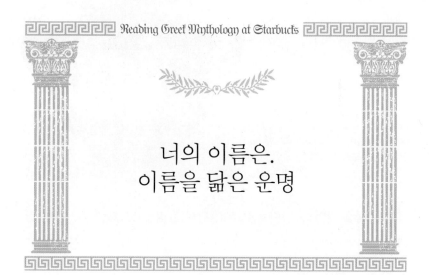

너의 이름은.
이름을 닮은 운명

"살아 있는 것들은 너를 죽일 수 없다. 필시 너는 죽은 것에 의해 살해될 것이다."

헤라클레스는 그리스 신화 최고의 영웅이다. 어떤 무기로도 상처 입힐 수 없는 네메아의 사자를 맨손으로 목 졸라 죽일 만큼, 엄청난 완력의 소유자이다. 신이 아니고선 그 누가 헤라클레스의 목숨을 위태롭게 할 것인가. 헤라클레스는 자신의 최후에 대해 이해할 수 없는, 그래서 피할 수도 없는 예언을 들었다. 그 사연은 이러했다.

헤라클레스는 하데스를 지키는 괴물 개를 잡기 위해 지하세계에 갔다가 만난 멜레아그로스로부터 자기 여동생 데이아네이라와 결혼해달

작자 미상, 〈스타므노스〉,
BC 530~500년, 점토,
높이 27.9cm, 런던 대영박물관

헤라클레스와 황소로 변한 아켈로오스의
결투 장면을 묘사한 스타므노스. 스타므노
스는 달걀 모양의 몸통에 목이 짧고, 튀어
나온 어깨에 수평으로 두 개의 손잡이가
달린 고대 그리스의 항아리이다. 물이나
술을 담는 용도로 사용되었다.

라는 부탁을 받았다. 약속을 지키기 위해 칼리돈으로 갔지만, 이미 '강
의 신' 아켈로오스가 데이아네이라에게 청혼한 상태였다. 둘 사이에
결투가 벌어졌다. 헤라클레스는 황소로 변신한 아켈로오스의 뿔을 부
러뜨리고 대결에서 이겨 데이아네이라와 결혼했다. 그런데 사소한 실
수로 소년을 죽여 칼리돈에서 추방을 당하고 말았다. 갓 결혼한 신부
데이아네이라와 함께 말이다.

죽어가며 뿌린 복수의 씨앗

헤라클레스와 데이아네이라가 트라키아로 가기 위해 에우에노스 강을
건너려고 할 때였다. 물살이 거세서 어떻게 건너야 할지를 고민하고
있는데, 네소스라는 상체는 인간이고 하체는 말인 켄타우로스가 나타
나 데이아네이라를 업어서 건네주겠다고 했다. 헤라클레스는 데이아
네이라를 네소스의 등에 태웠다. 그런데 데이아네이라를 업고 강을 먼
저 건넌 네소스가 그녀를 겁탈하려고 했다.

줄리 엘리 들로네, 〈네소스의 죽음〉, 1870년경, 캔버스에 유채, 95.7×126.4cm, 낭트미술관

헤라클레스는 재빨리 활을 쏘았고, 화살은 네소스의 몸을 관통했다. 네소스는 죽어가면서 데이아네이라에게 복수의 씨앗을 뿌렸다. 자기 피에는 식어버린 사랑을 되살리는 힘이 있으니 훗날 헤라클레스의 사랑이 식으면 사랑의 미약(媚藥 : 연정을 일으키는 약)으로 자기 피를 사용하라고 속삭였다. 네소스의 말을 믿은 데이아네이라는 흐르는 피를 병에 담아 헤라클레스 몰래 감췄다.

세월이 흐른 어느 날이었다. 데이아네이라는 헤라클레스가 오이칼리아를 정복하는 도중에 이올레라는 여자를 포로로 잡아 고향으로 보내자, 아름다운 이올레의 모습을 보고 질투를 느꼈다. 그리고 이전에 네소스에게서 얻은 사랑의 미약을 써야겠다고 생각했다.

헤라클레스는 제우스에게 제물을 바칠 때 입을 깨끗한 옷을 가져오라고 데이아네이라에게 일렀다. 그녀는 네소스의 말에 따라 그의 피를 헤라클레스의 속옷에 발라서 가져갔다. 아무것도 모르는 헤라클레스는 그 옷을 입고 제우스에게 제사를 지냈다.

헤라클레스의 체온으로 속옷이 따뜻해지자, 네소스의 피에 있던 독이 피부로 스며들기 시작했다. 헤라클레스는 옷을 벗으려고 했지만 찰싹 달라붙은 옷은 벗겨지지 않았다. 그래서 살점과 함께 옷을 뜯어냈다. 헤라클레스의 몸은 피투성이가 되었다. 네소스는 복수에 성공했다.

죽어서 불사신이 된 헤라클레스

'이름'이라는 단어는 '말한다'라는 뜻의 '이르다'에서 왔다. 창작물에서 이름은 작가가 캐릭터에 부여한 첫 번째 설정이다. 그래서 종종 이름은 캐릭터의 운명을 암시한다. 드라마 〈나의 아저씨〉의 주인공 이름은 '이지안'이다. 이를 지(至)와 편안할 안(安). 비록 현재는 안녕의 저 극단에 선 삶을 살고 있지만, 마침내 편안함에 이르게 될 그녀의 밝은 미래를 암시하는 이름이라고 할 수 있다. 『폭풍의 언덕』의 히스클리프는 황야를 뜻하는 'heath'와 바닷가 절벽을 뜻하는 'cliff'가 합쳐진 이름이다.

에블린 드 모건, 〈데이아네이라〉, 1878년경, 캔버스에 유채, 개인 소장.

데이아네이라는
그리스어로 '죽이다'
라는 뜻의 'deioo'
와 '남자'를 뜻하는
'aner'의 합성어다.
그녀는 남자를
죽게 할 운명이다.

기욤 쿠스투, 〈화장용 장작 위의 헤라클레스 : 앞면〉,
1704년, 대리석, 74×63×56cm,
파리 루브르박물관

장작더미 위에 앉은 헤라클레스가 독이 묻은 옷을
벗어 던지려 하고 있다.

마지막 페이지까지 읽어보지 않아도 이 남
자와의 사랑은 결코 안온할 수 없다는
걸 짐작할 수 있다.

데이아네이라의 이름을
통해, 우리는 두 사람의 결
혼생활이 맞게 될 파국을
예측할 수 있다. 데이
아네이라는 그리
스어로 '죽이다'라
는 뜻의 'deioo'와 '남자'를
뜻하는 'aner'의 합성어다.

처참한 모습으로 돌아온 남편을 본 데이아네이라는 자기가 네소스
에게 속아 헤라클레스에게 고통을 안겨주었다는 자책감에 시달리다가
목을 매 목숨을 끊었다. 이를 본 헤라클레스는 자기가 죽을 때가 다가왔
음을 깨달았다.

헤라클레스는 태연한 얼굴로 미리 쌓아두었던 장작더미 위로 올라
가 누웠다. 그러나 아무도 그곳에 불을 붙이려고 하지 않았다. 차마 영
웅의 죽음을 집행할 수 없었던 것이다. 그때 포이아스라는 사람이 양

떼를 찾아 그곳을 지나갔다. 헤라클레스는 그에게 불을 붙여 달라고 부탁하고, 대가로 그에게 자기의 활과 화살을 주었다.

올림포스의 신들은 모두 안타까운 마음으로 그 모습을 지켜보고 있었다. 불은 타닥거리며 점차 몸집을 불렸다. 인간의 것으로 타고난 육체가 모두 타고 나자 갑자기 구름이 몰려와 헤라클레스의 몸을 떠받치고 천둥소리와 함께 하늘로 사라졌다. 그는 불사의 몸을 얻었다.

헤라클레스라는 이름은 얄궂게도 '헤라의 영광'을 뜻한다. 헤라클레스는 헤라의 미움을 받아 평생 고단한 삶을 살았지만, 덕분에 영웅이라는 명예를 얻을 수 있었다. 그리고 그의 이름은 결국 헤라와 화해할 것을 암시한다. 불사의 몸이 된 헤라클레스는 헤라와 화해하고 그의 딸인 '청춘의 여신' 헤베와 결혼했다.

고난과 영광이 점철된 삶을 살았던 헤라클레스는 죽어서 큰 영광을 얻었다. 죽은 뒤에 헤라클레스는 그리스에서 가장 인기 높은 신이 되었다.

기욤 쿠스투,
〈화장용 장작 위의 헤라클레스 : 뒷면〉,
1704년, 대리석, 74×63×56cm,
파리 루브르박물관

헤라클레스의 상징물인 사자 가죽과
곤봉이 보인다.

멈출 수 없는
욕망의 절규

"라라라라라 라라라 라라라라라 라라라"

해안가 도로를 굉음을 내며 질주하는 자동차 안. 카 오디오로 〈토카타
와 푸가 D단조〉 선율이 울려 퍼지는 가운데, 알렉시스(앤서니 퍼킨스 역)
는 광기 어린 목소리로 음악을 따라 부른다. 자신은 아버지를 죽이러
이곳에 왔다고 고백하며, 연인이자 어머니의 이름을 절규하듯 외친다.

"페드라, 페드라!"

맞은편 차선에서 갑자기 트럭 한 대가 나타나고, 질주하던 알렉스는
절벽을 향해 자동차 핸들을 꺾는다.

줄스 다신 감독의 1962년 작품 〈페드라〉. 영화는 그리스 신화에 등장하는 히폴리토스와 테세우스, 파이드라 이야기를 현대적으로 재해석했다. ⓒ IMDb

　　줄스 다신 감독의 1962년 작품 〈페드라〉의 한 장면이다. 바흐의 장엄한 오르간 선율과 광분하듯 대사를 토해내는 앤서니 퍼킨스의 연기로, 한 번 보면 잊히지 않는 명장면이 탄생했다. 영화는 그리스 신화에서 의붓아들을 사랑하게 된 파이드라 이야기를 현대적으로 재해석했다. 영화 줄거리는 신화 그대로다. 다만 히폴리토스와 마지막을 함께한 말이 스포츠카로 바뀌고 파이드라의 남편인 테세우스의 직업이 선박회사 사장으로 바뀌었을 뿐이다. 1967년 국내에서 개봉될 당시 〈죽어도 좋아〉라는 제목으로 소개되었다.

금단의 연정

크레타 공주 파이드라가 테세우스와 결혼한 것은 정치적인 목적 때문이었다. 파이드라의 오빠 데우칼리온은 아테네와 맺은 동맹을 굳건히 하기 위해 누이를 테세우스에게 시집보냈다. 따라서 파이드라는 언니 아리아드네(221쪽)처럼 테세우스를 사랑하지 않았지만, 테세우스의 아내가 되어야 했다. 기묘한 운명이 아닐 수 없다. 테세우스를 사랑했던 언니는 버림을 받고 그 자리를 동생이 대신해야 했으니 말이다.

파이드라는 언니 아리아드네가 테세우스를 얼마나 사랑했는지를 알고 있었다. 물론 언니가 버림을 받았다는 것도 모를 리 없었다. 그렇지만 오빠의 명령을 따랐다.

이렇게 시작된 결혼이 얼마나 행복할 수 있을까? 어쩌면 불행은 이미 결혼 예물처럼 함께 따라온 것일지도 모른다. 그러나 파이드라는 열정을 가슴속 깊이 묻고 테세우스와 무리 없이 살았다.

테세우스에게는 이미 히폴리토스라는 아들이 있었다. 히폴리토스의 어머니는 아마존의 여왕 히폴리테로 테세우스를 위해 싸우다가 죽었다. 그 뒤에 테세우스가 맞이한 아내가 파이드라였다.

테세우스는 자기가 태어난 나라인 트로이젠(215쪽)의 왕위를 아들에게 물려주기 위해 히폴리토스를 트로이젠으로 보냈다. 히폴리토스는 여자에게 관심이 없었다. 그의 가슴속에는 오직 '사냥의 여신' 아르테미스가 있을 뿐이었다.

그런데 트로이젠에서 히폴리토스를 본 파이드라는 언니 아리아드

알렉상드르 카바넬, 〈파이드라〉 1880년, 캔버스에 유채, 194×286cm, 몽펠리에 파브르미술관

네가 그랬듯이 깊은 사랑에 빠지고 말았다. 가슴 깊이 묻어두었던 열정에 불이 붙었고 더 이상 참을 수 없는 기세로 타오르기 시작했다.

파이드라의 눈길은 온통 아들 히폴리토스에게 가 있었다. 파이드라는 온종일 히폴리토스의 뒤를 따라다니며 아들의 모습을 몰래 훔쳐보았다. 단단한 어깨, 늘씬한 허리, 미끈한 다리를 좇는 파이드라의 눈은 늘 축축했다.

아무리 자기가 낳은 아들이 아니라고 해도 법적으로는 엄연히 어머니였다. 어머니가 아들에게 따뜻하게 대하는 것이야 당연하지만 연정을 품는 것은 예전이나 지금이나 패륜이라고 불린다. 그러나 한편으로 언니의 사랑을 매몰차게 거절했던 남편을 애초부터 사랑하지 않았던 파이드라에게 있어서 화산처럼 폭발하기 시작한 연정은 걷잡을 수 없는 것이기도 했다.

게다가 파이드라의 뒤에 애욕과 미의 여신 아프로디테가 버티고 있음에야. 정리하면 이렇다. 히폴리토스를 지켜보는 것은 파이드라이지만 그 뒤에 다시 아프로디테의 뜨거운 눈길이 있다는 말이다. 아프로디테가 자기를 거들떠보지 않고 사냥의 여신 아르테미스를 사모하는 히폴리토스에게 복수하기 위해 파이드라를 이용했다는 설도 있다.

죽어야만 끝나는 미친 사랑

어쨌든 파이드라는 목 끝까지 차오른 '너를 좋아해'라는 말을 히폴리토스에게 털어놓고 말았다. 히폴리토스는 이해할 수 없다는 듯이 계모인 파이드라를 흘낏 보고는 그녀의 곁을 떠났다. 이루지 못한 사랑에 대한 절망과 수치심, 아르테미스에 대한 강렬한 질투심이 한꺼번에 파이드라의 가슴에서 타올랐다.

파이드라는 곧바로 남편 테세우스를 찾아갔다. 그리고 히폴리토스가 자기에게 색 짙은 욕망을 품었다는 거짓말을 늘어놓았다. 어떤 아버지가 이런 이야기를 듣고 분노하지 않겠는가? 히폴리토스는 결백하다고 말했지만, 테세우스는 이를 듣지 않고 세 가지 소원을 들어주기로 약속한 '바다의 신' 포세이돈에게 아들을 죽여달라고 부탁했다.

궁전에서 쫓겨난 히폴리토스는 말을 타고 해변을 달리다가 바다에서

피에르 나르시스 게렝, 〈파이드라와 히폴리토스〉, 1802년, 캔버스에 유채, 39×52cm,
보스턴 하버드대학교미술관

갑자기 나타난 괴물을 보고 놀란 말에서 떨어졌다. 그리고 흥분한 말에
짓밟혀 죽고 말았다. 포세이돈이 테세우스의 소원을 들어준 것이다.

그럼 파이드라는 어떻게 되었을까? 파이드라는 한동안 망연자실해
있다가 자기가 사랑하는 히폴리토스를 죽였다는 죄책감 때문에 목을
맸다. 테세우스는 아르테미스에게 진실을 들었지만 이미 히폴리토스
는 이 세상 사람이 아니었다.

히폴리토스를 낳은 생모의 비극적인 운명

테세우스를 둘러싼 여인들의 운명은 비극적이다. 그것은 그가 영웅인 탓이다. 영웅은 한자리에 머무르는 사람이 아니라 끊임없이 떠도는 사람이다. 영웅이 한자리에 머물게 되면 그는 이미 영웅이 아니라 영웅이 퇴치한 괴물들처럼 부담스러운 존재가 되고 말기 때문이다.

테세우스의 첫 번째 아내는 히폴리테였다. 바로 히폴리토스의 생모이다. 다른 주장에 따르면, 테세우스의 아내는 히폴리테의 여동생 안티오페로 바뀌기도 한다. 사실 히폴리테든 안티오페든 간에 그것은 그다지 중요하지 않다. 그래도 굳이 따진

장 바티스트 르무안,
〈히폴리토스의 죽음〉,
1715년, 대리석, 높이 49cm,
파리 루브르박물관

다면 안티오페일 가능성이 더 높다. 유력한 근거로 그리스 최고의 영웅 헤라클레스가 자기에게 주어진 열두 가지 과업을 위해 아마존을 찾아갔을 때 만났던 아마존 족의 여왕이 바로 히폴리테였다는 점을 들수 있다. 헤라클레스는 여왕 히폴리테의 우호적인 협조로 과업을 쉽게 해결할 수 있었으나, 헤라클레스가 태어나기 전부터 그를 싫어했던 제우스의 아내 헤라의 방해로 히폴리테를 죽이고서야 과업을 달성했다.

아테네의 영웅 테세우스의 우상은 다름 아닌 헤라클레스였다. 테세우스의 꿈은 헤라클레스처럼 모험을 하고 영웅이 되는 것이었다. 그는 헤라클레스처럼 수많은 괴물과 악당을 퇴치하고 지하세계의 여왕 페르세포네를 납치하기 위해 죽음을 무릅쓰고 하데스에도 내려갔다. 물론 여자들만 사는 아마존에도 찾아갔다.

이때 만났던 여자가 바로 안티오페였다. 영웅과 관계된 여자는 대부분 불행에 빠진다. 안티오페의 언니 히폴리테가 아무 잘못 없이 헤라클레스에게 살해된 것도 그렇고 안티오페의 삶 역시 다르지 않았다.

안티오페에 대해서는 몇 가지 다른 이야기가 전해진다. 하나는 테세우스가 안티오페를 납치했다는 것이다. 다른 하나는 안티오페가 사랑에 빠져 테세우스를 따라나섰는데 여왕을 빼앗긴 아마존 족이 싸움을 걸어왔고 어이없게도 안티오페는 테세우스 편이 되어 자기 종족과 싸우다가 죽었다는 것이다. 어찌 되었든 간에 안티오페가 히폴리토스를 낳고 얼마 지나지 않아 세상을 뜬 것은 분명하다.

Chapter · 3
신화, 문명의 출발점이 되다

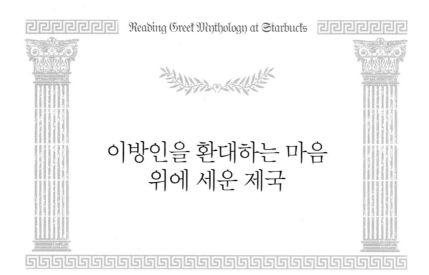

이방인을 환대하는 마음
위에 세운 제국

2024년 4월 영국 의회가 '르완다의 안전에 대한 법안(이하 르완다 법안)'을 통과시켰다. 르완다 법안이 영국 의회의 문턱을 넘자, 국제 인권 기구들은 '난민을 외주화시킨다'고 비판했다.

영국, 르완다, 난민은 대체 무슨 관계일까? 르완다 법안은 영국에 불법적으로 들어온 사람을 모두 르완다로 송환해 망명 신청 절차를 밟게 하는 '르완다 플랜'을 시행하기 위한 밑 작업이다. 2023년 6월 정부가 르완다행 첫 비행기를 띄우려 하자, 영국 대법원이 르완다가 난민을 보낼 안전한 나라가 아니라며 정책에 제동을 걸었다. 이에 영국 의회가 나서서 르완다가 안전한 나라라고 천명한 것이다.

영국에서 6500km 떨어진 아프리카 르완다는 '1994년 대학살'로 기억되는 나라다. 100여 일간 벌어진 종족 간 내전으로 80만 명 넘는 사람이 학살당했다. 생존자의 증언에 따르면 이웃이 이웃을 돌로 찍어 죽이고, 선생이 아이들을 해치는 생지옥이 벌어졌다고 한다. 대학살로 르완다 인구의 20%가 사라졌다. 르완다가 불법 이민자를 받아주는 대가로 영국으로부터 받게 될 돈은 착수금 3억 7000만 파운드와 이주민 1인당 2만 파운드.

난민을 돈을 주고 아프리카의 가난한 나라에 떠넘기는 정책은 이탈리아와 프랑스에서도 진행 중이다. 이탈리아는 80km 떨어진 알바니아에 난민센터를 두고 난민들을 보내기로 했다. 이탈리아가 협정 대가로 지급하기로 한 돈은 1650만 유로. 프랑스는 난민들의 주요 출발지인 튀니지에 2580만 유로를 지원한 바 있다. 지원금은 보트피플의 이주를 막는 데 쓰일 예정이다.

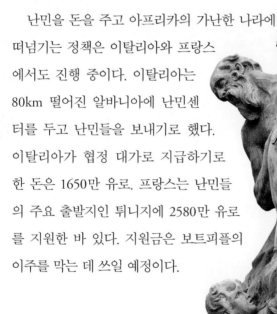

존 치어,
〈트로이를 탈출하는 아이네이아스와 안키세스〉,
1756년, 납, 102×196×135cm,
리스본 코엘루스국립궁전

트로이가 함락된 뒤 아이네이아스는 늙은 아버지 안키세스를 등에 업고 어린 아들의 손을 잡고 탈출하였다.

이탈리아로 항해한 최초의 보트피플

유럽 국가에 부는 난민의 외주화 바람 기사를 읽다 보니, 그리스 신화에서 오디세우스와 쌍벽을 이루는 방랑자인 아이네이아스가 떠올랐다. 그는 트로이 전쟁에서 패전한 장군으로, 살아남은 트로이 일족을 이끌고 이탈리아와 지하세계를 여행했다.

아이네이아스는 다르다니아 왕 안키세스와 '미의 여신' 아프로디테의 아들이다. 아프로디테는 마음에 연정을 불러일으키는 허리띠를 가지고서 신들을 인간과 사랑에 빠지도록 하는 장난을 즐겼다. 아프로디테의 장난에 화가 난 제우스는 아프로디테도 인간 남자를 사랑하도록 만들었다. 아프로디테는 이데 산에서 양을 돌보고 있던 안키세스와 사랑에 빠져 아이네이아스를 낳았다.

트로이 전쟁이 일어났을 때 아이네이아스는 트로이의 일족인 탓에 트로이 성안에 있었다. 그는 트로이의 왕 프리아모스의 딸 크레우사와 결혼했다.

트로이군에서 헥토르(303쪽) 다음으로 용맹한 장수로 꼽혔던 아이네이아스는 전쟁에서 패한 뒤 유민들을 이끌고 트로이를 떠났다. 그가 처음 간 곳은 이데 산이었는데 가는 도중에 아내를 잃었다. 그곳에 머물면서 이들은 배를 만들어 트라키아에 도착해 그곳에 도시를 건설하려고 했다. 그러나 제물을 바치고 근처에 있는 나뭇가지를 꺾자 피가 흘러나왔다. 아이네이아스는 트라키아가 저주받은 땅이라고 생각하고 그곳을 떠났다.

아이네이아스는 트로이 전쟁에서 패전한 장군으로, 살아남은 트로이 일족을 이끌고 이탈리아로 건너가서 로마의 모태가 되는 나라를 건설하였다. 아이네이아스 일행은 이탈리아 라티움에 정착하기까지 배를 타고 트라키아, 델로스 섬, 크레타 섬, 카르타고 등을 떠돌았다. 그의 처지는 작은 배에 몸을 싣고 다른 나라로 망명하려는 보트피플과 다르지 않았다.

　그래서 먼저 델포이로 가서 신탁을 받기로 했다. 조상들의 땅을 찾아가라는 신탁을 듣고, 아이네이아스는 과거 조상이 크레타에서 왔다는 것을 기억해 내고 크레타로 갔다. 그러나 그곳은 약속한 땅도 낙원도 아니었다. 도시를 건설하려고 하자 병이 번졌으며 곡식은 익지 않았다. 그때 아이네이아스는 꿈에서 서쪽으로 떠나라는 계시를 받았다.

트로이의 조상인 다르다노스가 처음 살았던 곳이 지금의 이탈리아였던 것이다.

그들은 갖은 고생과 고난을 이기고 마침내 이탈리아에 상륙했다. 그런데 그곳에는 하르피아가 살고 있었다. 아르고 원정대가 피네우스(사르미데소스의 왕이자 눈이 먼 예언자)를 괴롭히던 하르피아를 쫓아냈는데, 이곳으로 이주해왔던 것이다. 상체는 여자이고 하체는 새인 하르피아들은 굶주림 때문에 항상 창백한 얼굴을 하고 있었다. 그들은 아이네이아스 일행이 소 떼를 발견하고 음식을 만들자 어디서 나타났는지 재빨리 고기를 낚아채서 날아갔다.

아이네이아스 일행이 칼을 들고 쫓아가자 하르피아는 "배가 고파 식탁을 먹어 치우기 전까지는 나라를 세울 수 없을 것"이라는 예언을 하고 사라졌다. 일행이 아프로디테의 신전에 도착했을 때 아이네이아스의 아버지 안키세스가 죽었다.

이방인에게 소중한 것을 내주며 환대한 라티움

일행은 그곳도 아니라고 생각하고 다시 배를 타고 길을 떠났다. 그러나 폭풍과 거센 풍랑 때문에 이들의 배는 아프리카 해안까지 밀려갔다. 그곳의 여왕 디도(250쪽) 역시 그리스에서 건너온 민족의 후손으로 아이네이아스 일행을 따뜻하게 맞아주었다. 그곳에는 훗날 카르타고라고 불리는 큰 도시가 건설되었다. 트로이 왕자 파리스가 황금사과를 자신에게 주지 않은 일 때문에 트로이에 악감정을 품었던 헤라는, 아

빌헬름 폰 존스 경, 〈쿠마이의 시빌레〉, 1873년, 수채화, 36.5×26cm, 시드니 뉴사우스웨일스미술관

SIBYLLA CVMANA

이네이아스가 이탈리아로 돌아오지 못하게 하려고 그와 디도를 결혼시키려 했다. 여기에 아프로디테까지 가세해 동굴 속에서 디도와 아이네이아스는 연분을 맺었다.

아이네이아스는 디도와 함께 행복한 생활을 했다. 그러나 아이네이아스는 정식으로 결혼하지 않았다. 제우스가 그에게 일러준 사명을 잊지 않았기 때문이다. 아이네이아스가 다시 떠나기로 마음먹고 배에 올랐을 때 그는 육지에서 불이 난 것을 보았다. 그것은 아이네이아스가 떠나자 절망한 디도가 자살해서 그를 화장하는 불이었다.

포세이돈의 도움으로 아이네이아스 일행은 안전하게 이탈리아 해안에 도착했다. 그곳에서 예언자 시빌레의 지시에 따라

장 코르누,
〈아이네이아스에게 무기를 주는 아프로디테〉,
1704년, 테라코타 및 목재, 높이 108cm,
뉴욕 메트로폴리탄미술관

아프로디테는 물심양면 아들 아이네이아스의 여정을 돕는다. 아프로디테가 헤파이스토스에게 부탁해 만든 갑옷을 아이네이아스에게 선사하는 모습을 묘사하고 있다. 방패를 들어 올리고 있는 인물은 이복형제 에로스다.

아베르누스의 호수 근처 숲에서 황금 나뭇가지를 찾았다. 영국의 사회 인류학자 프레이저James George Frazer, 1854~1941에 따르면 이 황금가지는 참나무에 기생하는 겨우살이이다.

시빌레는 아폴론의 사랑을 거절한 대가로 벌을 받은 여자였다. 아폴론은 자기의 사랑을 받아들이면 소원을 들어준다고 했고, 시빌레는 모래를 한 줌 쥐고 모래알만큼 수명을 달라고 했다. 모래알의 수는 모두

| 아이네이아스 가계도 |

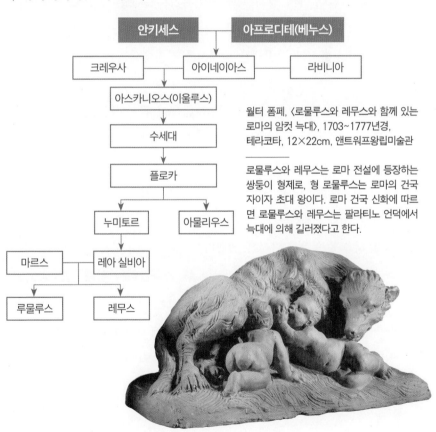

안키세스 ── 아프로디테(베누스)

크레우사 ── 아이네이아스 ── 라비니아

아스카니오스(이울루스)

수세대

플로카

누미토르 ── 아물리우스

마르스 ── 레아 실비아

루물루스 ── 레무스

월터 폼페, 〈로물루스와 레무스와 함께 있는 로마의 암컷 늑대〉, 1703~1777년경, 테라코타, 12×22cm, 앤트워프왕립미술관

로물루스와 레무스는 로마 전설에 등장하는 쌍둥이 형제로, 형 로물루스는 로마의 건국자이자 초대 왕이다. 로마 건국 신화에 따르면 로물루스와 레무스는 팔라티노 언덕에서 늑대에 의해 길러졌다고 한다.

1000개였다. 그러나 그녀는 아폴론에게 장수의 힘을 받은 뒤에 마음을 바꾸었다. 시빌레는 1000년 동안 살게 해달라고 하면서 영원한 젊음을 요구하지 않았다. 그래서 늙고 병든 몸으로 모래알 수만큼 살아야 했던 여인이다.

아이네이아스와 시빌레는 황금가지를 가지고 지하세계로 갔다. 그곳에서 그들은 많은 망령을 만났다. 자살한 디도도 만났지만 그녀가 먼저 고개를 돌렸다. 아이네이아스는 아버지 안키세스를 만나 일족과 대제국이 될 로마의 장래에 대한 이야기를 듣고는 희망을 품고 다시 지상으로 돌아왔다.

아이네이아스와 시빌레는 티베리스 강가에서 식사를 했는데, 너무 배가 고파 식탁으로 쓰던 편평한 빵까지 모두 먹었다. 그제야 하르피아의 예언이 생각났다. 그 지역은 라티움이라는 나라였는데 그곳에는 외동딸 라비니아를 이방인과 결혼시켜야 한다는 신탁이 있었다. 아이네이아스가 적격이었다.

그러나 다시 헤라가 중간에 개입해서 결혼을 앞두고 큰 분쟁을 일으켰다. 아이네이아스는 헤파이스토스가 만든 갑옷을 입고 우여곡절 끝에 분쟁을 수습하고 나라를 세웠다. 나라는 아내 이름을 따서 '라비니움'이라 지었다. 그리고 헤라의 분노를 가라앉히기 위해 이전에 트로이에서 사용하던 관습과 언어 등 모든 것을 버리고 이탈리아 것을 사용하기로 했다. 트로이에 대한 헤라의 분노는 이처럼 집요하고 강했다. 이렇게 세워진 나라가 바로 '로마'다. 전쟁으로 나라를 잃고 떠돌던 난민을 환대한 곳에서, 새로운 문명과 국가가 탄생했다.

사색의 조건

독일 베를린 페르가몬박물관에는 시간 여행자를 위한 문 역할을 하는 전시물이 있다(192쪽 사진). 너비 28.9m 깊이 6.6m 높이 16.7m의 이 거대한 전시물의 이름은 〈밀레토스 시장 문〉. 밀레토스는 에게 해 건너편 아나톨리아 서부 해안에 있던 고대 그리스 이오니아의 도시 이름이다. 현재는 튀르키예가 있는 지역이다.

2층으로 된 이 문은 밀레토스의 큰 광장인 아고라와 남쪽 시장을 연결하는 관문으로, 2세기 초에 건설된 것으로 보고 있다. 10~11세기에 지진으로 파괴된 문을 1899~1911년까지 독일 고고학팀이 발굴했다. 이후 문 파편은 쇠락해 가던 오스만 제국의 허가를 받아 모조리 독일

작자 미상, 〈밀레토스 시장 문〉, 2세기 초반, 28.9×16.7×6.6m, 베를린 페르가몬박물관

에게 해 건너편 아나톨리아 서부 해안에 있던 고대 그리스 이오니아의 도시인 밀레토스에 있던 문. 10~11세기에 지진으로 파괴된 문을 1900년대 초 독일 고고학팀이 발굴하여 그 파편을 독일로 가져와 복원하였다.

로 운반되었다. 옮겨온 문 조각의 무게는 자그마치 750톤. 1920~1930년대 한 차례 복원되었던 문은 제2차 세계대전 때 공습으로 파손되었다가 1950년대와 2000년대에 현재 모습으로 복원되었다.

실제 크기로 복원된 문 앞에 서면 밀레토스가 얼마나 융성했었는지를 짐작할 수 있다. 항구 도시 밀레토스는 그리스와 페르시아 사이의 무역 중심지였다. 다양한 문물과 부(富)가 이곳 밀레토스로 집결되었다.

아폴론의 아들을 동시에 사랑한 제우스의 세 아들

"만물의 근원은 물"이라는 명제로 유명한 탈레스탈레스Thales, BC 625~624는 '최초의 철학자' '서양철학의 아버지'로 불린다. 탈레스 이전에는 모든 자연 현상의 원인을 그리스 신화에 등장하는 신에게 돌리는 신화적 세계관이 주류였다. 하늘에서 천둥 번개가 치면 제우스 신이 노한 것으로, 거대한 쓰나미급 파도는 포세이돈의 복수로, 데메테르가 사라진 딸을 찾느라 땅을 돌보지 않았기 때문에 가뭄이 든다고 생각했다. 그러나 탈레스는 만물의 근원을 따져 물었다. 그로부터 만물은 자연의 근본 물질에서 생겨나 다시 근본 물질로 돌아간다고 하는 철학적 세계관이 시작되었다.

탈레스를 비롯해 아낙시만드로스Anaximandros, BC 610~546, 아낙시메네스Anaximenes, BC 585~525 등이 모두 밀레토스 출신으로, 이들은 최초의 유물론 학파인 '밀레토스 학파'를 일궜다. '철학자'라고 하면 흔히 떠올리는 소크라테스Socrates, BC 469~399, 플라톤Plato, BC 427~347 보다 100년 이상 앞선다. 어떻게 그리스 변방의 식민지 밀레토스는 철학의 탄생지가 되었을까? 그 답을 찾기 위해선 한 소년의 사랑을 차지하기 위해 세 남자가 벌인 권력다툼 속으로 들어가야 한다.

제우스가 페니키아에 있는 시돈의 해안에서 에우로페(205쪽) 공주를 크레타로 납치하여 사랑을 나눈 뒤, 그 사이에서 차례로 미노스, 라다만티스, 사르페돈이 태어났다. 에우로페는 세 아들을 데리고 크레타의 왕 아스테리오스와 결혼했다. 두 사람의 보살핌 아래 세 아들은 아무 탈 없이 자랐다.

그런데 아이들이 청년이 되었을 때 세 형제 사이에 틈이 생기기 시작했다. 원인을 찾는다면 그건 독특하게도 밀레토스라는 이름의 아름다운 청년이었다. 밀레토스는 아폴론의 아들이었다. 세 형제는 한 남자를 사이에 두고 사랑을 다투었다. 당시는 동성애가 전혀 문제가 되지 않았고 오히려 장려하는 분위기였다.

시장의 원칙이 수요와 공급인 것처럼 주도권은 밀레토스에게 넘어갔다. 밀레토스는 세 사람 중에서 막내 사르페돈을 선택했다. 미노스와 라다만티스는 죽은 뒤 저승의 심판관이 되었을 정도로 똑똑하고 현명한 형제였다. 그런데 왜 밀레토스는 사르페돈을 선택했을까?

인간적 호감에서 답을 찾아야 한다. 아버지 제우스도 세 형제를 모두 사랑했지만 특히 사르페돈을 더 좋아했다. 제우스는 사르페돈의 수명을 보통 사람의 세 배로 늘려주는 것으로 마음속 애정을 표현했다. 하지만 사르페돈은 제우스의 각별한 보살핌에도 불구하고 트로이 전쟁에서 죽음을 맞는다.

철학은 등 따습고 배불러야 할 수 있다?!

사랑에 실패한 사람이 지향하는 건 권력이다. 그것도 비정할 정도로 말이다. 세상에 가장 먼저 나온 미노스는 왕이 되는 쪽을 택했다. 왕위 결정의 열쇠는 엉뚱하게도 포세이돈이 쥐었다. 미노스가 포세이돈에게 제물을 바치고 왕이 될 수 있는 증거를 기원했다. 포세이돈은 미노

작자 미상, 〈'Speculum Romanae Magnificentiae'에 수록된 고대 철학자의 초상화〉, 16세기, 에칭, 47.8×39cm, 뉴욕 메트로폴리탄미술관

미노스가 크레타에서 추방한 밀레토스가 세운 나라 밀레토스에서 '최초의 철학자' 탈레스(두 번째 줄 왼쪽에서부터 네 번째 인물)와 '밀레토스 학파'를 형성한 아낙시만드로스, 아낙시메네스가 태어났다. 밀레토스는 어떻게 서양철학의 발상지가 되었을까?

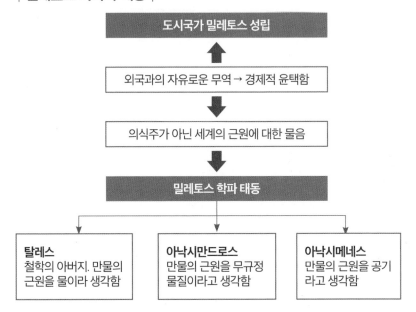

| 밀레토스 학파의 태동 |

도시국가 밀레토스 성립

↑

외국과의 자유로운 무역 → 경제적 윤택함

↓

의식주가 아닌 세계의 근원에 대한 물음

↓

밀레토스 학파 태동

탈레스
철학의 아버지. 만물의 근원을 물이라 생각함

아낙시만드로스
만물의 근원을 무규정 물질이라고 생각함

아낙시메네스
만물의 근원을 공기 라고 생각함

스의 기원에 대한 대답으로 바다의 멋진 황소를 보내주었다.

신화에 따르면 제우스의 아들인 미노스는 아버지 제우스로부터 9년에 한 번씩 제우스가 어린 시절을 보낸 이데 산에서 크레타를 다스리는 법을 배웠다고 한다. 그리스 최초의 문명인 크레타 문명을 그의 이름을 따서 미노스 문명이라고 부르는 것은 미노스가 워낙 탁월한 힘을 발휘했기 때문이다.

왕이 된 미노스는 연적이었던 라다만티스와 사르페돈을 크레타에서 추방했다. 물론 밀레토스도 함께였다. 라다만티스는 에게 해 남부로 갔는데 그곳 사람들은 법률에 뛰어난 그를 왕위에 앉혔다.

한편 사르페돈은 밀레토스와 함께 지냈지만 얼마 지나지 않아 헤어졌다. 형들의 질투가 사라지자 밀레토스에 대한 사랑도 시든 것일까?

밀레토스는 소아시아 남부에 있는 카리아의 아나톨리아로 가서 그곳을 정복하고 도시국가를 세웠다. 그리고 자기 이름을 붙여서 밀레토스라고 불렀다.

도시국가 밀레토스는 외국과의 활발한 무역을 통해 경제적인 윤택함을 향유하게 된다. 이를 바탕으로 기원전 6세기 초에 서양철학의 싹이 땅을 뚫고 자라난다. 밀레토스 학파라고 불리는 이들은 처음으로 세계가 어떻게 구성되어 있는지에 대해 물음을 던진 사람들이었다.

페테르 파울 루벤스, 〈탈레스의 초상화〉, 1600~1608년경, 종이에 드로잉, 5.6×4.0cm, 런던 대영박물관

만물의 근원을 처음으로 탐구한 탈레스로부터 서양철학이 시작되었다.

철학자 아리스토텔레스Aristoteles, BC 384-322는 삶을 '스콜레(schole : 여유)'와 '아스콜리아(ascholia : 쉼 없음)'로 나눴다. 그리고 삶의 무게를 내려놓는 자유 시간인 스콜레가 사색으로 이어진다고 봤다. 경제적 부를 바탕으로 밀레토스에 퍼진 '여유'라는 공기가 철학을 낳은 것이다.

비극으로 위장된 신화

그리스 신화에는 '스킬라'라는 이름의 여자가 두 명 있다. 한 여자는 글라우코스의 구애를 거부했으나 마녀 키르케의 저주로 괴물이 되어 비참한 삶을 살다가 바위가 되었고(256쪽), 다른 여자는 끝내 바위가 된 여자와는 달리 자신의 사랑을 위해 부모와 조국을 배반했으나 결국은 비참하게 죽었다. 두 사람의 삶이 비극으로 끝난 이유는 단 하나, 열렬했지만 공허한 사랑이다. 앞의 스킬라처럼 일방적인 사랑 역시 대개 참담한 비극의 원인이 된다.

스킬라를 알기 위해서는 찬란한 문명을 꽃피운 크레타의 왕 미노스를 떠올려야 한다. 왜냐하면 스킬라가 좋아하고 욕망을 품었던 사람이

Moenia dum Nisi Regis validissima longum
Terribili Minos obsidione premit:
Crispin van de Passe inuentor excudit.

Hunc videt ex alta virgo Niseia turri;
Et capitur demens hostis amore sui.
Ouid. Metam. libr. viij.

작자 미상, 〈스킬라와 미노스〉, 1602~1607년, 종이에 인쇄, 8.5×13.2cm, 암스테르담국립미술관

오비디우스의 『변신 이야기』에 수록된 일러스트로, 니소스의 딸 스킬라가 메가라 성벽에서 도시를 포위하고 있는 미노스를 보고 사랑에 빠지는 장면을 묘사하고 있다.

바로 미노스이기 때문이다. 미노스는 신들의 왕 제우스와 페니키아의 공주 에우로페 사이에서 태어나 동생인 라다만티스와 사르페돈을 내쫓고 왕이 된 사람이다. 미노스는 매우 현명하고 강한 의지를 지닌 사람으로 죽어서 동생 라다만티스와 함께 죽은 사람을 심판하는 일을 맡았다.

당시 그리스에서 가장 강력한 도시국가인 크레타의 왕이자 똑똑한 미노스에게 수많은 여자가 연정을 품었다. 미노스 역시 이들을 마다하지 않았는데 아내 파시파에의 질투로 미노스를 좋아했던 여자들은 모

두 병에 걸리기도 했다.

메가라를 지키는 신물(神物)

스킬라도 미노스에게 깊은 열정을 품었다. 스킬라의 아버지 니소스는 아테네의 왕 판디온의 아들이었다. 그러나 왕위 다툼 끝에 고향인 아테네에서 쫓겨나 훗날 메가라라고 부르게 된 도시국가의 왕이 되었다.

그런데 니소스에게는 아주 특별한 힘이 있었다. 그 힘이 있는 한 니소스는 절대로 죽지 않는 불사신이었다. 그 힘의 원천은 머리카락이었다. 『성서』에 나오는 삼손의 강력한 힘이 머리카락에서 나온 것처럼 니소스의 머리에 한 줌의 붉은 머리카락이 있었고 이 머리카락이 있는 한 그는 절대로 죽지 않았다.

스킬라가 미노스를 본 것은 미노스가 메가라로 군대를 이끌고 나타났을 때였다. 멀리서 미노스를 본 스킬라의 가슴에는 아버지의 머리카락보다 더 붉은 사랑이 타오르기 시작했다.

그 무렵 미노스의 아들이 아테네에서 벌어진 경기에 참가했다가 목숨을 잃었다. 미노스는 자기 아들이 죽은 책임을 물어 아테네와 메가라 공략에 나섰다. 미노스의 아들이 죽은 것은 사실이지만 미노스에게는 이 기회에 아테네와 메가라를 굴복시키겠다는 속셈이 있었던 것이다.

그러나 불사신 니소스가 있는 한 메가라는 무너지지 않았다. 이때 미노스를 도운 것이 바로 스킬라였다. 스킬라는 아버지가 깊은 잠에 빠진 한밤중에 아버지 방으로 숨어들어 가 붉은 머리카락을 잘랐다.

작자 미상, 〈그릇〉, 12세기, 청동, 25.8cm,
런던 대영박물관

다양한 신화 이야기가 조각된 그릇. 그릇
안쪽 중앙에는 스킬라가 아버지 니소스의
머리카락을 자르는 장면이 새겨져 있다.

이 사실을 모르는 니소스는 다음날 미노스와 싸우기 위해 전쟁터에 나갔다가 어이없이 죽임을 당하고 말았다. 죽을 때가 되어서야 비로소 자기 딸이 배신했다는 사실을 깨닫고 딸에게 저주를 내렸다.

과연 미노스는 스킬라의 뜨거운 사랑을 받아들였을까? 그렇지 않았다. 미노스는 아버지를 배신하고 죽음으로 몰아넣은 스킬라에게 사랑은커녕 두려움을 느꼈다. 자기도 니소스처럼 될지 모른다는 생각이 들었던 것일까? 미노스는 아버지를 배신했다는 이유로 스킬라를 물에 빠뜨려 죽였다. 연속된 배신이다.

물에 빠져 죽은 스킬라는 바닷새가 되어 바다 위를 날아다녔다. 그런데 이 바닷새가 가장 두려워하는 새는 '미사고'라고 불리는 독수리였다. 이 독수리의 전신은 바로 스킬라 때문에 죽게 된 아버지 니소스였다. 그러니 바닷새가 미사고라는 독수리만 보면 벌벌 떨 수밖에.

교활한 남자와 어리석은 여자, 호동 왕자와 낙랑 공주

나라를 지키는 신물(神物)을 사이에 두고 전개되는 스킬라와 미노스 이야기의 플롯은 우리에게 아주 익숙하다. 사랑 때문에 자명고를 찢고 아버지 손에 죽은 공주. 스스로 칼 위에 엎어져 연인을 뒤따라간 왕자. 바로 호동 왕자와 낙랑 공주 이야기다.

호동 왕자와 낙랑 공주 이야기는 우리나라에서 가장 오래된 역사서 『삼국사기』(제14권 고구려본기 제2편)에 등장한다. 다만 『삼국사기』 속 두 사람은 우리가 알고 있던 애절한 사랑 이야기의 주인공이 아니다. 낙

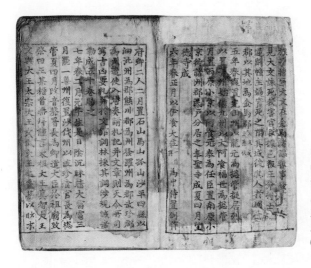

『삼국사기』는 고려 인종의 명을 받아 김부식 등이 1145년 완성한 고구려, 백제, 신라 삼국시대의 역사서다. 『삼국사기』 제14권 고구려본기 제2편에 낙랑 공주와 호동 왕자 이야기가 담겨 있다.
ⓒ 국립중앙박물관.

랑 공주는 스킬라, 호동 왕자는 미노스에 훨씬 가깝다.

호동 왕자는 고구려 3대 대무신왕의 아들이다. 어느 날 호동왕자는 오늘날 함경남도 함흥 일대와 두만강 하류 유역 일대인 옥저를 여행했다. 왕자의 얼굴을 보고 예사 인물이 아님을 알아본 낙랑왕 최리가 그를 사위로 삼았다. 홀로 고구려로 돌아간 호동은 낙랑 공주에게 은밀히 편지를 보내, 적이 침입하면 저절로 소리를 내 알려주는 북과 나팔을 파괴할 것을 종용한다.

후에 호동이 나라로 돌아와 몰래 사람을 보내 최씨의 딸에게 알려 말하기를, "만일 (그대) 나라의 무기고에 들어가 북을 찢고 나팔을 부수면, 내가 예로써 맞이할 것이요, 그렇지 않는다면 (맞이하지) 않을 것이오."라고 하였다.

_ 『삼국사기』 제14권 고구려본기 제2편 '낙랑국을 정벌하다' 중에서

공주는 예리한 칼을 가지고 몰래 창고 안으로 들어가 북과 나팔을 쪼개고 왕자에게 이를 알렸다. 왕자는 대무신왕에게 낙랑을 습격하라고 권하였다. 최리는 뒤늦게 북과 나팔이 부서진 것을 알고는 딸을 죽이고 나와 항복하였다. 그리고 7개월 후, 왕자는 그에게 왕위를 빼앗길 것을 두려워한 첫째 왕비의 모함을 받고 자결하였다.

역사서 속 낙랑 공주는 사랑에 눈이 멀어 아버지와 나라를 버렸지만, 왕자에게 배신당했다. 그리고 호동 왕자는 공주의 마음을 이용해 적국을 쉽게 손에 넣고 왕의 신임을 얻었으며, 공주를 헌신짝처럼 버렸다. 어리석은 여자와 교활한 남자. 『삼국사기』에 실리지 않은 두 사람의 애달픈 사랑은 후대 이야기꾼들의 상상일 뿐이다.

문명을 낳은 여인들

206쪽 그림은 1688년경 제작된 유럽의 고지도다. 현재 지도와 비교해 보며 다른 점을 찾아보는 재미가 있다. 지도 왼쪽에 유럽 지도인 것을 알려주는 표식이 있는데, 웬 여인이 황소의 등에 올라타 있다. 황소 다리 일부가 물속에 있는 걸 보니 아마도 강 또는 바다를 건너는 모습 같다. 황소 등에 탄 여인이 유럽의 고지도에 등장한 사연은 무엇일까?

유럽이라는 지명이 그녀의 이름에서 유래했기 때문이다. 그녀는 그리스 신화에 등장하는 에우로페다. 그리스어 에우로페(Eurōpē)를 영어 식으로 발음한 것이 유럽(Europe)이다.

제우스는 수많은 인간 여자와 잠자리를 같이했다. 그리고 그 사이

프레드릭 드 비트, 〈유럽 지도〉, 1688년경, 동판화, 48.5×57.5cm

지도 왼쪽에 있는 그림은 황소로 변한 제우스가 페니키아의 공주 에우로페를 등에 태우고 납치하는 모습이다. 유럽이라는 지명은 에우로페의 이름을 영어식으로 발음한 것이다.

에서 많은 영웅이 태어났다. 그렇다면 제우스가 가장 사랑했던 여자는 누구일까? 물론 제우스가 그 사실을 밝힌 적이 없으니 정확하게 알 수는 없지만 에우로페가 아니었을까 싶다.

제우스의 복잡한 인간 여자와의 관계는 후대 사람들이 자기 왕조에 제우스를 끌어들이기 위해 제우스가 자기의 조상 중 누군가를 납치했다고 기록한 것이다.

에우로페는 제우스의 연인으로 헤라의 박해를 피해 이곳저곳을 유랑하다 이집트에 정착한 이오(138쪽)의 후손이다. 페니키아의 공주였던 에우로페는 시돈(레바논 남부에 지중해와 맞닿은 도시)의 바닷가에서 황소로 변신한 제우스에게 납치되어 그리스(크레타)로 건너왔다. 에우로페의 납치로 크레타는 그리스 신화에서 중요한 지역이 된다. 역사적으로 크레타는 기원전 3000년부터 기원전 2000년 정도까지 '미노스 문명'이라고 부르는 찬란한 문화를 꽃피운 지역이다.

유럽 문명의 자궁, 크레타

에우로페의 미모에 반한 제우스가 황소로 변신해 시돈의 바닷가에 나타났다. 에우로페는 호기심을 이기지 못하고 황소의 등을 쓸어보았는데 그 감촉이 정말 좋아서 등에 올라탔다. 황소는 에우로페를 등에 태운 채 바다로 들어가 크레타 섬까지 헤엄쳐 갔다. 지도를 보면 알겠지만, 시돈에서 크레타까지는 꽤 멀다.

크레타에 도착해 제 모습으로 나타난 제우스는 그가 어린 시절을 보낸 동굴에서 에우로페와 사랑을 나누었다. 그 사이에서 미노스, 라다만티스, 사르페돈이 태어났다. 그러나 인간과 신이 영원히 살 수는 없는 노릇이다. 에우로페는 아이 셋을 데리고 크레타의 왕 아스테리오스와 결혼했다. 제우스는 결혼 선물로 절대로 과녁이 빗나가지 않는 창, 반드시 사냥감을 포획하는 개, 귀찮은 방문객을 쫓아내는 청동 인간 탈로스를 주었다. 이 가운데 사냥개는 테베에서 암여우를 쫓다가 제우스에 의

조반니 볼바토, 〈에우로페와 황소〉, 1790년대, 도자기, 높이 26.7cm, 상트페테르부르크 에르미타주미술관

수소는 그리스 신화뿐만 아니라 세계 신화 속에서 최고의 힘을 지닌 신의 이미지로 활용된다. 태풍이 그리스 신화의 제우스, 유대 신화의 야훼, 인도 신화의 인드라 등 가장 힘센 신에게 적용된 것처럼, 수소 역시 인도 신화의 시바, 그리스 신화의 제우스를 형상화하는 이미지로 사용되었다.

해 화석이 되었고 탈로스는 크레타를 지키다가 메데이아의 마법 주문에 걸려 몸에 흐르는 이콜이라는 피가 모두 빠져나가 죽고 말았다.

아스테리오스는 아이 셋을 잘 키웠다. 그런데 에우로페의 아들들이 서로 싸우기 시작했다. 밀레토스라는 미소년을 셋이 한꺼번에 사랑하게 된 것이 싸움의 발단이었다. 밀레토스가 사르페돈을 선택하자 미노스는 싸움을 일으켜 이겼다. 그러나 밀레토스는 도망쳐 자기의 이름을 딴 밀레토스라는 도시를 건설했다.

사르페돈은 리키아 사람들과 싸우고 있던 에우로페의 형제인 킬릭스를 도와 함께 싸우고 영토를 얻어 리키아의 왕이 되었다. 제우스는 사르페돈에게 보통 인간보다 세 배나 더 살 수 있는 수명을 주었다. 라다만티스는 보이오티아에 숨었다가 죽은 뒤 미노스와 함께 지하세계에서 심판관 역할을 맡았다.

| 크레타 가계도 |

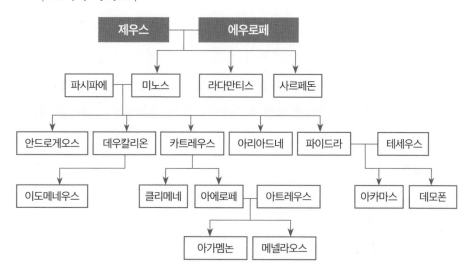

다시 처음으로 돌아가서 왜 제우스가 가장 사랑했던 여자가 에우로페인지에 대해 생각해 보자. 먼저 에우로페처럼 제우스가 한 여자에게서 세 명의 아이를 낳은 적이 없었다. 또한 아이를 맡아준 대가로 선물을 준 적도 없다. 그리고 또 다른 이유는 다음에 나오는 세멜레의 이야기를 보면 알 수 있다.

재 속에서 꺼낸 생명

제우스는 하늘에서 땅 위의 한 여자를 내려다보다가 일종의 기시감(既視感)을 느꼈다. 잠깐의 생각 끝에 그 여자가 예전의 애인 에우로페와 똑같이 닮았다는 것을 알았다. 그러자 가슴이 뛰고 설레기 시작했다. 제우스가 본 여자는 테베의 공주 세멜레였다. 그도 그럴 것이 에우로페는 세멜레의 고모였다.

그날 밤 제우스는 세멜레의 침실을 방문했다. 밤마다 제우스는 세멜레의 침실을 찾았고 그러는 동안 헤라가 이 사실을 알게 되었다. 헤라는 세멜레의 유모로 변장을 하고 세멜레의 사랑 이야기를 들었다. 세멜레는 온통 제우스에게 정신이 팔려있었다. 유모로 변장한 헤라는 세멜레에게 제우스의 진짜 모습을 본 적이 있느냐고 물었다. 그리고 의심쩍은 눈초리로 가짜 제우스일지도 모른다고 중얼거렸다.

그 말에 솔깃해진 세멜레는 그날 밤 제우스에게 부탁을 들어달라고 말했다. 제우스가 들어주지 못할 부탁이 있겠는가. 제우스가 고개를 끄덕이자 세멜레는 본래의 모습을 보여달라고 부탁했다. 하늘을 나는 황

구스타프 모로, 〈제우스와 세멜레〉, 1894~1895년, 캔버스에 유채, 213×118cm, 파리 구스타프모로미술관

인간인 세멜레는 제우스가 뿜어내는 빛과 열기를 견디지 못해 까맣게 타 죽고 말았다.

금 마차를 몰고 싶다고 말한 파에톤(327쪽)
을 바라보는 아폴론처럼 제우스는 정색
하고 만류했지만 세멜레는 약속을
지키라고 다그쳤다.

　제우스는 이미 맹세를
했기 때문에 어쩔 수 없이
신의 모습을 하고 그녀의
방에 나타났다. 그러자 제우
스의 몸에서 뿜어나오는 빛
때문에 세멜레는 재가 되고 말았
다. 광채 때문에 신들은 인간세계
로 내려올 때 변신을 했던 것이다.

　그러나 세멜레의 자궁 속에는 이
미 생명이 깃들어 있었다. 제우스는
자기의 허벅지를 갈라 태아를 넣었다.
그리고 달이 차자 허벅지를 갈라 아이를
꺼냈는데 이 아이가 바로 '술의 신' 디오
니소스였다. 제우스는 헤르메스를 시켜 세
멜레의 자매인 이노(242쪽)에게 아이를
키우게 했다. 이를 알게 된 헤라는 디
오니소스를 기른 이노를 미쳐 스스로
바다에 뛰어들게 했다. 디오니소스 역
시 미치게 만들어 추방했는데, 이오가

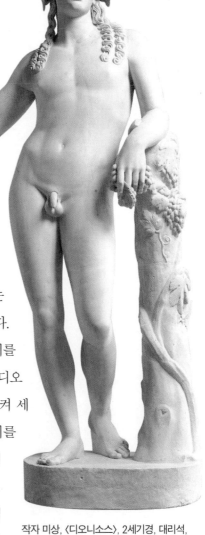

작자 미상, 〈디오니소스〉, 2세기경, 대리석,
높이 212cm, 파리 루브르박물관

그랬고 에우로페가 그랬던 것처럼 디오니소스는 세상을 떠도는 방랑자가 되었다.

디오니소스는 12명의 올림포스 신 중 유일하게 어머니가 인간이다. 그래서 그는 항상 신으로서의 정당성과 힘을 증명해야 했다. 펜테우스는 디오니소스의 사촌으로 당시 테베를 다스리는 왕이었다. 펜테우스는 디오니소스를 믿지 않았을뿐더러 그가 사람들을 현혹한다는 이유로 감옥에 가두었다. 그러나 감옥 문이 저절로 열리고 디오니소스를 묶은 밧줄이 스르르 풀렸다. 그럼에도 펜테우스는 디오니소스를 신으로 인정하지 않았다.

디오니소스는 펜테우스에게 산에 가면 멋진 여자들의 춤을 구경할 수 있을 거라고 말했다. 펜테우스는 반쯤은 호기심 때문에 여자로 변신해 산으로 몰래 올라갔다. 그런데 펜테우스의 어머니 아가베를 비롯한 많은 여자가 그를 사자로 오인하고 한꺼번에 달려들어 그의 몸을 갈기갈기 찢었다.

작자 미상, 〈암포라〉,
BC 460~450년, 테라코타, 높이 47cm,
뉴욕 메트로폴리탄미술관

디오니소스를 추종하는 여신도들을 '마이나데스(maenades)'라고 불렀다. 이들은 도취한 상태에서 춤추고 노래하며 디오니소스를 찬양했다. 살아 있는 동물을 갈기갈기 찢어서 날고기를 먹기도 했다. 마이나데스의 광기, 광란, 광포는 신들림의 극단적 표현이다. 한 가지 일에 몹시 집중하는 사람을 일컫는 '마니아(mania)'가 여기서 유래되었다.

가수 BTS의 노래 〈디오니소스〉에는 "그냥 취해 마치 디오니소스 한 손에 술잔, 다른 손에 든 티르소스"라는 가사가 있다. 티르소스는 디오니소스와 그 추종자들이 가지고 다니는 지팡이로, 포도 덩굴을 감은 지팡이 끝에 솔방울이 달려있다.

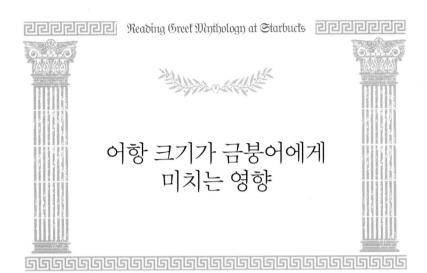

어항 크기가 금붕어에게
미치는 영향

거인병에 걸린 소년이 기괴한 장치들에 결박된 채 침대에 누워 있다. 침대에 몸이 묶인 소년이 할 수 있는 일이라고는 온종일 백과사전을 읽는 것뿐. 소년은 마침내 백과사전에서 자신의 병을 고칠 단서를 찾는다. "금붕어는 자신이 있는 어항의 크기대로 자라게 된다. 작은 어항에서 자란 금붕어는 큰 어항에서 자란 물고기보다 1~4배까지 몸집이 작다."

그러던 어느날 마을에 거인이 나타나 마구잡이로 가축을 잡아먹고 집을 부순다. 어느덧 청년이 된 소년은 거인을 죽여야 한다는 마을 사람들을 만류하고, 홀로 거인을 찾아간다. 그는 거인과 몸싸움을 벌이는 대신 이렇게 말한다. "사실 네 몸이 큰 게 아니고 너를 담기에 이 마을이 작은 것 같다는 생각은 안 해봤어?"

청년은 거인과 함께 더 큰 세상을 찾아 고향을 떠난다. 인어를 만나고, 늑대인간과 싸우고, 전쟁에 나가서 수많은 사람을 구하고, 만 송이 수선화밭을 일궈 아름다운 여인의 마음을 얻는 등 청년의 여정에는 기적과 모험이 가득했다.

팀 버튼 감독의 영화 〈빅 피쉬(2004년)〉 속 남자처럼, 그리스 신화에도 보통의 삶에 안주할 수 없었던 남자가 있다. 헤라클레스에 비견되는 아테네 최고의 영웅 테세우스가 그 주인공이다.

신발 = 정체성

아테네의 왕 아이게우스는 후사가 없자 델포이로 가서 아들을 얻을 방도를 물었다. 그러나 여사제는 "아테네로 돌아갈 때까지 포도주 뚜껑을 열지 마시오"라는 아리송한 말만 했다. 신탁의 뜻을 알지 못한 채 아테네로 돌아갈 수 없었던 아이게우스는 예언자 피테우스를 만나러 트로이젠으로 발길을 돌렸다.

피테우스는 신탁이 의미하는 바를 단박에 알아차렸으나 시치미를 떼고 아이게우스에게 술을 권했다. 피테우스가 권하는 대로 술을 들이켠 아이게우스는 곧 취해 잠이 들었다. 피테우스는 아이게우스의 침실에 자신의 딸 아이트라를 들여보냈다.

신탁은 아이게우스가 아테네로 돌아가 술을 마시고 처음 동침한 여

로랑 드 라 하이레, 〈아버지의 칼과 신발을 찾는 테세우스〉, 1635~1636년경, 캔버스에 유채, 141×118.5cm, 부다페스트미술관

아이게우스는 바위 아래 자신의 칼과 샌들을 넣고, 아이트라에게 만약 아들이 태어나면 칼과 샌들을 꺼내 자신에게 보내라고 한다. 장성한 테세우스는 아버지가 남긴 물건들을 꺼내 아테네로 떠났다. 고구려 제2대 유리왕의 왕위 계승 과정에 관한 설화와 설정이 매우 유사하다.

성에게 아들을 얻을 것이라는 의미였다. 그렇게 태어난 아이가 예사 인물이 아니라는 것을 안 피테우스가 농간을 부린 것이다.

아이게우스와 동침한 아이트라는 임신을 했다. 아이게우스는 그녀를 커다란 바위 아래로 데리고 갔다. 아이게우스는 바위를 들어 허리춤에 찬 칼과 신고 있던 샌들을 넣었다. 그러고는 만약 아들이 태어나 이 바위를 들 만큼 자라면 칼과 샌들을 꺼내 자신에게 보내라는 말을 남기고, 홀로 아테네로 떠났다.

몇 달 뒤 아이게우스는 아들을 낳았다. 아이는 용모가 아름다울 뿐 아니라 또래보다 키도 크고 힘도 셌다. 아이는 열여섯 살이 되자 바위를 들어 올려 칼과 샌들을 꺼내 들고 아버지를 찾아 아테네로 떠났다. 그 아이의 이름이 테세우스다.

테세우스는 헤라클레스를 닮고 싶어했다. 그래서 아버지를 찾아 아테네로 가면서 편하고 안전한 바닷길을 버리고 강도와 도적들이 득시글거리는 육로를 택했다. 그건 헤라클레스처럼 세상을 돌아다니며 악을 무찌르는 영웅이 되고 싶었던 까닭이다.

테세우스가 처음 만난 악당은 페리페테스였다. 페리페테스는 커다란 곤봉으로 그 지역을 지나는 여행자들을 때려죽였다. 테세우스는 곤봉을 빼앗아 그가 했던 것과 마찬가지로 그를 때려죽였다. 그 이후 그 곤봉은 테세우스를 상징하는 무기가 되었다. 이는 헤라클레스가 네메아의 식인 사자를 죽일 때 사용한 곤봉이 그의 상징이 된 것과 닮았다.

두 번째로 테세우스에게 당한 악당은 시니스였다. 그는 두 그루의 소나무를 휘게 해서 그곳에 사람을 묶은 다음 나무를 풀어 사람을 찢어 죽이는 못된 사람이었다. 테세우스는 역시 같은 방법으로 시니스를

작자 미상, 〈컵〉, BC 440~430년, 도자기, 높이 12.7cm, 직경 33cm, 런던 대영박물관

테세우스는 헤라클레스처럼 세상을 여행하며 악을 무찌르는 영웅이 되고 싶었다. 그래서 아버지를 찾아 아테네로 갈 때도 편하고 안전한 바닷길을 버리고 강도와 도적이 득시글거리는 육로를 택했다. 컵 안쪽에 테세우스의 모험이 묘사되어 있다.

살해했다.

　다음은 티폰과 에키드나 사이에서 태어난 암퇘지 형상의 괴물이었는데, 테세우스는 그 괴물을 간단하게 제압하고 사람들을 구해주었다.

　테세우스가 그다음에 도착한 곳은 메가라 지방의 스키론 바위라고 불리는 절벽이었다. 그곳에는 스키론이라는 악당이 있어서 지나가는 여행자에게 강제로 발을 씻게 했다. 여행자가 하는 수 없이 발을 씻기 위해 고개를 숙이면 발로 걷어차 절벽 아래로 떨어뜨렸다. 테세우스는 발을 씻는 척하다가 스키론의 발을 잡아 절벽 아래로 던져 거북의 밥이 되게 했다.

또한 테세우스는 엘레우시스에서 지나가는 사람에게 격투를 신청해서 죽이는 아르카디아 왕과 싸워 그를 죽이고 엘레우시스의 왕이 되었다.

그다음에 만난 악당은 프로크루스테스였다. 그는 여행자를 자기 집에 묵게 한 뒤에 침대보다 키가 작은 사람은 몸을 늘려서 침대에 맞추었고 키가 큰 사람은 침대에 맞게 몸을 잘라 죽였다. 이후 제멋대로 일을 처리하는 경우를 '프로크루스테스의 침대'라고 표현하게 되었다. 테세우스역시 그 집에 묵었고 같은 방법으로 프로크루스테스를 침대에 눕혔다. 그는 키가 컸기 때문에 목이 잘려야 했다.

절체절명의 순간 밝혀진 출생의 비밀

크레타 왕 미노스는 자기 아들의 죽음을 핑계로 아테네를 침략해서 항복을 받고 매년 소년과 소녀를 각각 일곱 명씩 바치라고 명령했다. 그 열네 명의 소년과 소녀는 미노스의 아내 파시파에가 포세이돈의 황소와 관계를 맺어 태어난 황소 괴물 미노타우로스의 먹이였다.

아테네 사람들은 분노했지만 힘이 약한 까닭에 약자의 서글픔을 느끼며 매년 추첨해서 열네 명의 소년과 소녀를 뽑아 미노스 왕국이 있는 크레타로 보냈다. 따라서 매년 이때가 되면 아테네는 눈물바다가 되었다. 떠나는 사람보다 보내는 사람의 마음이 더 아팠을 것이다.

| 아테네 가계도 |

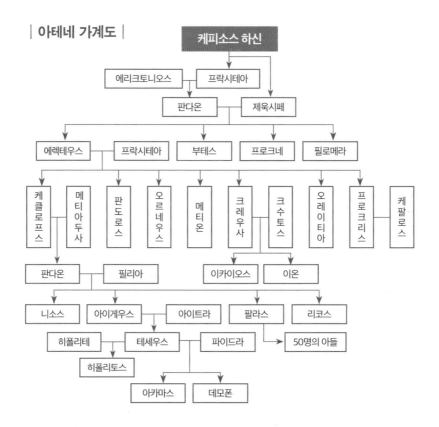

이즈음 테세우스가 영웅이 되어 아테네에 나타났다. 테세우스가 아테네에 입성했을 당시 아이게우스의 아내는 아버지를 배신하고 영웅 이아손을 따라나섰던 메데이아(234쪽)였다. 메데이아는 마법사답게 테세우스가 아이게우스의 아들임을 알아차렸고 자기 아들을 왕으로 만들기 위해 테세우스를 죽이려고 했다. 메데이아는 술에 독을 넣어 테세우스에게 건넸다. 테세우스가 잔을 들어 올리자, 그제야 그가 허리춤에 찬 칼과 신고 있는 샌들이 아이게우스의 눈에 들어왔다.

"잠깐!" 테세우스가 자기 아들임을 알게 된 아이게우스는 테세우스를 얼싸안았다. 테세우스를 죽이는 데 실패한 메데이아는 고향인 콜키스로 돌아갔다.

테세우스는 매년 크레타에 소년과 소녀를 일곱 명씩 바친다는 이야기를 듣고 분개하며 자기가 가서 황소 괴물을 죽이겠다고 나섰다. 아이게우스는 말렸지만 한창 혈기가 넘치는 테세우스는 듣지 않았다. 돌아올 때 황소 괴물을 처치하면 돛의 색깔을 바꿔 달겠다는 약속을 하고 다른 소년 소녀와 함께 크레타로 떠났다.

이복동생 죽이기를 도운 누나

여자들은 낯선 남자를 좋아한다. 스킬라(198쪽)가 그랬듯이 크레타에 도착한 테세우스를 보고 크레타의 공주 아리아드네는 한눈에 사랑에 빠지고 말았다. 아리아드네는 테세우스가 한 번 들어가면 다시는 나올 수 없는 미궁인 라비린토스로 들어가서 이복동생인 황소 괴물 미노타우로스(365쪽)에게 잡아먹힐까, 불안하고 두려웠다. 그래서 그 자리에서 라비린토스를 설계한 다이달로스에게 달려가 무사히 빠져나올 수 있는 방법을 물었다. 물끄러미 아리아드네의 눈동자를 바라보던 다이달로스는 말없이 실 꾸러미를 하나 건네주었다.

아리아드네는 곧바로 테세우스에게 달려가 얼굴을 붉히며 실 꾸러미를 건네주고는 가슴을 콩닥거리며 방으로 돌아왔다. 테세우스는 그 실 꾸러미가 무엇을 뜻하는지 알았다. 아리아드네의 뜨거운 가슴이며 생존의 열쇠라는 것을.

테세우스는 단 한 명도 살아나오지 못했던 미궁인 라비린토스로 들어가 황소 괴물 미노타우로스를 죽이고 살아 나왔다. 밖에 실을 묶어 두고 실 꾸러미를 풀면서 들어갔다가 실을 따라 나왔던 것이다. 이제 더 이상 크레타에 소년과 소녀를 제물로 바치지 않아도 되었다.

그러나 라비린토스, 즉 미궁은 길이 하나이기 때문에 실 꾸러미가 필요 없다. 길은 복잡한 듯 보이지만 외길이어서 끝없이 가다 보면 중앙에 도달하게 되고 나올 때는 몸을 돌려 걸어 나오면 된다. 여기서 라비린토스 중앙에 사는 괴물 미노타우로스는 우리가 극복해야 할 헛된 욕망, 즉 삶의 장애를 의미한다. 괴물을 죽인다는 것은 장애의 극복을 뜻하고 삶의 깨달음을 얻었다는 것을 의미한다. 따라서 깨닫기 전과 깨달은 후가 다르듯이 들어갈 때와 나올 때의 나는 다른 사람이 된다.

꽃길이 아니더라도 떠날 뿐

테세우스는 아테네로 돌아가면서 당연히 아리아드네와 함께 배를 탔다. 행복해하는 아리아드네와 그 모습을 바라보던 테세우스는 중간에 낙소스 섬에 기항했다. 그런데 이 섬에서 이상한 일이 일어났다. 어쩌면 이상한 일이 아닐 수도 있다. 잠든 아리아드네를 버려두고 테세우스를 태운 배가 아테네로 떠났던 것이다. 테세우스는 자기뿐만 아니라 소년과 소녀의 목숨을 구해준 아리아드네를 버렸다.

한편 테세우스는 아버지에게 무사히 돌아가게 되면 돛을 바꾸어 달겠다고 했는데 아리아드네를 잊은 것처럼 돛을 바꾸는 일도 잊었다. 테세우스의 아버지는 아들이 죽었다고 생각하고 낭떠러지에서 몸을 던졌다. 아테네로 돌아온 테세우스는 얼떨결에 왕이 되었다. 그는 아버지의 장례식과 왕위 즉위식을

작자 미상,
〈테세우스와 아리아드네의 신화가 조각된
석관〉, 130~150년, 78×217×71cm,
뉴욕 메트로폴리탄미술관

───────

석관 장식 사이에 테세우스 신화의 세 가지 에피소드가 조각되어 있다. 왼쪽부터 미궁 입구에서 아리아드네가 테세우스에게 실타래를 주는 모습, 테세우스가 미노타우로스를 죽이는 모습, 낙소스 섬에서 테세우스가 잠든 아리아드네를 두고 떠나는 모습이 묘사되어 있다.

동시에 거행했다. 그리고 왕비를 맞이했다. 왕비는 크레타의 공주이며 아리아드네의 자매인 파이드라(172쪽)였다.

왕이 된 뒤에도 테세우스의 모험은 끝이 없었다. 헤라클레스가 그랬던 것처럼 여자들만 사는 아마존 정벌에 나서기도 했다. 또한 그는 페이리토스와 함께 제우스의 딸을 납치하기로 결정하고 어린 헬레네를 납치했다. 그런 다음 페이리토스와 함께 하데스의 아내인 페르세포네를 납치하러 갔다가 망각의 의자에 앉는 바람에 지하세계에서 지내다가 때마침 지하세계를 지키는 괴물 개 케르베로스를 데리러 온 헤라클레스에게 구출되었다.

그러나 테세우스가 아테네로 돌아왔을 때 도시는 혼란에 빠져 있었고 돌아온 그에게 백성들은 비난을 퍼부었다. 아테네에서 벗어난 테세우스는 리코메데스가 다스리는 스키로스 섬으로 갔다. 그러나 테세우스가 자신의 자리를 빼앗을까 두려웠던 리코메데스는 왕국을 보여주겠다며 높은 곳으로 테세우스를 데리고 올라가 아래로 밀어 떨어뜨려 죽였다. 영웅의 어이없는 죽음이었다.

〈빅 피쉬〉에서 고향을 떠난 청년이 처음 도착한 마을은, 융단처럼 깔린 잔디밭에서 하나같이 맨발인 사람들이 날마다 어울려 웃고 춤추는 곳이었다. 청년에게서 신발을 빼앗은 소녀가 신발이 없는데 어떻게 떠날 거냐고 묻자, 청년은 이렇게 대답한다. "발이 아프겠지. 아주 많이." 여기보다 더 나은 곳은 없을 거라며 계속 머물라는 주민에게는 "기대하지 않아요"라고 답한다. 꽃길을 바라고 떠나는 모험가는 없는 법이다.

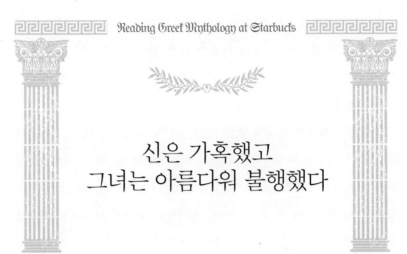

신은 가혹했고
그녀는 아름다워 불행했다

나라를 기울게 할 만큼 아름다운 여인을 일컬어 '경국지색(傾國之色)'이
라고 한다. 중국 후한시대의 역사가 반고班固,32~92가 저술한 『한서』에 나
오는 이언년의 시에서 유래한 말이다.

"북방에 아름다운 사람이 있어 / 세상을 벗어나 홀로 서 있네 / 한번
돌아보니 성이 기울고 / 다시 돌아보니 나라가 기우는구나 / 어찌 성
을 흔들고 나라를 무너뜨림을 알지 못하는가 / 아름다운 사람은 다시
얻기 어렵다네"

오늘날에도 아름다운 여성에게 경국지색이라는 수식어를 붙이는데,

그 뜻을 깊이 헤아리지 못한 잘못된 비유다. 망국의 원흉이 될 운명이라니. 경국지색은 아름다움에 대한 찬사라기보다는 저주의 말이다. 비슷한 고사로 '홍안화수(紅顔禍水)'가 있다. 뛰어난 미모의 여인이 나라에 재앙을 끼치는 근원이 된다는 뜻이다.

그리스 신화에서 경국지색이라는 말이 딱 들어맞는 미인이 헬레네다. '미의 여신' 아프로디테는 황금사과를 얻기 위해 가장 아름다운 미녀를 파리스에게 주겠다고 약속했다(82쪽). 그 미녀가 유부녀였던 헬레네였다. 이 사건으로 트로이 전쟁이 일어났다. 전쟁은 트로이의 패배로 끝났으니, 그녀의 아름다움은 한 나라를 멸망으로 이끈 셈이다.

헬레네의 탄생에 관해서는 두 가지 설이 있다. 어떤 이야기를 따르느냐에 따라 헬레네의 생모는 여신 또는 인간으로 달라지지만, 제우스가 아버지라는 사실만은 변하지 않는다. 헬레네의 삶에는 눈에 보이지는 않지만 필연성의 그물이 촘촘하게 펼쳐져 있었다. 그 그물의 이름은 다름 아닌 신들의 계략이다. 헬레네는 제우스가 영웅시대를 끝내기 위해 준비한 미끼이다.

여신을 겁탈해 딸을 얻은 제우스의 의도

어느 날 제우스는 '복수의 여신' 네메시스를 겁탈하려고 했다. 그러나 네메시스는 순순히 응하지 않고 달아났다. 둘은 숨바꼭질이라도 하듯이 여러 모습으로 변신해 가며 세계 곳곳에서 쫓고 쫓겼다. 네메시스가 잠시 백조로 변해 쉬고 있을 때 멀리서 독수리가 보였다. 독수리는 제우스를 상징하는 새다. 그때 백조 한 마리가 독수리에 쫓겨 네메시스에게 도망쳐 왔다. 네메시스는 자기의 처지를 생각하며 그 백조를 감싸주었다. 그러나 그 백조는 제우스였고 독수리는 아프로디테였다. 네메시스가 속은 것이다. 얼마 뒤 네메시스는 숲에서 알을 낳았다. 알을 발견한 목동들은 스파르타의 왕비 레다에게 가져다주었다. 레다는 알에서 나온 헬레네를 친딸처럼 키웠다.

또 다른 설에 따르면 헬레네를 낳은 것은 레다다. 제우스는 레다가 목욕을 하고 있을 때 백조의 모습으로 접근했다. 레다는 별생각 없이 백조를 감싸 안았고 그로부터 열 달 뒤에 알을 두 개 낳았다. 각각의 알에서 남녀 쌍둥이가 태어났다. 남자 쌍둥이는 카스토르와 폴리데우케스, 여자 쌍둥이는 헬레네와 클리타임네스트라였다. 이상한 것은 남자 하나와 여자 하나는 반인반신의 성격을 지녔고 다른 남녀는 순수하게 인간이었다. 신이

작자 미상, 〈레다와 백조〉, 1535년경, 대리석, 높이 139cm, 런던 빅토리아앤앨버트박물관

개입했다는 뜻이다.

왜 제우스는 싫다고 도망치는 네메시스를 겁탈해서 또는 백조로 변
신해서 헬레네를 낳은 것일까? 이미 세상에는 신과 인간의 결합으로
태어난 영웅이 너무 많았다. 제우스는 이들을 한꺼번에 없앨 방법을
생각했던 듯하다. 그건 바로 전쟁이었다.

이렇게 생각하면 황금사과의 주인을 가리는 선택을 왜 파리스에게
맡겼는지도 이해가 된다. 파리스가 세상의 왕이 되게 해주겠다는 헤라
와 모든 싸움에서 승리하게 해주겠다는 아테나의 제안을 뿌리치고 가
장 아름다운 미녀를 주겠다는 아프로디테를 선택한 것은, 그가 젊었기
때문이다. 제우스의 생각대로 파리스는 아프로디테에게 황금사과를
주었고 트로이 벌판에서 수많은 영웅이 죽어갔다. 그리고 그리스 신화

| 스파르타 가계도 |

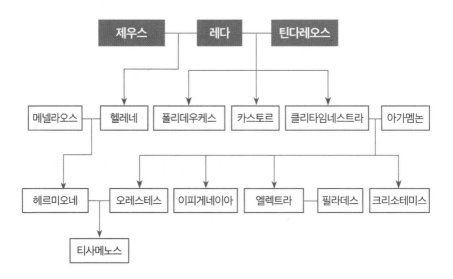

는 서서히 막을 내리기 시작한다.

헬레네의 의지와 상관없는 다섯 번의 결혼

헬레네는 모두 다섯 번 결혼했다. 열두 살 때 아테네의 영웅 테세우스에게 납치를 당했다. 테세우스는 친구와 함께 각각 제우스의 딸을 납치하기로 하고 헬레네를 납치했다. 그리고 헬레네는 남자 쌍둥이 형제인 카스토르와 폴리데우케스에 의해 구출되었다.

두 번째 결혼 상대는 가장 부유한 구혼자인 메넬라오스였다. 헬레네가 시집갈 나이가 되자 사방에서 청혼이 들어왔다. 수많은 청혼자 가운데 하나를 선택하면 나머지는 모두 적이 될 수도 있는 상황이었다. 헬레네의 아버지 틴다레오스는 고민 끝에 오디세우스의 도움을 받아 청혼자들로 하여금 헬레네에게 무슨 일이 생기면 함께 돕는다는 서약을 하게 한 뒤 메넬라오스를 사위로 정했다. 이때 맺은 서약 때문에 헬레네가 파리스를 따라 트로이로 가자 그리스 동맹군이 결성되었다.

세 번째 결혼 상대는 메넬라오스를 버리고 따라나선 트로이의 왕자 파리스였다. 여기에는 '미의 여신' 아프로디테가 헬레네를 파리스에게 주기 위한 공작이 숨어 있다. 다시 말해서 헬레네가 순수하게 자의로 따라나선 것은 아니라는 말이다.

네 번째 결혼 상대는 파리스의 동생 데이포보스로, 파리스가 트로이 전쟁에서 죽자 그와 결혼했다. 데이포보스는 헬레네의 전남편인 메넬라오스의 칼에 맞아 죽었다.

다섯 번째 결혼 상대는 트로이 전쟁의 최대 영웅인 아킬레우스였다. 그러나 이들의 결혼은 살아 있을 때가 아니라 죽은 뒤에 이루어졌고 영원한 삶을 함께 누리고 있다고 전해진다.

헬레네는 트로이 전쟁이 끝난 뒤 전남편 메넬라오스와 함께 돌아와 남편보다 오래 살았다. 메넬라오스가 죽은 뒤 두 아들에게 쫓겨나 로도스 섬의 폴릭소에게 가서 몸을 숨겼다. 남편을 트로이 전쟁에서 잃은 폴릭소는 헬레네를 따뜻하게 맞아주었지만 시간이 흐르면서 남편에 대한 그리움과 헬레네에 대한 증오가 서로 상승작용을 했다. 결국 폴릭소는 시녀들을 시켜 헬레네를 나무에 매달았다.

증오심마저 녹인 헬레네의 아름다움

헬레네의 매력은 트로이 전쟁 때 발휘되었다. 10년을 끈 트로이 전쟁은 그리스 군대에 큰 피로감과 불만을 안겨주었다. 서약을 했기 때문에 참가한 왕들이야 그렇다 하더라도 아무런 이해관계 없이 왕을 따라왔던 군사들은 헬레네에 대해 강한 불만을 가지고 있었을 것이다.

그래서 트로이 목마로 트로이 성벽이 무너졌을 때 그리스 군사들은 당연히 헬레네를 처형해야 한다고 생각했

귀도 레니, 〈헬레네의 납치〉, 1631년, 캔버스에 유채, 253×265cm, 파리 루브르박물관

에블린 드 모건, 〈트로이의 헬레네〉, 1898년, 캔버스에 유채, 124×73cm, 런던 드모건센터

다. 트로이의 왕 프리아모스조차 헬레네는 트로이 전쟁에 아무 책임이 없다고 말했지만 싸우다 죽고 다친 병사들의 생각은 달랐다. 메넬라오스 역시 자기에게 치욕을 안겨준 헬레네를 죽일 생각으로 방을 이 잡듯 뒤졌다.

그러나 막상 헬레네를 마주한 메넬라오스는 그녀에 대한 옛정과 변하지 않은 아름다움 때문에 그녀를 죽일 수 없었다. 그리고 반라의 모습인 헬레네를 끌고 그리스 군대 앞을 지나갔다. 그리스 병사들은 지금껏 헬레네를 본 적이 없었다. 그런데 실제로 헬레네를 본순간 누구랄 것도 없이 모두 헬레네에 대한 증오를 버렸다. 그리고 프리아모스의 말처럼 트로이 전쟁은 헬레네의 탓이 아니라고 생각했다.

안토니오 카노바, 〈트로이의 헬레네〉, 1812년, 대리석, 높이 64cm, 런던 빅토리아앤앨버트박물관

사람들은 트로이 전쟁의 원인을 헬레네라고 생각한다. 틀린 말은 아니지만, 맞는 말도 아니다. 신들의 계획에 따라 헬레네의 짝은 수시로 바뀌었다. 다섯 차례의 결혼 중 그녀의 의지가 반영된 적은 단 한 번도 없었다. 경국지색이니 홍안화수니 하는 말은 아름다운 여성을 트로피처럼 여긴 미혹(迷惑)한 남성들을 경계하고자 후대 남성들이 붙인 경고문에 불과하다.

의학의 유래가 된
잔혹한 마녀

자식을 향한 어머니의 사랑만큼 고결하고 위대한 사랑은 없다. 남녀 간의 뜨거운 사랑도 어머니의 사랑에는 비교할 수 없다. 메데이아는 그리스 신화에서 손꼽히는 악녀다. 사랑 때문에 피와 살을 나눈 형제를 죽였는가 하면 자신을 배신한 남편으로부터 가장 소중한 것을 빼앗기 위해 제 손으로 자식을 죽였기 때문이다.

그녀의 이름인 'Medea'를 라틴어로 읽으면 'Media'가 된다. '의학'을 뜻하는 영어 'medicine'의 어원이 바로 'Media'다. 즉, 그녀에게서 의학이라는 말이 나왔다. 혈육을 무참히 살해한 잔혹한 여인이 어떻게 의학의 기원이 될 수 있었을까?

테세우스(220쪽)가 아버지를 찾아 아테네로 왔을 때 아버지 아이게우스 옆에는 메데이아가 있었다. 메데이아는 테세우스의 계모인 셈이다. 남편과 아이도 낳고 잘살고 있던 메데이아에게 테세우스의 존재는 마른하늘에 떨어진 날벼락이었다. 자기가 낳은 아이가 왕이 되기를 바랐던 메데이아는 테세우스를 죽이려 했다. 그러나 독살이 실패로 끝나자 메데이아는 고향으로 돌아가고, 테세우스는 훗날 자기가 정복한 땅에 그녀의 이름을 따서 메디아라는 이름을 붙였다.

메데이아는 어떻게 고향을 떠나게 되었을까? 메데이아의 고향은 소아시아에 있는 콜키스였다. 서양 사람들에게 찬란한 모험을 뜻하는 황금 양털을 가진 양이 하늘을 날아 바다를 건너간 곳이 바로 콜키스였다. 메데이아가 고향을 떠난 것은 아리아드네(221쪽)가 그랬던 것처럼 멋진 이방인 때문이었다.

가족을 배신할 수 있을 만큼 사랑한 이방인

콜키스에 나타난 이방인은 이아손이었다. 그는 왕이 되기 위해 황금 양가죽을 찾아 머나먼 모험을 해서 막 콜키스에 도착했다. 사람을 아름답게 만들어주는 것은 훌륭한 옷이 아니라 고난과 역경이다. 모험으로 다져진 이아손의 영혼은 콜키스의 공주 메데이아의 가슴을 통째로 사로잡았다. 메데이아는 아리아드네처럼 얼굴을 붉히지 않았다. 메데이아는 주저하지 않는 당당함을 지닌 아름다운 여자였다.

메데이아는 이아손에게 황금 양가죽을 가져갈 수 있도록 해줄 테니

장 프랑수아 드 트로이, 〈메데이아에게 영원한 사랑을 맹세하는 이아손〉, 1742~1743년,
캔버스에 유채, 56×52cm, 런던 내셔널갤러리

메데이아는 티탄 족이며 '태양신'인 헬리오스의 손녀다. 그리고 오디세우스를 사랑한 마녀 키르케
가 메데이아의 숙모다. 메데이아라는 말은 '교묘한', '빈틈없는'이란 뜻이다. 메데이아가 섬기는 헤
카테는 마법에 능한 여신으로, 그림에서 손에 횃불을 들고 있는 석상이 그녀를 묘사한 것이다.

자기도 함께 데리고 가달라고 부탁했다. 그날 밤 메데이아와 이아손은
'복수의 여신' 헤카테의 신전에서 부부가 되기로 약속했다. 메데이아는
헤카테를 섬기는 마법에 능한 마녀이기도 했다.

　이아손은 메데이아가 일러준 대로 해서 목숨을 구하고 황금 양가죽
을 손에 넣었다. 메데이아는 아버지를 배신하고 나라를 배신했다. 이아
손은 콜키스의 왕이 내건 거의 불가능한 일을 모두 해냈다. 그러자 황
금 양가죽을 내줄 수 없다고 생각한 왕은 이아손을 죽이려고 했다. 그
러나 메데이아는 이 사실을 미리 알고 한밤중에 몰래 이아손과 함께
콜키스를 떠났다. 사실 이아손이 겪은 모험보다 메데이아의 이 모험이
더 놀랍다. 지금까지 누렸던 모든 것을 남김없이 버리고 남자 하나만
을 믿고 따라나선 모험이었다.

　메데이아가 잔혹한 여자가 된 것도 따지고 보면 사랑 때문이었다.
흔히 사랑을 위해 하지 못할 게 없다고 하는데 메데이아는 자기들을
따라오는 콜키스의 군대를 따돌리기 위해 동생을 죽이고 토막을 내서
바다에 버렸다. 콜키스의 군대는 분노로 눈물을 흘렸지만 왕자의 정중
한 장례를 위해 추격을 뒤로 미룰 수밖에 없었다.

마법을 동원한 내조

이아손과 메데이아가 고향으로 돌아가는 길은 순탄하지 않았다. 그러나 메데이아가 지닌 마법의 힘은 그들의 앞길을 가로막는 장애물을 어렵지 않게 해결했다. 메데이아가 보여준 최고의 마법은 노인을 젊은이로 만드는 일이었다.

우여곡절 끝에 이아손은 황금 양가죽을 어깨에 메고 삼촌이자 왕인 펠리아스를 찾아갔다. 황금 양가죽을 가져오면 왕위를 주겠다고 했기 때문이다. 그러나 누가 순순히 왕위를 내놓겠는가. 사실 황금 양가죽을 가져오라고 했던 것은 가서 죽으라는 말과 다르지 않았다. 그런데 이아손이 멀쩡하게 살아서 황금 양가죽과 여자까지 데리고 돌아오자 펠리아스는 크게 놀랐다. 메데이아는 펠리아스가 쉽게 왕위를 물려주지 않을 것을 알고 꾀를 쓰기로 했다. 이아손의 아버지 아이손이 펠리아스에게 왕위를 물려준 것은 그가 늙었기 때문이었다. 메데이아는 펠리아스의 딸들이 보는 앞에서 아이손의 머리를 잘라 큰 솥에 넣고 끓이다가 다시 꺼내서 몸통에 붙였다. 그러자 신기하게

작자 미상, 〈꽃병〉, BC 510~500년, 도자기,
높이 43cm, 런던 대영박물관

메데이아가 펠리아스와 그의 딸 앞에서 마법을 보여주는 장면. 메데이아 옆에서 장작불을 떼고 있는 남자가 이아손이다.

도 늙은이였던 아이손이 젊은이로 탈바꿈했다.

눈앞에서 마법의 힘을 확인한 펠리아스의 딸들은 자기 아버지도 젊게 만들어달라고 간절히 부탁했다. 메데이아는 짐짓 거절하다가 못 이기는 척하고 펠리아스의 머리를 잘라 솥 속에 넣었다. 그러나 머리를 꺼냈을 때는 이미 곤죽이 되고 말았다. 펠리아스의 뒤를 이어 이아손이 왕위에 올랐다. 이렇게 약초와 독초를 능수능란하게 다룬 메데이아의 능력을 높이 산 후대 사람들이 그녀의 이름에서 '의학(medicine)'이라는 단어를 엿본 것이다.

남편에게서 가장 소중한 것을 빼앗을 것이다!

대부분의 동화는 이쯤에서 끝이 난다. 잘 먹고 잘살았다고 하더라, 하면서. 그러나 신화는 한 걸음 더 나아간다. 이아손은 메데이아의 힘을 빌려 황금 양가죽을 얻고 왕이 되기는 했지만 '토사구팽'이라고 메데이아에게 싫증이 나기 시작했다. 동생을 죽이고 숙부를 죽인 메데이아에게 두려움을 느꼈을지도 모른다. 이아손은 편안한 삶을 꿈꾸었을 것이다. 안락을 꿈꾸는 그의 눈동자는 이웃 나라의 아름다운 공주 크레우사에게로 향했다. 그 눈길을 바라보는 메데이아의 눈에는 깊은 절망이 담겼을 것이다.

메데이아는 마녀답게 이아손을 떠나보냈다. 그녀는 신부가 될 크레우사에게 축하의 말과 함께 옷을 선물했다. 순진한 크레우사는 선선히 그 옷을 입었고 옷은 메데이아의 질투만큼 활활 불타올랐다. 사람의

빅토르 모테, 〈메데이아〉, 19세기경, 캔버스에 유채, 157×114cm, 루아르에세르주 블루아성미술관

작자 미상, 〈메데이아 석관〉, BC 140~150년, 대리석, 65×227m, 베를린 알테스박물관

이아손이 크레우사를 새 아내로 맞이하자, 메데이아는 질투에 사로잡혔다. 메데이아는 크레우사에게 마법에 걸린 옷을 선물해 그녀를 산 채로 불태워 죽였다. 석판 중앙에 크레우사와 그녀의 아버지 이야기가 조각되어 있다.

체온이 닿으면 불이 붙는 옷이었기 때문이다. 불을 끄기 위해 달려왔던 그녀의 아버지가 크레우사와 함께 불에 타 죽었다. 이어 메데이아는 이아손과 낳은 자식들까지 제 손으로 죽였다.

한순간에 소중한 것을 모두 잃은 이아손은 어떻게 되었을까? 메데이아의 복수는 이아손에게 치명상을 입혔다. 이아손은 광인이 되어 이리저리 떠돌다가 예전에 모험을 함께했던 아르고 호에 앉아 과거를 회상하다가 떨어지는 돛대에 맞아 죽고 말았다.

이아손과 연결된 모든 인연을 끊어낸 메데이아가 찾아간 곳이 바로 테세우스의 아버지가 왕으로 있는 아테네였다. 메데이아는 자기 운명을 스스로 헤쳐나갔지만 아쉽게도 비극이 뒤를 따랐다. 테세우스를 죽이려다 실패하고 고향으로 돌아간 메데이아는 아버지가 동생에게 왕위를 빼앗긴 것을 보고는 동생을 죽이고 아버지에게 왕위를 돌려주었다. 황금 양가죽을 찾으러 온 이방인을 따라나섰던 메데이아다운 귀환이 아닐까.

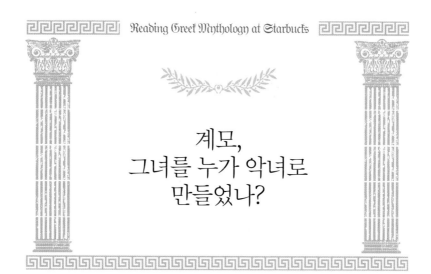

계모,
그녀를 누가 악녀로
만들었나?

이을 계(繼) 어미 모(母)가 결합한 계모의 사전적 의미는 아버지가 재혼함으로써 생긴 어머니이다. 그러나 사전적 의미보다는 전처의 자식을 학대하는 악녀의 동의어처럼 사용되고 있다. 현대는 이혼, 사별, 입양등을 통해 다양한 형태로 가족이나 부모 자식 관계가 재결합한다. 그만큼 계모라 불리는 여성과 의붓어머니 손에서 자라는 아이들이 많아졌다.

그러나 영화, 드라마 등 많은 대중문화 콘텐츠는 여전히 계모는 전처의 자식을 학대하고 친자식만 끔찍이 챙기는 악녀로 묘사하곤 한다. 이러한 관습적 서사가 미디어를 통해 확대 재생산되면서 계모에 대한 고정관념을 강화한다. '계모=나쁜 어머니'라는 인식은 혼인으로 맺어진 남녀와 그들이 낳은 자녀로 이루어진 정상(?) 가족을 제외한 가족은 행복할 수 없다는 편견을 강화한다.

김지운 감독의 2003년 작품 〈장화, 홍련〉은 훌륭한 반전으로 극찬받은 공포 영화다. 자매에 대한 의붓어머니의 학대와 아버

김지운 감독의 2003년 작품 〈장화, 홍련〉 포스터(ⓒ 마술피리, 영화사 봄). 영화는 '계모=나쁜 어머니'라는 편견의 전복을 시도하는 듯 보였다가, 편견을 강화시키며 이야기를 끝낸다.

지의 방관 등이 언니 수민(임수정 역)의 죄책감이 만들어 낸 '허상'이라는 설정이 첫 번째 반전이다. 이러한 설정을 탁월한 반전으로 이끈 것은 계모는 원래 전처 자식을 학대한다는 관객들의 선입견이다. 즉, 두 번째 반전 이전까지 의붓어머니 은주(염정아 역)를 나쁜 계모로 만든 것은 우리 안에 굳게 뿌리 내린 편견이었다.

'백설공주', '신데렐라', '헨젤과 그레텔', '여섯 마리 백조' 등 계모를

전처 자식을 학대하고 심지어 살해까지 하는 극악무도한 악인으로 그린 이야기들의 원형은 이노 신화다.

이노의 혈관에 흐르는 핏빛 비극

테살리아의 왕은 아타마스라는 사람이었다. 아타마스는 '구름'이라는 뜻의 님프 네펠레와 결혼을 해서 프릭소스와 헬레를 낳았다. 이 남매에게 삶의 굴절이 찾아온 것은 부모의 이혼 때문이었다. 아타마스는 네펠레와 이혼하고 테베의 공주 이노를 새로운 아내로 맞이했다.

이노는 테베를 세운 카드모스(288쪽)와 하르모니아의 딸이었다. 그러나 카드모스 후손들의 앞날에는 핏빛 비극이 기다리고 있었다. 이노의 여동생 세멜레는 제우스의 사랑을 받았지만 불에 타 죽었고 카드모스의 손자 펜테우스는 이노의 여동생이자 어머니인 아가베에게 몸이 찢겨 죽었다. 펜테우스가 세멜레의 아들이자 '술의 신'인 디오니소스를 신으로 인정하지 않았기 때문에 펜테우스를 사자로 착각한 아가베에게 죽임을 당했다. 카드모스의 다른 손자 악타이온은 '사냥의 신' 아르테미스의 벗은 몸을 보았다는 이유로 사슴으로 변해 자기가 기르던 사냥개에게 물려 죽었다. 이런 비극성은 이노를 비껴가지 않았다.

이노는 동화 속에 나오는 다른 계모처럼 악랄했다. 눈엣가시라는 말이 맞을까? 앓던 이라고 해야 하나? 전처의 자식들 말이다. 이노는 눈에서 가시를 빼고 입안에서 앓던 이를 뽑기로 결심하고 방법을 연구했다.

이노는 궁리 끝에 여자들을 불렀다. 그리고 봄이 되어서 밭에 보리 씨앗을 뿌릴 때 씨앗을 삶아서 뿌리라고 명령했다. 여자들은 왕비가 시키는 대로 보리 씨앗을 삶아서 밭에 뿌렸다. 삶은 보리 씨앗에서 싹이 틀 리가 만무했다. 파릇파릇 보리가 자라야 할 때가 지났지만 땅은 싹을 틔우지 않았다. 이노는 남편에게 보리가 자라지 않는 것이 이상하다며 신탁을 통해 알아보자고 부추겼다.

그렇지 않아도 이상하게 생각하던 아타마스 왕은 이노의 말에 따라 왜 보리가 싹을 틔우지 않는지 묻기로 했다. 이노는 재빨리 신탁받으러 가는 사신들을 매수했다. 사신들은 보리가 싹을 틔우기 위해서는 프릭소스와 헬레를 신에게 바쳐야 한다는 신탁을 왕에게 아뢰었다. 어린 것들이 무슨 죄가 있다고 죽여야 한단 말인가.

작자 미상, 〈테라코타 명판〉, BC 450년, 테라코타, 18×24cm, 뉴욕 메트로폴리탄미술관

프릭소스가 헤르메스가 보낸 황금 양을 타고 날고 있다.

순진한 아타마스는 그 말을 곧이곧대로 믿고 프릭소스와 헬레를 제물로 바치기로 결정했다. 이 상황에서 가장 고통스럽고 애가 탄 것은 당연히 남매의 생모 네펠레였다. 네펠레는 간절한 마음으로 손을 모으고 아이들을 살려달라고 신에게 기원했다. 그녀의 기도를 들은 것은 '전령의 신' 헤르메스였다. 사건의 전후를 알고 있던 헤르메스는 네펠레의 처지를 딱하게 여겨 도와주기로 했다.

학대받는 남매에게 손 내민 신

아타마스의 칼날이 막 프릭소스의 목에 닿으려는 순간 갑자기 하늘이 어두워졌다. 조금 뒤 하늘이 개었을 때 남매는 어디론가 사라지고 없었다.

남매를 구한 것은 말을 할 줄 알며 하늘을 나는 황금 양이었다. 물론 헤르메스가 남매를 위해 보낸 양이었다. 남매는 나란히 황금 양의 등에 걸터앉아 하늘을 날며 계모의 갈퀴 같은 손아귀에서 벗어났다는 해방감을 만끽했다. 그러나 방심은 금물이라고 바다를 건너가는 도중에 동생 헬레가 그만 아래로 떨어져 죽고 말았다. 그래서 그곳을 '헬레의 바다'라는 뜻인 헬레스폰토스라고 불렀다. 지금은 다르다넬스 해협이

라고 불린다.

프릭소스를 태운 황금 양이 도착한 곳이 바로 콜키스였다. 콜키스의 왕은 하늘에서 황금 양을 타고 날아온 젊은이를 크게 환영했다. 왜 아니겠는가. 콜키스의 왕은 재빨리 프릭소스를 자기 딸과 결혼시켜 사위로 삼았다. 프릭소스는 자기를 구해준 황금 양을 잡아서 신에게 제사를 지내고 양가죽은 '전쟁의 신' 아레스의 숲에 걸어놓았다. 이것이 빼앗긴 왕권을 되찾기 위해 이아손(234쪽)이 아르고 호 원정대를 결성해 얻으려 한 황금 양가죽에 얽힌 이야기이다.

영화 〈스텝맘〉 포스터(ⓒ 컬럼비아 픽처스). 영어로 계모를 '스텝마더(stepmother)'라고 한다. '계모의 축복(stepmother's blessing)'이라는 말은 잘못 건드리면 생손앓이를 하는 거스러미를 가리킨다. 계모에 대한 편견 때문에 생겨난 말이다.

한편 전처의 자식들을 학대한 계모 이노와 방관자이면서 동조자인 아타마스는 어떻게 되었을까? 이노와 그의 남편 아타마스는 '신들의 여왕' 헤라에게 미움을 사서 미치고 말았다. 헤라 몰래 제우스가 세멜레와 정을 통해 낳은 디오니소스를 이노가 길러주었기 때문이다. 아타마스는 큰아들을 활로 쏘아 죽였고 이노는 작은아들을 품에 안고 바다로 뛰어들었다. 이 집 안에서 살아남은 것은 아버지 아타마스와 콜키스로 도망친 프릭소스뿐이었다. 네 명이 죽고 두 명이 살아남았다.

크리스 콜럼버스 감독의 1998년 작품 〈스텝맘〉은 한 번도 엄마가 되고자 한 적 없었던 이사벨(줄리아 로버츠 역)이 애 딸린 이혼남(에드 해리스 역)과 결혼하고 일련의 사건을 겪으며 두 아이의 엄마로 안착해 가는 이야기를 그리고 있다. 마음의 문을 열지 않는 두 아이와 해빙의 기미가 보이지 않는 관계에 힘들어하는 이사벨. 세 사람의 가교 역할을 하는 것은 암이 재발해 시한부 선고를 받은 아이들의 생모 재키(수잔 서랜던 역)이다. 재키는 이사벨에게 앞으로 자신이 함께 할 수 없는 아이들과의 시간을 부탁하며, 이렇게 말한다.

"나는 아이들의 과거가 될 테니
당신은 아이들의 미래가 되어줘요."

계모는 좋은 엄마가 될 수도 있고 나쁜 엄마가 될 수도 있다. 그건 생모도 다르지 않다. 계모는 아이들이 지나온 시간을 함께하지 못했다는 점에서, 훨씬 불리한 위치에서 달려야 하는 사람이다. 이미 커다란 짐을 짊어지고 출발선에 선 사람들에게, 생모는 선하고 계모는 사악하다는 우리 안의 편견은 너무 가혹하다.

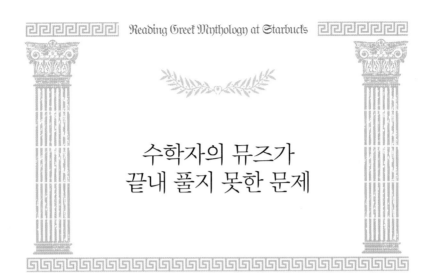

수학자의 뮤즈가
끝내 풀지 못한 문제

수학에 최적화라는 개념이 있다. 주어진 범위 안에서 최댓값 또는 최 솟값을 찾는 것으로, 제한된 자원이나 비용을 효율적으로 배분하는 데 쓸모가 있다. 최적화를 설명할 때 꼭 등장하는 이야기가 '디도의 문제' 또는 '등주 문제'라고 불리는 수학 문제다. 디도의 문제는 둘레의 길이 가 같을 때 단일폐곡선(시작하는 점과 끝나는 점이 일치하는 곡선)으로 넓이 가 최대인 도형을 찾는 것이다. 끈 같은 걸 가지고 이리저리 모양을 잡 다 보면, 정사각형에 가깝고 둥그레질수록 면적이 더 넓어진다는 것을 쉽게 알 수 있다. 둘레의 길이가 같을 때 만들 수 있는 넓이가 가장 넓 은 도형이 '원'이기 때문이다.

디도는 기원전 814년경 오늘날 튀니지 일대에 세워진 도시국가 카르타고의 여왕 이름이다. 그녀는 어쩌다 수학자들에게 영감을 주는 존재가 되었을까.

디도는 원래 페니키아의 틸로스에서 공주로 태어났다. 그러나 오빠 피그말리온이 디도와 함께 공평하게 왕권을 나누라는 아버지의 유언을 어기고, 혼자 왕위를 차지한 뒤 디도의 남편 시카이오스를 살해했다. 남편이 죽은 뒤 디도가 여동생과 함께 틸로스에서 도망쳐 도착한 곳이 바로 북아프리카였다.

디도는 원주민의 왕 이아르바스에게 자신들이 정착할 수 있게 땅을 팔아달라고 부탁했다. 이방인에게 땅을 나눠주고 싶지 않았던 이아르바스는 '소 한 마리의 가죽으로 둘러쌀 수 있는 만큼의 땅'을 주겠다고 했다. 디도는 소가죽을 얇게 잘라 실처럼 만든 다음, 해안가 주변 땅을 둥그렇게 원 모양에 가깝게 감쌌다. 마치 둘레의 길이가 같을 때 만들 수 있는 넓이가 가장 넓은 도형이 원이라는 걸 알고 있기라도 한 듯이 말이다.

디도의 기지로 일행은 성채를 쌓을 수 있을 만큼의 땅을 얻었다. 그녀는 이렇게 확보한 땅에 성채를 쌓고 도시를 건설하였다. 나중에 이 도시는 '새 도시'라는 의미에서 '카르타고'라고 불리게 되었다.

총명한 여왕을 뒤흔든 지친 영웅

카르타고는 지중해 연안이라는 지리적 이점을 바탕으로 해상무역을 통해 크게 번성했다. 그러나 디도 여왕은 사랑 때문에 무너졌다. 그녀가 사랑했던 남자는 트로이에서 그리스에 패하고 떠돌던 아이네이아스 (184쪽)였다.

아이네이아스는 다르다니아의 왕 안키세스와 아프로디테 사이에서 태어났다. 트로이 전쟁이 발발하자 다르다니아 군대를 이끌고 트로이 전쟁에 참가하였다. 트로이군에서 헥토르 다음으로 용맹한 장수로 꼽혔지만, 그리스에 패하고 트로이 유민과 함께 그리스에서 로마로 다시 아프리카로 떠돌았다. 어디에 새로운 나라를 건설해야 할지 몰랐기 때문이다. 또한 가는 곳마다 이상한 일이 일어나거나 박해를 받으며 쫓겨났다. 그러나 폭풍에 밀려 떠밀려 간 아프리카에서는 뜨거운 환대를 받았다. 그곳의 여왕이 디도였다.

디도 앞에 아이네이아스가 방랑에 지친 얼굴로 찾아왔다. 아이네이아스는 오랜만에 편안한 휴식을 취하며 그곳에 머물렀다. 새롭게 배도 만들고 지친 부하들도 쉬게 했다. 그리고 무엇보다 디도와 가까워졌다.

트로이에 악감정을 갖고 있던 헤라는 아이네이아스가 이탈리아로 돌아오지 못하게 하기 위해 그곳의 여왕 디도와 아이네이아스를 결혼시키

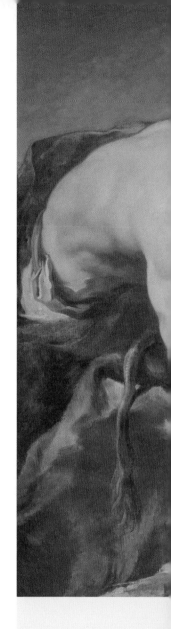

지암바티스타 피토니, 〈카르타고를 건설하는 디도〉, 1720년경, 캔버스에 유채, 161×200cm, 상트
페테르부르크 에르미타주미술관

'소 한 마리의 가죽으로 둘러쌀 수 있는 만큼의 땅'을 주겠다는 이아르바스의 제안에, 디도는 소가죽
을 얇게 잘라 실처럼 만든 다음 해안가 주변 땅을 둥그렇게 원 모양에 가깝게 감쌌다. 제한된 조건에
서 최댓값을 도출한 그녀의 기지는 후대 최적화를 연구하는 수학자들에게 영감을 주었다.

려고 했다. 여기에 아들의 행복을 바라는 아프로디테까지 가세해 어느 날 소나기를 피하려고 들어간 동굴에서 디도와 아이네이아스는 연분을 맺었다.

아이네이아스는 디도와 함께 행복한 생활을 했다. 그러나 아이네이아스는 정식으로 결혼하지 않았다. 제우스가 그에게 일러준 사명(새로운 나라를 건설)을 잊지 않았기 때문이다. 디도는 결혼은 하지 않았지만 아이네이아스를 남편으로 생각했다.

영원한 사랑을 위해 불 속으로 뛰어들다

제우스는 헤르메스를 아이네이아스에게 보내 운명에 따라 이탈리아로 가라고 충고했다. 아이네이아스는 깊은 고민에 빠졌다. 제우스의 말처럼 이탈리아로 가야 한다는 것을 알았고 자기를 따라나선 사람들을 생각해서라도 그렇게 해야 했다. 그러나 개인적으로는 디도와 함께 모든 것을 잊고 그곳에 주저앉아 보통 사람들처럼 살고 싶었던 까닭이다.

아이네이아스가 떠나겠다고 하자 디도는 크게 놀라며 그를 붙잡았다. 가지 말고 함께 살자며 애원했다. 그러나 아이네이아스는 결심을 바꾸지 않았다. 이미 오랫동안 고민을 했기 때문에 다시 바꿀 수 없다고 말했다.

아이네이아스가 떠나던 날 디도는 보이지 않았다. 아이네이아스 일행을 태운 배가 바다로 나갔을 때 한 줄기 연기가 솟아오르는 것이 보였다. 디도는 아이네이아스의 추억이 깃든 것들을 태우기 위해 장작더미를 쌓았고 마지막에 아이네이아스가 준 칼로 자기 몸을 찌른 다음 그들의 추억이 타고 있는 불 속으로 뛰어들었다. 디도는 아이네이아스를 영원히 보내지 않고 추억과 더불어 지내기로 결심한 것이다.

오귀스탱 카이요, 〈디도의 죽음〉, 1711년, 대리석, 높이 59cm, 파리 루브르박물관

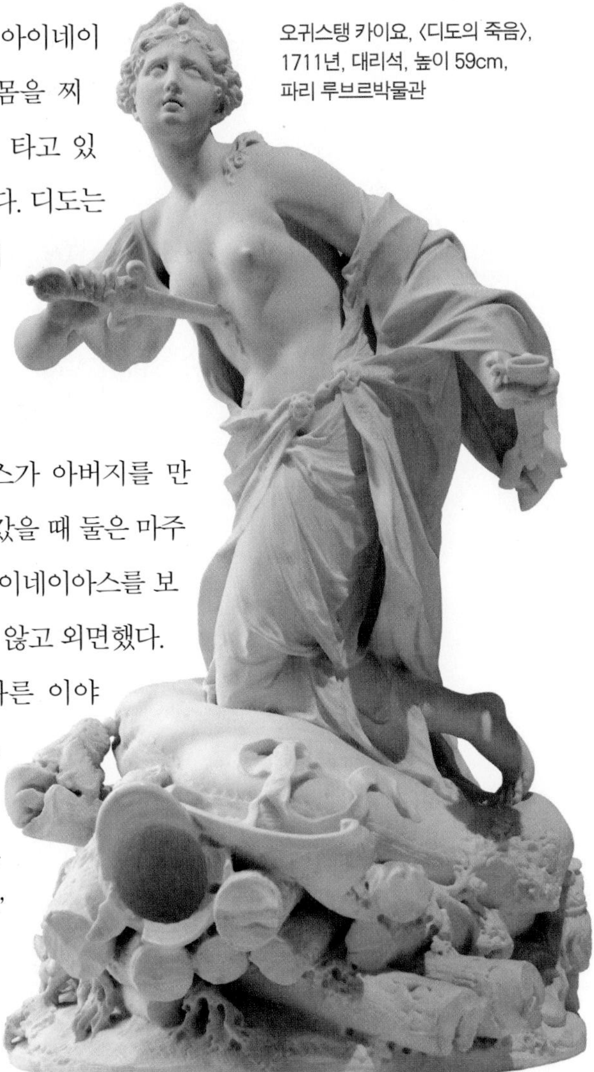

그리고 아이네이아스가 아버지를 만나기 위해 지하세계에 갔을 때 둘은 마주쳤다. 디도의 망령은 아이네이아스를 보았지만, 아무 말도 하지 않고 외면했다.

그녀의 죽음에는 다른 이야기도 전해진다. 그리스 역사가들에 따르면 디도가 불에 타 죽은 것은 '재혼하지 않겠다'는 맹세 때문이라고 한다. 디도가 북아프리카에 도착했을 때 이아르바스가 땅을 주고 결혼을 강요했다. 남편 시카이오스가 죽었을 때 절대로 다시 결혼하지 않겠다고 맹세했던 디도는, 결혼을 피하고자 불길로 뛰어들었다고 한다.

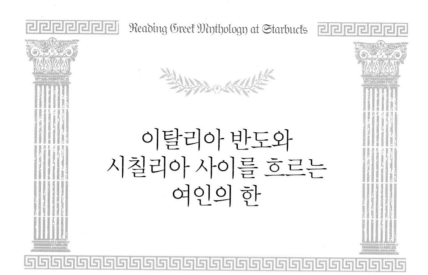

이탈리아 반도와
시칠리아 사이를 흐르는
여인의 한

이탈리아 최남단 반도의 장화 코끝에 시칠리아 섬이 걸려 있다. 피자 조각처럼 생긴 시칠리아는 제주도 면적의 약 14배로 지중해에서 가장 큰 섬이다. 그러나 1인당 GDP가 북부 롬바르디아의 절반에도 미치지 못하는 이탈리아에서 가장 가난한 지역이다.

이탈리아는 로마제국 멸망 이후 1300년 이상 통일 국가를 형성하지 못하고 수많은 도시국가로 나뉘어 있다. 그러다 19세기 후반인 1870년 대에 이르러 비로소 통일 국가를 세웠다. 치열한 통일전쟁 당시 시칠리아는 통일에 반대해 통일정부와 맞서 싸우다 패했고, 결국 이탈리아 왕국에 편입되었다. 아직도 그때의 앙금이 남았는지, 시칠리아 사람에게 "어느 나라에서 왔느냐?"고 물으면 이탈리아가 아니라 시칠리아라고 답한다고 한다.

그렇다고 시칠리아가 이탈리아 반도와 정서적 거리만큼 지리적으로도 멀리 떨어져 있는 건 아니다. 시칠리아와 이탈리아 반도 사이에는 메시나 해협이 있다. 해협에서 가장 좁은 지점의 너비는 3km에 불과하다. 이탈리아 반도 남동쪽 칼라브리아에서 바라보면 시칠리아가 훤히 보일 정도로 가깝다. 그러나 동지중해와 서지중해가 좁은 해협에서 만나 소용돌이를 형성해 메시나 해협에서는 선박 난파 사고가 자주 일어난다. 해협의 거친 물살은 이탈리아 반도와 시칠리아의 역사·문화적 거리를 벌려놨다.

사랑의 얼굴을 하고 찾아온 불행

고대에 그리스인이 서지중해로 나가려면 반드시 메시나 해협을 통과해야 했다. 오디세우스도 마녀 키르케의 도움을 받아 해협을 아슬아슬하게 지나갔다. 방심하면 선박을 통째로 삼키는 메시나 해협의 흉포는 그리스 신화 속 스킬라라는 여인의 한에서 비롯된 것이다.

안테돈이라는 도시에 글라우코스라는 이름을 가진 어부가 살았다. 모든 어부가 그렇듯이 글라우코스 역시 물결이 일렁이는 푸른 바다와 함께 시간을 보냈다. 그러던 어느 날 글라우코스는 물고기를 잡다가 낯선 섬에 도착했다. 잠시 쉬기 위해 물고기를 담은 바구니를 내려놓다가 실수로 바구니를 쏟았다.

그런데 풀밭으로 떨어진 물고기들이 갑자기 기운이 나는지 펄쩍펄쩍 뛰어 바다로 풍덩 들어갔다. 글라우코스는 눈앞에서 일어난 믿기지 않는 일에 입만 딱 벌리고 물고기들이 들어간 바다를 멍하니 바라보았다. 조금 뒤 정신을 차린 글라우코스는 곰곰이 생각하다가 물고기들을 되살아나게 한 신비한 힘에 대해 알아차렸다.

그것은 풀이었다. 글라우코스는 물고기들이 바구니에서 떨어진 곳의 풀을 한 줌 뜯어서 입에 털어 넣었다. 조금 뒤 글라우코스의 몸속에서 이상한 일이 일어나기 시작했다. 미칠 듯이 바닷속이 그리워졌다. 몸에서 비늘이 돈는 듯하고 늘 맡아오던 비릿한 내음이지만 어머니의

품에서 풍기는 내음처럼 바다 내음이 코를 자극하며 그를 불렀다. 글라우코스는 그 내음을 따라 바다로 뛰어들었다. 바다를 사랑하던 인간 글라우코스는 그렇게 '바다의 신'이 되었다.

바다의 신들은 그를 환영했고 글라우코스는 행복했다. 마음껏 바닷속을 돌아다녔다. 그렇지만 행복은 혼자 오지 않고 불행과 함께 오는 법이다. 그렇다고 불행을 험상궂은 생김새의 괴물이라고 연상해서는 안 된다. 글라우코스에게 찾아온 것은 사랑이었기 때문이다. 한껏 바다를 돌아다니던 글라우코스는 이탈리아에서 스킬라라는 이름의 님프를 보고 말았다. 그리고 곧바로 사랑에 빠졌다.

이탈리아 반도 남동쪽 칼라브리아에서 바라본 시칠리아. 이탈리아 반도와 시칠리아를 가로지르는 메시나 해협은 가장 좁은 지점의 너비가 3km 수심은 200~250m다. 동지중해와 서지중해가 만나는 관문이지만, 수심이 깊고 해류가 소용돌이쳐 난파 사고가 자주 발생한다. 이런 지리적 환경을 그리스 신화는 마녀 키르케의 저주로 괴물이 된 스킬라의 한 맺힌 절규로 설명한다.

엇갈린 에로스의 화살에 희생된 여인

그러나 스킬라는 글라우코스의 간절한 마음을 몰라주었다. 대개가 그렇듯이 에로스의 화살이 남녀에게 동시에 꽂히는 일은 드물다. 스킬라의 마음을 얻지 못한 글라우코스는 마녀 키르케를 찾아갔다. 사랑은 쟁취하는 것이라고 생각하며 마법의 힘을 빌려서라도 스킬라의 마음을 얻고 싶었을 것이다.

그런데 엉뚱한 일이 벌어졌다. 마녀 키르케가 사랑의 묘약을 얻으러 온 글라우코스를 보고 한눈에 반하고 말았던 것이다. 키르케는 글라우코스에게 자기의 불타는 마음을 알렸다. 그러나 글라우코스는 고개를 가로저었다. "내 마음속에는 아름다운 스킬라밖에 없어요." 키르케는

작자 미상, 〈유리 상감이 있는 테라코타 명판〉, BC 4세기 후반, 테라코타와 유리, 높이 14.5cm, 뉴욕 메트로폴리탄미술관

질투심에 불타올랐
다. 질투심에 사로잡
힌 마녀는 뭐든지 할
수 있다.

키르케가 선택한
것은 연적을 괴물로
만드는 일이었다. 글
라우코스를 거부했던
스킬라는 영문도 모
른 채 허리 밑에 여섯

| 메시나 해협 |

올림피아

메시나 해협

스파르타

시칠리아 섬

이탈리아 최남단 반도의 장화 코끝에 시칠리아 섬이 걸려 있다.
시칠리아와 이탈리아 반도 사이에는 메시나 해협이 있다.

개의 개 머리와 열두 개의 다리가 달린 흉측한 괴물이 되고 말았다. 마
른하늘에 날벼락이란 말이 어울릴까. 스킬라는 추악한 몰골을 감추기
위해 메시나 해협의 동굴에 숨었다.

모습이 변하면 식성도 변하는 모양이다. 동화에서는 저주에 걸려도
언젠가 저주가 풀려 본모습으로 돌아오지만 미녀에서 괴물로 변한 스
킬라는 영원히 그렇게 살아야 했다. 스킬라의 허리 밑에 달린 여섯 마
리의 개는 늘 굶주림 때문에 으르렁거렸고 지나가는 배를 난파시켜 물
에 빠진 선원을 잡아먹었다. 재미있는 것은 스킬라라는 이름이 '개의
자식'이라는 뜻이다. 물론 '개자식'은 아니다.

스킬라는 미녀와 괴물이라는 이중적인 성격 속에서 어쩔 수 없는 깊
고 긴 혼란을 겪어야 했고 결국 바위로 변했다. 사랑은 어쩌면 이토록
깊고 긴 혼란과 고통의 터널을 지나야 하는 것일지도 모른다. 그나마
이루어지면 다행이고.

Chapter · 4
신화에게 삶을 묻다

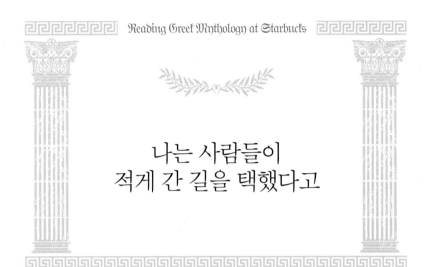

나는 사람들이
적게 간 길을 택했다고

세계의 신화에서 영웅은 대체로 신과 인간 사이에서 태어난 사람들이
다. 신화시대의 첫 번째 주인공은 당연히 신들이었다. 그러다가 신과
인간의 성격을 모두 지닌 영웅의 시대가 열린다. 그리고 그리스 신화
의 경우 트로이 전쟁에서 많은 영웅이 죽고 인간의 시대가 시작된다.
다시 말해서 영웅은 인간들에게 어떻게 살아야 하는가 하는 전형을 보
여준다. 불의와 타협하지 않고 어려운 난관을 피하지 않고 정면으로
돌파하는 행동은 훗날 사람들에게 모범이 되었다. 제우스가 미케네 왕
족 암피트리온의 아내 알크메네와의 사이에서 낳은 헤라클레스는 이
런 면에서 탁월한 영웅이었다.

그리스의 소피스트 프로디코스^{Prodicus, BC 465~395}의 〈헤라클레스의 선택〉 이라는 짧은 글을 보면 헤라클레스가 무엇을 얻고자 12가지 과업을 실행하며 세상을 떠돌았는지 쉽게 이해할 수 있다.

청년 헤라클레스의 고민

청년이 된 헤라클레스는 앞으로 어떻게 살지에 대해 진지하게 생각했다. 그것은 미덕의 길을 갈 것인지 악덕의 길을 갈 것인지에 대한 고민이기도 했다. 그때 헤라클레스 앞에 두 명의 키 큰 여자가 나타났다.

한 여자는 얼굴이 아름답고 고귀하게 보이며 몸을 화려하게 장식하지는 않았지만 청아함이 느껴지고 두 눈에는 부끄러움이 담겨 있는 사람이었다. 다른 한 여자는 풍만하고 부드러운 살결에 붉게 화장을 했으며 나이보다 젊게 보이려고 매력적인 옷을 입고 있는 사람이었다. 처음에 두 여자가 함께 걸어왔지만, 풍만하고 붉게

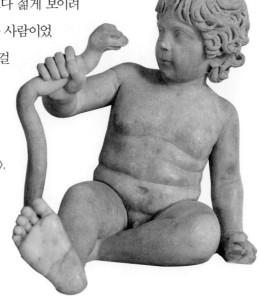

작자 미상,
〈뱀을 목 졸라 죽이는 어린 헤라클레스〉,
2세기, 대리석, 높이 64cm,
로마 카피톨리니박물관

헤라클레스는 태어나자마자 헤라가 보낸 피톤이라는 뱀을 죽이고 그 자리에 신탁소를 차렸다.

안니발레 카라치, 〈헤라클레스의 선택〉, 1596년, 캔버스에 유채, 165×239cm,
나폴리 카포디몬테미술관

그림 중앙의 청년이 헤라클레스이다. 붉은 천을 두르고 페가수스를 가리키는 여인이
미덕, 악기와 가면 등을 가리키는 여인이 행복 또는 악덕을 의인화한 모습이다.

화장을 한 여자가 달려와 헤라클레스 앞에 먼저 이르렀다.

"나는 당신이 인생의 길을 앞두고 망설이고 있다는 것을 알고 있어요. 만약 당신이 나의 손을 잡고 함께 가겠다면 나는 기꺼이 가장 즐겁고 편한 길을 안내하겠어요. 당신은 그 어떤 고통도 맛보지 않을 거예요. 또한 세상의 온갖 즐거움과 쾌락을 맛볼 수 있을 거예요. 당신은 전쟁 따위의 귀찮은 일에 대해 생각하지 않아도 돼요. 당신은 어떻게 하면 좋은 술을 마실 수 있을까, 무엇을 보고 무엇을 듣는 것이 즐거운 일인지, 또는 어떤 소년을 사랑하고 어떻게 하면 안락한 잠자리에서 잘 수 있는지, 그도 아니면 아무런 수고를 하지 않고 앞서 말한 것들을 손에 넣을 수 있는지에 대해 관심을 가지면 돼요.

혹시 내가 당신을 제멋대로 부려서 당신을 고민에 빠뜨리거나 환락을 위해 자산을 쓰게 할 거라고 생각하는 건 아니겠죠? 그런 것은 전혀 걱정할 필요가 없답니다. 당신이 해야 할 것은 남이 열심히 일해서 만들어 놓은 것을 쓰고 이익이 되는 일에만 손을 대는 거예요. 왜냐하면 말이죠, 나는 나를 따르는 모든 사람에게 모든 이익을 챙길 수 있는 권능을 부여하기 때문이죠."

"부인의 이름을 물어도 될까요?"

"물론이에요. 내 친구들은 나를 '행복'이라고 부른답니다. 그러나 나를 싫어하는 사람들은 나를 '악덕(惡德)'이라고 부르기도 하지요. 그렇다고 뭐 신경 쓸 필요는 없어요. 다들 자기와 맞지 않으면 그렇게 부르잖아요."

헤라클레스가 자칭 행복이라고 부르는 여자와 이야기를 나누고 있는 동안 다른 여자가 헤라클레스 앞에 나타났다.

지름길과 멀리 돌아가는 길

"나도 당신에게 인생의 길을 안내할 수 있어요. 나는 당신의 부모를 알고 있고 당신의 내면세계에 대해서도 알고 있어요. 만약 당신이 내 손을 잡고 길을 떠난다면 당신은 훌륭한 업적을 남긴 위대한 사람이 될수 있을 거예요. 물론 그로 인해 나 역시도 명성이 높아질 것이고. 사실그것을 기대하고 있기도 해요. 그러나 그 길은 가시밭길처럼 험하고고통스러울지도 몰라요."

"과정은 힘들지만 결과는 좋다는 말인가요?"

"그래요. 나는 감언이설로 당신을 속이지 않아요. 그것은 신이 이 세상을 창조하고 진실을 있는 그대로 이야기했을 뿐이기 때문이죠. 이세상에 존재하는 모든 선하고 아름다운 것은 모두 인간의 노력을 통해서만 얻어져요.

따라서 당신이 신의 은총을 받고 싶다면 신을 존경해야 하고 친구에게 믿음을 얻고 싶다면 먼저 친구에게 선을 베풀어야 합니다. 마찬가지로 많은 사람에게 존경받고 싶으면 그들을 위해 많은 일을 해야 해요. 만약 이 세상 모두에게 사랑을 받고 싶다면 역시 이 세상을 사랑하고 그들을 위해 일을 해야 합니다. 그것은 땅에서 풍요로운 결실을 얻기 위해서 땀을 흘리며 열심히 경작해야 하는 것과 다를 것이 없어요."

"전쟁에서 영웅이 되려면 적을 굴복시켜야 하겠군요."

"그래요. 그러려면 전술을 익히고 전투 기술을 배워야 하지요. 또한신체를 강건하게 단련해야겠지요. 물론 그것은 쉬운 일이 아니에요."

"헤라클레스여, 이 여자가 말하는 기쁨은 너무나 멀리 있어요. 나와
함께라면 빠르고 가까운 지름길을 찾을 수 있어요."

악덕이 두 사람의 대화에 끼어들었다.

"지름길과 멀리 돌아가는 길이라……."

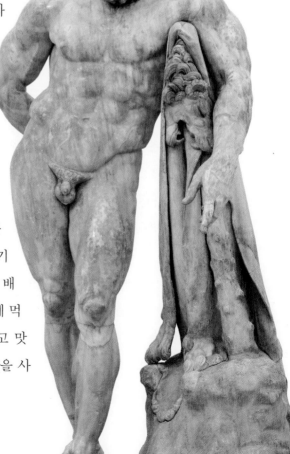

작자 미상, 〈파르네세 헤라클레스〉,
216년(원본은 BC 4세기), 대리석,
높이 350cm, 나폴리국립고고학박물관

헤라클레스는 혼잣말하듯이 중얼거렸
다. 그러자 악덕이 때를 놓치지 않고 재빠
르게 말했다.

"그리 길지 않은 인생이에요. 잘 선택
하세요."

이를 지켜보던 다른 여자
가 빠르지는 않지만 또렷
하게 말했다.

"한심한 여자군. 당
신에게 어떤 좋은 점이
있죠? 아무것도 하지 않
고 얻는 즐거움이 참된
즐거움이라 할 수 있을까
요? 당신은 즐거움을 원하
는 마음이 생기는 것조차 기
다리지 못할 거예요. 아직 배
가 고프지도 않은데 맛있게 먹
기 위해 요리사를 고용하고 맛
있게 마시기 위해 비싼 술을 사

들이겠죠. 그것은 여름에 눈을 얻기 위해 애쓰는 것과 다를 바 없지요. 또 편한 잠자리를 위해 이불만으로는 부족해서 흔들리는 장치를 한 침대를 원할 테죠. 그것은 졸리지도 않은데 자려고 하기 때문이에요. 그리고 육욕을 느끼기도 전에 욕정을 불러일으키고 궁리 끝에 여자 대신에 남자를 찾기도 하겠죠. 밤을 새워 방탕하게 놀고 일을 해야 하는 낮에는 잠을 자겠죠."

"그것이 어떻다는 거죠? 짧은 인생에서 즐거움과 쾌락을 느끼는 것 이외에 또 무엇이 있나요?"

악덕이 열을 내며 말했다.

"당신 말대로라면 들을 수 있는 기쁨 가운데 가장 큰 기쁨인 칭찬을 들을 수 없고, 볼 수 있는 기쁨 가운데 가장 큰 기쁨인 아름다움을 볼 수 없어요. 왜냐하면 당신이 단 한 번도 아름다운 일을 해본 적이 없기 때문이죠. 그런 당신을 누가 신용하고 누가 당신의 부탁을 들어주겠어요? 또한 누가 당신을 따를까요? 당신 말대로 인생을 살면, 젊을 때는 한가롭고 사치스럽게 지내지만 늙어서는 궁색하고 초라한 최후를 맞이하게 될 거예요."

"그럼 당신의 인생은 어떻죠?"

이번에는 헤라클레스가 물었다. 고귀함과 청아함이 느껴지는 여자가 대답했다.

"나는 좋은 사람과 더불어 살아요. 다른 사람에게 존경받을 일을 했기 때문에 다른 사람들에게 존경받지요. 그들은 평화로울 때에는 좋은 동료이고 전쟁을 할 때에는 용감한 전우예요.

내 친구들은 먹고 마시는 것에서 감미롭고 즐거운 감정을 느껴요.

그것은 목이 마르고 배가 고플 때까지 기다리기 때문이에요. 일을 하지 않는 사람보다 기분 좋게 잠이 들고 깨어날 때도 짜증이 나지 않지요. 젊은 사람은 나이 든 사람들에게 칭찬받고 나이 든 사람은 젊은이에게 존경받으며 현재의 즐거움을 만끽하지요.

그들은 나로 인해 신의 친구가 되고 다른 사람의 사랑을 받으며 조국의 존경의 대상이 되어요. 그리고 인생을 마감할 때에도 초라하게 버려지지 않고 많은 사람에게 기억되고 칭송을 받으며 영원히 살게 되지요.

헤라클레스여, 내가 인도하는 길을 따라 노력하면 진정한 행복에 이를 수 있어요. 자, 내 손을 잡아요."

헤라클레스는 더 이상 망설이지 않고 그 여자의 손을 잡았다.

식인 사자를 죽여 죽음을 극복하다

헤라클레스는 많은 업적을 남긴 영웅이다. 그 업적들 가운데 가장 유명하고 눈길을 끄는 것은 12가지 과업이다. 헤라클레스의 어머니인 미케네 왕비 알크메네는 페르세우스의 후손이다. 제우스는 알크메네를 임신시킨 뒤, 곧 태어날 페르세우스의 후손이 미케네의 통치자가 될 것이라고 말했다. 이 사실을 알게 된 헤라가 '출산의 여신'에게 명령해 알크메네의 출산을 늦추고, 페르세우스의 손자인 에우리스테우스를 일곱 달 만에 세상에 나오게 했다. 그래서 미케네의 통치권은 에우리스테우스에게 돌아갔다. 헤라클레스가 헤라의 저주로 광기에 사로잡혀 아내와 아들을 제 손으로 죽였을 때, 신탁은 미케네의 왕 에우리스테우스의 노예가 되어 그가 시키는 일을 하라고 명했다. 평소 헤라클레스를 견제했던 에우리스테우스는 그에게 불가능에 가까운 일들을 시켰다.

1903년 창단된 네덜란드 알멜로의 축구클럽 '헤라클레스 알멜로'의 유니폼과 로고. 로고 중앙에는 네메아 사자 가죽을 쓴 헤라클레스가 그려져 있다.

첫 번째 과업은 네메아 계곡에 사는 식인 사자의 가죽을 가져오는 일이었다. 그 사자는 신들도 겁내는 괴물 티폰의 후손이었다. 이 사자는 '달의 여신' 셀레네가 젖을 먹여 키운 불사신으로 사자라기보다는 괴물이었다. 네메아 계곡 일대를 돌아다니며 주민들을 닥치는 대로 잡아먹었다. 이 사자의 상징어는 '장례', 곧 '죽음'이었다.

헤라클레스는 네메아 입구에서 떡갈나무로 곤봉을 하나 만들었다. 이 곤봉은 그가 평생 들고 다니며 휘두르게 되는 강력한 무기였다. 계

귀도 레니, 〈헤라클레스와 레르네의 히드라〉, 1617~1620년, 캔버스에 유채, 260×192cm, 파리 루브르박물관

헤라클레스가 레르네에 사는 물뱀 히드라를 죽이고 두 번째 과업을 완수하는 장면을 그리고 있다. 헤라클레스는 이 싸움으로 얻은 히드라의 독을 자신의 화살에 발라 강력한 무기로 만들어 이후 싸움에 이용하였다. 그리고 히드라는 바다뱀자리가 되었다.

곡에서 사자를 발견한 그는 활과 곤봉이 통하지 않을 것을 알고 사자를 하늘로 들어 올려 목을 졸라 죽였다. 이 사건은 헤라클레스가 장례를 상징하는 사자를 죽임으로써 죽음을 극복한 영웅이 될 것임을 암시한다.

두 번째는 물뱀 히드라를 퇴치하는 일이었다. 히드라는 척박한 아르고스 지방의 레르네라는 샘물에 사는 물뱀이었다. 히드라는 머리가 아홉으로 하나를 자르면 두 개가 되었다. 또한 가운데 있는 머리는 죽지 않았다. 헤라클레스는 사촌의 조언에 따라 여덟 개의 머리를 불로 지지고 죽지 않는 머리를 큰 바위로 눌러 움직이지 못하게 했다.

세 번째는 케리네이아의 사슴을 산 채로 미케네로 가져오는 일이었다. 그 사슴의 머리에는 황금 뿔이 있었다. 아르테미스의 소유로 아르테미스의 전차를 끄는 네 마리 사슴 가운데 한 마리였다.

헤라클레스는 그 사슴을 죽이거나 상처를 입히지 않기 위해 1년 동안 사슴의 뒤를 쫓았다. 결국 라돈 강 근처에서 잠자고 있는 사슴을 발견하고 그물을 던져 살아 있는 채로 잡는 데 성공했다. 아르테미스도 헤라클레스를 동정했기 때문에 방해하지 않았다. 제우스와 레토 사이에서 태어난 아르테미스도 헤라의 분노를 경험했기 때문이다.

마구간 청소에서 새 쫓기까지, 험난한 영웅의 길

네 번째 과업은 에리만토스의 멧돼지를 산 채로 잡아 오는 것이었다. 헤라클레스는 덤불 속에서 거친 숨을 몰아쉬며 뛰어다니는 멧돼지를 발견하고 그 뒤를 쫓았다. 멧돼지는 눈이 깊이 쌓여 있는 집으로 들어

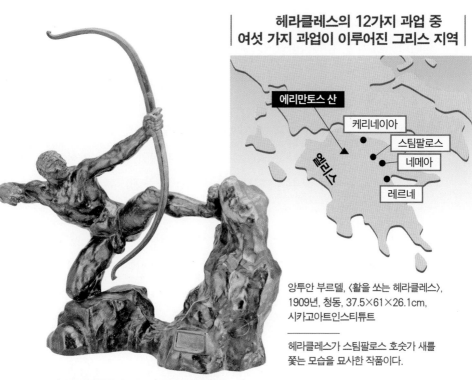

헤라클레스의 12가지 과업 중 여섯 가지 과업이 이루어진 그리스 지역

에리만토스 산
케리네이아
스팀팔로스
네메아
레르네
엘리스

앙투안 부르델, 〈활을 쏘는 헤라클레스〉,
1909년, 청동, 37.5×61×26.1cm,
시카고아트인스티튜트

헤라클레스가 스팀팔로스 호숫가 새를
쫓는 모습을 묘사한 작품이다.

헤라클레스의 12가지 과업

	장소	과업
1	네메아	식인 사자 퇴치
2	레르네	독을 뿜는 물뱀 히드라 퇴치
3	오이오네 숲(케리네이아)	아르테미스의 사슴 생포
4	에리만토스 산	멧돼지 생포
5	엘리스	아우게이아스의 마구간 청소
6	스팀팔로스 호수	괴물 새 쫓기
7	크레타	황소 생포
8	트라키아	식인 말 생포
9	아마존	여왕 히폴리테의 허리띠 가져오기
10	에리테이아 섬	게리온의 소 생포
11	아틀라스	헤스페리스 자매의 황금사과 가져오기
12	하데스	지하세계를 지키는 케르베로스 생포

갔다. 헤라클레스는 소리를 크게 질러 멧돼지를 밖으로 유인해서 그물을 던져 사로잡았다. 헤라클레스가 아르고 원정대에 참가한 것은 바로 이때였다.

다섯 번째는 아우게이아스의 마구간을 청소하는 일이었다. 아우게이아스는 소를 많이 소유하고 있었는데 30년 동안 한 번도 마구간을 청소한 적이 없었다. 헤라클레스는 그를 찾아가 자기의 임무를 밝히지 않고 가축의 10분의 1을 주면 하루 만에 마구간을 깨끗이 치워주겠다고 말했다.

아우게이아스는 헤라클레스의 말을 믿지는 않았지만 약속을 했다. 헤라클레스는 아우게이아스의 아들을 증인으로 내세웠다. 헤라클레스는 벽에 구멍을 몇 개 뚫고 알페이오스 강물을 끌어들여 청소를 끝낸 뒤 어두워지기 전에 강물을 밖으로 내보내고 구멍을 막았다.

헤라클레스는 약속대로 하루 만에 마구간 청소를 모두 마치고 약속한 것을 달라고 요구했다. 그러나 아우게이아스는 그것이 헤라클레스가 마땅히 해야 할 일(과업)이라는 것을 알고는 보수를 줄 수 없다고 말하면서 그런 약속조차 한 일이 없다고 딱 잡아뗐다.

그래서 재판이 벌어졌다. 그 자리에서 아우게이아스의 아들 필레우스는 아버지가 약속을 했다고 증언을 하였다. 화가 난 아우게이아스는 헤라클레스와 자기 아들을 외국으로 추방했다. 헤라클레스는 훗날 아우게이아스를 살해하고 추방당했던 필레우스를 왕으로 세웠다.

여섯 번째 과업은 스팀팔로스에 있는 새를 쫓아내는 일이었다. 그곳에는 호수가 있었는데 깊은 숲속에 파묻혀 있었다. 그 숲속에는 날개끝이 청동인 새들이 살고 있었다. 새들은 떼를 지어 다니며 사람을 습

격하거나 밭에 배설물을 떨어뜨려 농사를 망쳐놓았다.

헤라클레스는 아무리 궁리해도 그 많은 괴물 새를 쫓아낼 방법을 찾지 못했다. 그 모습을 지켜보던 아테나가 헤파이스토스에게 방울을 얻어주었다. 헤라클레스는 방울을 가지고 숲 근처에 있는 산으로 올라가 흔들었다. 그러자 새들이 헤라클레스가 있는 곳으로 날아들었다. 때를 기다리고 있던 헤라클레스는 화살을 쏘아 괴물 새를 모두 죽였다.

일곱 번째 과업은 펠레폰네소스를 벗어나 멀리 크레타 섬의 황소를 데리고 오는 일이었다. 이 황소는 포세이돈이 미노스의 부탁으로 바닷속에서 보내준 황소로 반인반수 괴물 미노타우로스의 아버지였다. 헤라클레스는 잡아가도 좋다는 미노스의 허락을 받고 손쉽게 황소를 포획해서 에우리스테우스에게 가지고 가서 보여준 다음, 자유롭게 풀어주었다. 그 뒤 황소는 여기저기 떠돌아다니며 사람들을 괴롭혔다고 한다. 또한 미노스의 아들 안드로게오스도 물어 죽였다. 그러나 나중에 테세우스에게 잡혀 죽었다.

여덟 번째 과업은 트라키아 사람인 디오메데스의 식인 말을 미케네로 데리고 오는 것이었다. 디오메데스는 '전쟁의 신' 아레스의 아들로서 호전적인 민족의 왕이었다.

헤라클레스는 바다를 건너 말 시중을 드는 사람들을 쫓아내고 말을 바다로 끌고 왔다. 그때 디오메데스가 부하를 이끌고 바다로 달려왔다. 헤라클레스는 말을 헤르메스의 아들 압데로스라는 어린 소년에게 맡기고 디오메데스와 싸움을 벌이기 시작했다. 아무리 호전적인 민족이라고 해도 헤라클레스를 당해낼 수는 없었다. 결국 디오메데스는 헤라클레스에게 살해되고 다른 부하들도 쫓겨 도망쳤다.

그러나 헤라클레스가 말이 있는 곳으로 돌아왔을 때 어린 소년이 죽어 있었다. 말이 잡아먹은 것이다. 그는 그 자리에서 당장 말을 때려죽이고 싶었지만, 산 채로 잡아가는 것이 임무였으므로 꾹 참고 에우리스테우스에게 끌고 갔다. 에우리스테우스는 그 말을 야생에 풀어놓았다. 말은 여기저기 떠돌다가 산에서 들짐승에게 죽임을 당했다. 헤라클레스는 어린 소년 압데로스의 죽음을 기리기 위해 그곳에 도시를 건설했다.

열 번째 과업으로 열린 대서양과 지중해

아홉 번째 과업은 히폴리테의 허리띠를 가져오는 것이었다. 에우리스테우스가 헤라클레스에게 히폴리테의 허리띠를 가져오라고 한 것은 그의 딸 아드메테가 원했기 때문이다. 히폴리테가 차고 있는 허리띠는 가장 뛰어난 여자라는 의미에서 '전쟁의 신' 아레스가 준 것이었다.

헤라클레스는 아마존 왕국으로 가서 히폴리테에게 허리띠를 달라고 부탁했다. 히폴리테는 선선히 허리띠를 내주려고 했다. 그런데 헤라가 아마존의 여자로 변신해 이방인이 여왕을 납치하려고 한다는 소문을 퍼뜨렸다. 이 소문을 들은 아마존 족은 무장한 뒤 헤라클레스를 사로잡으려고 했다. 이에 노한 헤라클레스는 히폴리테가 배신한 것으로 오해하고 그녀를 죽이고 허리띠를 빼앗아 돌아왔다.

열 번째 과업은 에리테이아에 있는 게리온의 소를 데리고 오는 것이었다. 게리온은 다리는 하나지만 옆구리와 허벅지에서 갈라져 나온 몸뚱이를 포함해 몸뚱이가 세 개인 괴물이었다. 게리온은 원래 지하세계의 스페인 세우타에 있는 〈헤라클레스의 기둥〉.
고대 그리스인들이 헤라클레스의 기둥이라
부르던 곳이 현재의 지브롤터 해협이다.
지브롤터는 지중해 인근 국가들이 대서양으로
나가려면 통과해야 하는 전략적 요충지이다.

스페인의 국기. 국장(國章) 속 두 개의 기둥은 헤라클레스가 열 번째 과업을 수행하던 중 아틀라스 산맥을 찢어 만든 '헤라클레스의 기둥'이다. 기둥을 감싼 리본에는 더 멀리 나아간다는 의미의 '플루스 울트라(Plus Ultra = Plvs Vltra)'가 적혀 있다.

신 하데스가 변신한 것이었다. 그는 붉은 소를 가지고 있었다.

임무를 수행하려는 헤라클레스 앞을 거대하고 험준한 아틀라스 산맥이 가로막았다. 헤라클레스는 맨손으로 산맥을 찢어 지중해와 대서양을 열었다. 그러고는 바위산을 양쪽으로 내던져 지중해를 지키게 했다. 고대 그리스인들은 이 바위산(칼페 산, 아빌라 산)을 '헤라클레스의 기둥'이라고 불렀다.

헤라클레스의 기둥이 현재의 지브롤터 해협이다. 지브롤터는 대서양과 지중해를 나누는 해협으로, 북쪽은 유럽에 속하는 이베리아 반도에 남쪽은 아프리카에 있다. 1704년 스페인 왕위 계승 전쟁에 참여했던 영국군이 지브롤터를 점령하였고, 지금까지 영국령으로 남아 있다.

지구가 평평하다고 생각했던 고대 그리스인들은 헤라클레스의 기둥을 지구의 끝으로 여겨 이곳을 벗어나면 지구 바깥으로 떨어진다고 생각했다. 헤라클레스의 기둥은 'Non Plus Ultra(더 나아갈 수 없음)' 즉 지구 끝을 상기시키는 표상이었다.

스페인 국왕이자 신성로마제국의 황제였던 카를 5세Karl V, 1500~1558는 지브롤터를 매우 중요하게 여겼다. 그는 'Non Plus Ultra'를 변형해 '더 멀리 나아간다(Plus Ultra)'를 좌우명으로 삼았다. 지중해 너머 대서양을 건너 신세계로 뻗어 나가겠다는 각오에서다. 15세기 대항해시대에 접어들어 스페인과 포르투갈의 모험가들은 'Plus Ultra'의 기치 아래 헤라클레스의 기둥을 과감하게 뛰어넘었다.

헤라클레스가 에리테이아에 도착하자 도둑을 지키는 개 오르토스가 그를 발견하고 돌진해 왔다. 그러나 헤라클레스는 곤봉으로 개를 때려잡고 개를 도우러 온 거인 에우리티온마저 살해했다. 헤라클레스가 소를 몰고 유유히 떠나려고 하는 순간, 소식을 듣고 달려온 게리온과 맞닥뜨렸다. 그들은 치열한 싸움을 벌였지만 결국 헤라클레스의 화살이 게리온의 목숨을 거두었다.

헤라클레스가 티레니아 지방을 지나는 도중에는 황소 하나가 바닷속으로 뛰어들어 시칠리아로 헤엄을 쳐 건넜다. 이 일로 그곳을 '이탈리아'라고 부르게 되었는데 이는 티레니아 지방 사람들이 황소를 '이탈로스(Italos)'라고 불렀기 때문이다.

영웅의 삶을 보여준 사람

헤라클레스가 정해진 열 가지 과업을 8년 1개월 만에 끝내자 에우리스테우스는 물뱀 퇴치와 아우게이아스 왕의 마구간 청소 과업을 인정할 수 없다고 말했다. 물뱀을 퇴치할 때는 다른 사람의 도움을 받았고 마구간을 청소할 때는 보수를 요구했다는 것이 그 이유였다.

그렇게 해서 열한 번째 과업으로 아틀라스의 딸인 헤스페리스 자매가 지키고 있는 황금사과를 가져오라고 시켰다. 이 황금사과는 제우스와 헤라가 결혼할 때 가이아가 선물한 것이다. 헤라클레스는 프로메테우스를 괴롭히는 독수리를 죽이고 그의 말에 따라 아틀라스를 속여 황금사과를 손에 넣었다.

열두 번째 과업은 지옥에서 케르베로스를 데리고 오는 일이었다. 케르베로스는 개의 머리 세 개와 뱀의 꼬리를 가지고 있으며 등에는 온갖 종류의 뱀 머리가 혀를 날름대고 있는 괴물로 지옥의 문을 지키고 있었다. 케르베로스의 역할은 저승에서 도망치는 사람을 잡아먹는 것이다. 에우리스테우스는 이번에야말로 헤라클레스가 살아남지 못하리라 생각했다.

짐 볼로냐,
〈켄타우로스 네소스와 싸우는 헤라클레스〉,
1595~1600년, 대리석, 피렌체 시뇨리아광장

헤라클레스는 운명을 바꿀 선택의 기로에서 험난한 여정을 택하였고, 그를 시기하는 자들이 부과한 12가지 과업을 성공적으로 완수했다. 그리고 미덕이 말했던 것처럼 '그리스 최고의 영웅'이라는 불멸의 칭호를 얻었다.

헤라클레스가 지하세계로 내려갈 수 있는 자격을 얻고 발을 들여놓자, 메두사를 제외한 모든 영령이 도망쳤다. 그는 하데스의 허락을 받아 힘으로 케르베로스를 굴복시킨 다음 에우리스테우스에게 데려갔다.

미국의 시인 프로스트Robert Frost, 1874~1963가 〈가지 않은 길〉에서 말했듯이 누구나 한 번에 두 길을 갈 수 없다. 그리고 길 끝에 무엇이 있는지는 끝까지 가봐야 안다. 갈림길에서의 선택이 인생을 달라지게 만든다. 헤라클레스 또한 이런 선택의 기로에서 자신의 운명을 바꾼다. 그는 험난한 여정을 택하였고, 그를 시기하는 자들이 부과한 12가지 과업을 성공적으로 완수했다.

헤라클레스는 고통스럽고 험한 길을 가면서 한 번도 자기의 선택을 후회하지 않았다. 진정 헤라클레스는 프로디코스의 말처럼 살았다. 그리고 후세 사람들에게 그렇게 살 것을 권했다. 무엇인가를 얻고자 한다면 쉬운 길을 택하지 말라고.

오랜 세월이 지난 후 어디에선가
나는 한숨지으며 이야기할 것입니다
숲속에 두 갈래 길이 있었고,
나는 사람들이 적게 간 길을 택했다고
그리고 그것이 내 모든 것을 바꾸어 놓았다고

_로버트 프로스트, 〈가지 않은 길〉 중에서

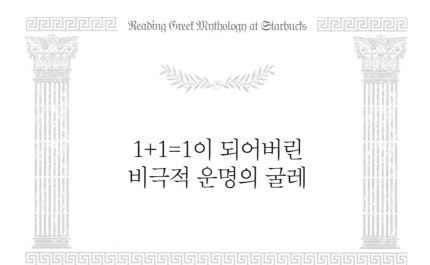

1+1=1이 되어버린
비극적 운명의 굴레

"1 더하기 1이 2가 아니라 1이 될 수 있을까?"

시몽(맥심 고데테 역)이 쌍둥이 남매 잔느(멜리사 디소르미스 폴린 역)에게
묻는다. 잔느는 수학과 대학원생이다. 그런 바보 같은 질문이 어딨느냐
고 핀잔을 줄 법도 한데, 잔느는 시몽의 질문을 곱씹는다. 이내 잔느는
이 엉터리 계산이 자신 가족의 뿌리에 대한 은유라는 사실을 깨닫고
경악한다.

드니 빌뇌브 감독의 2011년 작품 〈그을린 사랑〉은 종교 갈등과 전
쟁의 참화에 휩쓸린 한 가족의 비극적 운명을 그린 영화다. 이야기는
시몽과 잔느가 어머니 나왈(루브나 아자발 역)의 유언을 듣기 위해 공중

인을 만나면서 시작된다. 그들은 공증인으로부터 어머니가 쓴 두 통의 편지를 받는다. 죽은 줄 알았던 아버지와 존재조차 모르고 살았던 남매의 오빠이자 형에게 편지를 각각 전달하라는 유언이었다. 잔느는 어머니 나왈의 젊었을 때 모습이 담긴 낡은 흑백사진 한 장을 들고, 어머니의 고향인 중동 어느 나라로 떠난다.

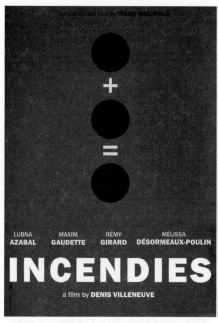

드니 빌뇌브 감독의 2011년 작품 〈그을린 사랑〉 포스터(ⓒ micro_scope). 나왈은 아들의 뒤꿈치에 새긴 세 개의 점을 통해 자신의 비극적 운명을 깨닫는다. 이 점은 신화에서 태어나자마자 발에 구멍이 뚫리고 버려진 오이디푸스를 떠올리게 한다.

인간이 종교의 이름으로
신을 죽인 세상에서 맞이한 참극

민족 간, 종파 간 학살이 끊이지 않고 내전이 계속되는 1970년대 중동 지역의 어느 마을. 기독교도인 나왈은 이슬람교도 청년과 사랑에 빠진다. 그러나 나왈의 오빠들은 종교가 다르다는 이유만으로 동생의 연인을 살해하고, 그녀 또한 죽이려 한다. 할머니의 도움으로 겨우 목숨을 건졌으나 나왈의 몸에서는 새 생명이 자라고 있었다. 나왈이 아이를 낳자, 할머니는 아이의 뒤꿈치에 점 세 개를 새기고 바로 고아원으로 보낸다. 나왈은 이름도 갖지 못한 아들을 안고 이렇게 약속한다. "무슨 일이 있어도, 어떤 일을 저지르더라도, 너를 찾아오마. 사랑한다."

대학생이 되어 아들을 찾아 나선 나왈은 기독교 민병대가 이슬람교도를 무차별적으로 살육하는 광경을 목격한다. 결국 나왈은 기독교 민병대 지도자를 살해하고 감옥에 간힌다. 수감 번호 72번의 나왈은 고문기술자에게 강간당하고 옥중에서 그의 아이를 낳는다.

오랜 시간이 흐른 뒤 캐나다로 이주한 나왈은 수영장에서 한 남자의 뒤꿈치에서 세 개의 점을 발견한다. 자신이 그토록 찾아 헤맸던 아들임을 직감한 나왈은 천천히 남자의 얼굴을 확인한다. 남자의 뒤꿈치에서 아들을, 얼굴에서 고문기술자를 본 나왈은 침묵 속에 자신을 가둔다.

자신들의 뿌리에 관한 참혹한 진실을 마주한 잔느와 시몬은, 나왈이 남긴 수신인이 다른 두 통의 편지를 한 남자에게 전달한다. 뫼비우스의 띠처럼 시작도 끝도 알 수 없는 증오의 고리를 나왈은 용서와 사랑으로 끊어낸다.

"너를 내 사랑으로 감싸줄게. 기운을 내거라. 함께 있다는 건 멋진 일이야. 너는 내 사랑으로 태어났어. 그러므로 네 동생들도 사랑으로 태어난 거지. _ 너의 어머니 나왈 마르완 72번 죄수로부터"

비극적 운명이 시작된 지점

〈그을린 사랑〉은 오이디푸스 신화를 현대적으로 변주했다. "아비를 죽이고 어미를 범한다"는 신탁 때문에 태어나자마자 버려진 테베의 왕자 오이디푸스. 나왈은 오이디푸스의 어머니 이오카스테, 나왈의 유언을 따르는 데 더 적극적이었던 잔느는 안티고네의 현신이다. 신탁이 예언

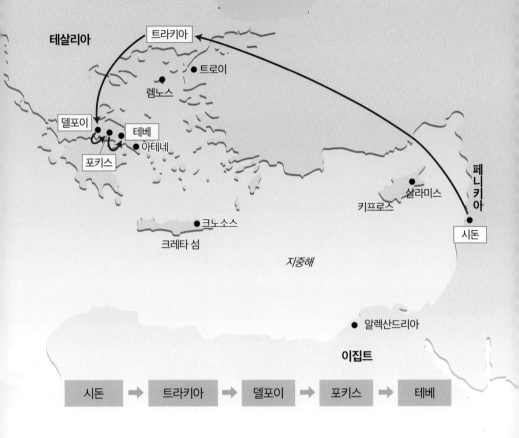

| 카드모스의 행적 |

시돈 ➡ 트라키아 ➡ 델포이 ➡ 포키스 ➡ 테베

한 비극적 운명을 피하지 못한 오이디푸스 집안의 비극은, 시공간을 거슬러 페니키아에서 시작된다.

소아시아에 있는 페니키아의 공주 에우로페는 시돈의 해변에서 황소의 등에 올라탔다가 그대로 크레타 섬까지 납치되었다(205쪽). 에우로페가 납치되어 간 곳은 에우로페의 이름을 따서 지금도 '유럽(Europe)'이라고 부른다. 에우로페를 납치한 것은 그리스의 최고신 제우스였다. 그리고 제우스와 에우로페가 도착한 크레타 섬은 찬란한 고대 그리스 문명이 꽃피기 시작한 미노스 문명의 발상지였다. 미노스는 제우스와 에우로페 사이에서 태어난 아들이다.

에우로페의 아버지는 사랑하던 딸이 행방불명되자 아내와 자식들을 불러 모으고 에우로페를 찾기 전에는 집에 들어올 생각을 말라며, 가족들의 등을 떼밀었다. 큰아들 카드모스는 도중에 어머니를 잃고 홀로 그리스를 방랑하던 끝에 신탁을 요청한다. 신탁은 카드모스에게 여동생을 찾으려 하지 말고 배에 달의 무늬가 있는 황소를 따라가서 그 소가 눕는 곳에 나라를 세우라고 했다.

배에 달의 무늬가 있는 황소가 누운 곳이 테베였다. 카드모스는 그곳에서 결혼하고 아이도 낳았다. 그런데 제우스가 이번에는 카드모스의 딸 세멜레를 보고 사랑을 느꼈다(210쪽). 그도 그럴 것이 세멜레는 에우로페의 조카니까. 세멜레는 제우스와의 사랑 끝에 불에 타 죽고 '술의 신' 디오니소스를 세상에 남겼다. 영원히 사는 신과 죽음을 등에 지고 사는 인간의 사랑은 불장난일 수밖에 없다.

세월은 흐르고 테베의 라이오스 왕은 아들에게 죽임을 당할 것이라는 무시무시한 신탁을 들었다. 그래서 갓 태어난 아이의 발에 구멍을 뚫어 산에 버렸다. '퉁퉁 부은 발'이라는 뜻을 지닌 오이디푸스는 이렇게 태어나자마자 버림을 받고 이웃 왕국 코린토스에서 자랐다.

자기 아버지를 죽일 것이라는 신탁을 들은 오이디푸스는 자신의 아버지로 알고 있던 양아버지를 피해 테베로 발길을 돌렸다. 여행길에 한 노인과 시비가 붙어 그만 그를 죽이고 말았다. 오이디푸스는 그 노인이 자신의 아버지인 라이오스 왕이라는 사실을 꿈에도 모른 채 테베 성벽 앞에 도착했다.

한마디 말로 괴물을 퇴치한 영웅

인간의 욕망은 어디에서 왔을까? 아니, 인간이란 무엇일까? 그리스 철학자 소크라테스는 "너 자신을 알라"라고 말했다. 동양의 손자孫子, BC 5-6세기는 『손자병법』에서 "나를 알고 적을 알면 백전백승이다"라고 말했다. 자기 스스로를 안다는 것은 세상을 이해하기 위한 첫걸음이다. 그럼 그리스 신화에서 인간에 대한 이해는 어떻게 시작되었을까? 밖으로 향해 있던 인간의 눈길을 내부로 돌리게 만든 것은 의외로 어느 괴물이었다.

테베의 왕 라이오스가 미남 청년을 유혹한 뒤 죽음에 이르게 한 일 때문에 '결혼의 신' 헤라는 화가 났다. 그래서 '목 졸라 죽이는 자'라는 뜻을 가진 스핑크스를 테베로 보냈다. 스핑크스는 괴물 티폰의 딸로 여자의 머리와 사자의 몸에 날개가 달린 괴물이었다.

스핑크스는 테베 성 밑 인적이 드문 곳에 숨어 있다가 젊은 사람이 지나가면 느닷없이 나타나 수수께끼를 내고 풀지 못하면 잡아먹었다. 이 때문에 테베 시민들은 공포에 떨었고 라이오스 왕은 어떻게 해야 스핑크스를 테베에서 몰아낼 수 있을지 신탁을 청하러 길을 나섰다가 오이디푸스 손에 죽고 말았다.

새로 테베를 다스리게 된 크레온은 스핑크스를 퇴치하는 사람을 테베의 왕으로 삼겠다고 선포했다. 그러나 아무도 스핑크스의 수수께끼를 풀지 못했다. 수수께끼는 이렇다.

"땅 위에서 걷거나 하늘을 날거나 바다에서 헤엄치는 것 가운데 같

| 테베 가계도 |

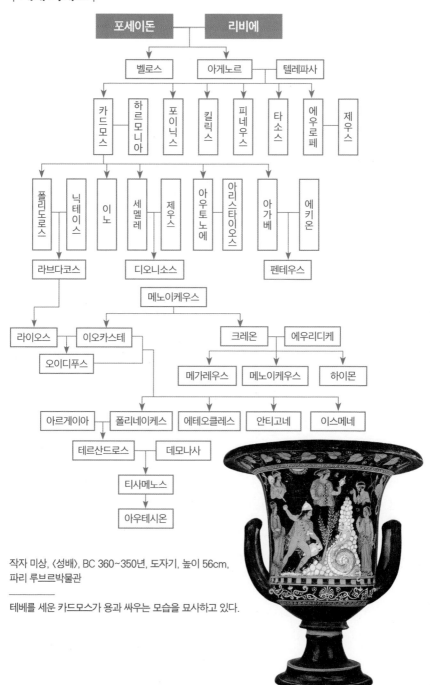

```
              포세이돈 ─────── 리비에
                  │
        ┌─────────┼─────────┐
       벨로스   아게노르 ─ 텔레파사
```

포세이돈 — 리비에
벨로스 / 아게노르 — 텔레파사

카드모스 · 하르모니아 · 포이닉스 · 킬릭스 · 피네우스 · 타소스 · 에우로페 · 제우스

폴리도로스 · 닉테이스 · 이노 · 세멜레 · 제우스 · 아우토노에 · 아리스타이오스 · 아가베 · 에키온

라브다코스 · 디오니소스 · 펜테우스

메노이케우스

라이오스 · 이오카스테 · 크레온 · 에우리디케

오이디푸스

메가레우스 · 메노이케우스 · 하이몬

아르게이아 · 폴리네이케스 · 에테오클레스 · 안티고네 · 이스메네

테르산드로스 · 데모나사

티사메노스

아우테시온

작자 미상, 〈성배〉, BC 360~350년, 도자기, 높이 56cm,
파리 루브르박물관

테베를 세운 카드모스가 용과 싸우는 모습을 묘사하고 있다.

은 이름을 가지고 네 발, 두 발, 세 발로 걷는데 네 발로 걸을 때가 가장 느린 것이 무엇인가?”라는 것이었다.

지금이야 수수께끼의 답을 모르는 사람이 거의 없지만 당시에는 딱 한 사람만 빼고 아무도 몰랐다.

그 수수께끼를 푼 사람은 다름 아닌 테베의 왕 라이오스를 살해한 오이디푸스였다. 오이디푸스는 수수께끼의 답이 '인간'이라고 대답했고 스핑크스는 예언대로 높은 벽에서 떨어져 죽었다. 누군가 문제를 풀면 스스로 죽어야 하는 것이 스핑크스의 운명이었다. 오이디푸스는 괴물을 퇴치하고 비어 있는 왕좌에 올라 테베의 왕이 되고, 이오카스테를 아내로 맞이했다.

사유와 언어의 힘을 그리스 철학에 물려주다

영웅은 괴물을 퇴치한 사람이다. 영웅을 이렇게 정의하면, 테베의 왕 오이디푸스는 헤라클레스나 테세우스로 대표되는 영웅과는 전혀 다른 모습의 영웅이었다. 그는 헤라클레스나 페르세우스가 그랬던 것처럼 괴물을 죽이거나 목을 자르지 않았다. 다만 '인간'이라는 말 한마디로 스핑크스라는 괴물을 살해했다.

이런 까닭인지 오이디푸스의 삶과 죽음 역시 다른 영웅들과 달랐다. 다른 영웅들의 삶은 자신만만하고 당당하고 오만하기까지 했다. 또한 영웅들의 죽음을 보면 헤라클레스는 스스로 죽음을 선택했고, 테세우스는 속아서 낭떠러지에서 떨어져 죽었고, 오디세우스는 자기 아들에

게 살해를 당했으며, 이아손은 모험을 떠날 때 타고 갔던 배의 돛대에 깔려 죽었다. 괴물들을 퇴치한 것처럼 영웅들 역시 퇴치되었다.

그러나 오이디푸스는 괴물을 말로 퇴치했기 때문에 그 삶과 죽음 역시 말과 연관이 될 수밖에 없었다. 그는 어느 날 자기가 아버지를 살해했다는 것과 어머니와 결혼했다는 사실을 알게 되었다. 다른 영웅이었다면 이쯤에서 스스로 목숨을 끊거나 운명적인 죽음을 맞았을 것이다. 그러나 오이디푸스는 그렇게 하지 않았다.

오이디푸스는 죽을 수 없었다. 인간이라는 말로 스핑크스를 죽였지만 이제는 그 인간이 무엇인지에 대한 문제를 풀어야 하는 숙제가 남아 있었기 때문이다. 이것이 스핑크스가 오이디푸스에게 던진 질문이었다.

오이디푸스는 스스로 어머니이자 아내였던 이오카스테의 옷핀으로 눈을 찔러 두 눈을 멀게 했다. 암흑 속에 갇힌다는 것은 참혹한 현실에 대한 도피로 볼 수도 있지만 반대로 세상 또는 그에게 주어진 인간의 본질에 대한 물음에 충실하려는 행위이기도 했다. 현실에 대해 눈을 감는다는 것은 현실 너머에 있을 수 있는 본질을 향한 눈뜸을 지향하는 일이라고 볼 수 있기 때문이다. 그렇기 때문에 그리스 신화의 최고 예언자이자 점쟁이인 테이레시아스는 앞을 볼 수 없다. 눈을 감아야 세상이 바로 보이는 까닭이다.

오이디푸스는 딸이자 누이동생인 안티고네의 손을 잡고 테베를 떠나 세상을 유랑했다. 그가 스핑크스의 물음에 답을 얻었는지는 중요하지 않다. 오이디푸스 그 자체가 해답이기 때문이다.

테베를 세운 카드모스는 문자를 처음 발명한 페니키아의 왕자였다.

정 오귀스트 도미니크 앵그르, 《스핑크스의 수수께끼를 푸는 오이디푸스》, 1808년, 캔버스에 유채, 189×144cm, 파리 루브르박물관

쥘 외젠 르네프뵈, 〈오빠의 주검을 거두는 안티고네〉, 1835~1898년, 종이에 수채화, 27×35cm,
뉴욕 메트로폴리탄미술관

오이디푸스가 죽은 뒤 테베로 돌아온 안티고네는 들판에서 썩어가는 오빠의 시체를 거두었다.
오이디푸스의 아들들은 서로 싸우다 죽고, 안티고네는 목을 매 자살한다.
오이디푸스 신화는 훗날 자주 비극의 소재가 되었다. 대표적인 작품이 소포클레스(Sophocles,
BC 496~406)의 3부작 〈오이디푸스 왕〉, 〈콜로노이스의 오이디푸스〉, 〈안티고네〉가 있다.

에우로페가 유럽으로 납치되고 여동생을 찾기 위해 카드모스가 그리스로 건너온 것은 문자가 유럽에 전해진 역사적 사실을 신화로 표현한 것이다. 문자를 가지고 온 조상과 이제 그 문자를 언어로 생각하기 시작한 오이디푸스가 있다. 그러나 언어를 얻기 위해서는 비극적인 상황에 처해야 했다. 사유를 깊이 있게 하기 위해서는 그만한 동기가 부여되어야 하기 때문이다.

카드모스의 자손들이 비참했던 것처럼 오이디푸스의 자손들도 서로 싸우고 목을 매 자살했다. 카드모스나 오이디푸스는 문자와 언어라는 힘을 지니고 있었지만, 그것은 보여줄 수 있는 성질의 것이 아니었다. 그것은 그 후손들이 스스로 깨닫고 얻어야 하는 힘이었다.

이는 훗날 그리스에서 철학이 태동하면서 그 어떤 영웅이 남긴 흔적보다 훌륭한 유산이 된다. 그러나 당시에는 그렇지 않았기 때문에 카드모스는 테

작자 미상, 〈스핑크스 형태의 대리석 묘비 장식〉, BC 530년, 대리석, 높이 142.6cm, 뉴욕 메트로폴리탄미술관

베에서 쫓겨났고 오이디푸스도 눈이 멀고 거지가 되어 유랑해야만 했다. 항상 그렇듯이 절망에서 아름다운 꽃이 피어난다.

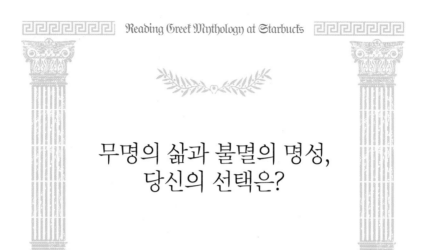

무명의 삶과 불멸의 명성,
당신의 선택은?

2017년 12월 19일, 70년 넘는 미국프로농구(NBA) 역사상 최초로 한 팀에서 한 선수가 사용한 두 개의 등번호에 대한 영구결번식 열렸다. 주인공은 코비 브라이언트Kobe Bryant, 1978~2020. 코비는 LA레이커스에서 등번호 8번을 달고 10년, 24번을 달고 10년을 뛰었다. 20년을 줄곧 한 팀에서 뛰면서 팀을 다섯 번 NBA 정상에 올려놓았고, 두 개의 올림픽 금메달을 목에 걸었으며, 두 시즌 득점왕에 올랐다.

코비는 선수 생활 내내 다양한 부상에 시달렸는데, 그중 가장 결정적인 부상이 2013년 4월 12일 경기에서 발생했다. 4쿼터를 3분 8초 남기고 돌파를 시도하던 코비가 코트 바닥에 쓰러졌다. 쓰러진 코비는

왼쪽 발목을 만지작거리며 무
언가를 찾는 듯 보였다. 지켜보
던 관중들은 코비가 발목을 마사
지하고 있다고 생각했다. 그러나 그가
궁금했던 것은 아킬레스건의 안위였다. 발목
을 아무리 만져도 아킬레스건이 느껴지지 않
았다.

　절뚝거리며 자유투 라인에 선 코비는 자유투
두 개를 모두 성공시키고, 절망스러운 표정으로 코
트 밖으로 나왔다. 왼쪽 아킬레스건이 파열된 코비는
2012~2013 시즌을 이렇게 끝내야 했다. 수술과 고
통스러운 재활을 거쳐 코비는 7개월 만에 코트
에 복귀했지만, 기량은 예전과 같지 않았고
2016년 은퇴할 때까지 계속 내리막길을
걸었다.

　종아리근육과 뒤꿈치뼈를 연결하는 힘
줄을 아킬레스건이라고 한다. 발목 뒤쪽에
서 엄지와 검지로 쉽게 잡을 수 있을 만큼

NBA의 전설적 농구선수 코비 브라이언트.
코비가 2013년 입은 아킬레스건 부상은
선수 생명의 치명타로 작용했다.

굵고 강한 힘줄이다. 발을 들어 올리고 내릴 때나 발뒤꿈치를 들고 내
릴 때 아킬레스건을 사용하기 때문에 손상되면 서 있거나 걷고 달리는
것이 어려워진다. 특히 달리기, 점프, 갑작스러운 방향 전환이 잦은 농
구와 축구 등의 종목은 아킬레스건을 다칠 위험이 크고, 부상은 선수
생명을 위협하는 치명타이다.

페테르 파울 루벤스, 1630~1635년, 패널에 유채, 44×38cm, 로테르담 보에이만스판뷔닝언박물관

아킬레스건은 그리스 신화 '최강의 전사' 아킬레우스의 이름에서 유래되었다. 아킬레우스는 '바다의 여신' 테티스와 인간인 펠레우스의 아들이다. 테티스는 아들을 불사신으로 만들기 위해 낮에는 신들의 음식인 암브로시아를 몸에 발라주고 밤에는 불 속에 묻어두었다. 그러나 남편 펠레우스가 아들을 불에 넣는 것을 보고 깜짝 놀라, 아내를 말렸다. 그러자 테티스는 아들을 절대 다치지 않는 몸으로 만들기 위해 이승과 저승의 경계인 스틱스 강에 담갔다. 그런데 하필 테티스가 아들의 발목을 붙잡고 있던 바람에 강물이 닿지 않은 발목이 아킬레스의 유일한 약점이 되었다.

시간이 흘러 하늘 아래 대적할 자가 없는 '무적의 장수'로 성장한 아킬레우스는, 허망하게도 발목에 화살을 맞고 죽는다. 그래서 아킬레스건은 강철같은 몸에 있는 유일한 약점, 즉 '치명적인 약점'을 의미하게 되었다.

맘에 둔 사람을 다른 사내에게 보내고 사라진 불안

아킬레우스는 제우스에게 매우 각별한 존재였다. 사연은 이렇다. 제우스의 할아버지인 우라노스와 아버지인 크로노스(343쪽)가 그랬던 것처럼 제우스 역시 자기 아들에게 왕좌를 빼앗길 것이라는 예언을 들었다. 한번은 첫 번째 아내 메티스가 낳을 아들이 제우스를 몰아낼 것이라는 예언이 있었다. 하지만 제우스가 메티스를 삼켰고 나중에 아테나가 제우스의 머리를 뚫고 태어나면서 걱정이 사라졌다(354쪽).

그러나 그 후에도 누군지 밝혀지지 않은 어떤 여신과 관계를 맺어 낳은 아이가 제우스의 자리를 위협할 것이라는 예언이 있었다. 그 여신이 누구인지를 아는 것은 프로메테우스뿐이었다. 사실 인간에게 불을 준 프로메테우스가 독수리에게 간을 쪼아 먹히는 벌을 받으면서도 끝까지 제우스에게 저항할 수 있었던 것은 이 때문이었다. 언젠가 제우스가 그 여신과 관계를 맺으면 왕좌에서 쫓겨날 것임을 알고 있었으니까. 비밀은 제우스가 '테티스'와 관계를 가져 아들을 낳으면 그 아이가 제우스를 몰아내고 올림포스의 왕좌를 차지하게 된다는 것이다.

누가 자기를 내몰 아들을 낳을지 모르는 상황에서 제우스가 인간 여인이나 여신들과 맺은 수많은 관계는 자기의 운명을 건 러시안룰렛 게임과 같은 비장감마저 감도는 것이었다. 자칫하면 총알이 머리에 박히게 된다. 그렇다면 제우스는 꼼짝 없이 왕좌를 빼앗기고 말 것인가.

제우스는 프로메테우스와 타협함으로써 비밀에 다가선다. 제우스는 서둘러 테티스를 인간 펠레우스에게 시집보냈다. 제우스는 테티스의 결혼으로 안도했지만, 세상은 폭풍에 휘말리게 된다.

테티스의 결혼식에 '불화의 여신'이 나타나 황금사과를 하나 던지고 떠났다. 사과에는 '세상에서 가장 아름다운 여신에게'라는 글귀가 적혀 있었다. 신들에게 황금사과는 그다지 중요하지 않다. 그렇지만 가장 아름다운 여신이 되는 것은 기쁜 일이었다. 황금사과의 주인이 되겠다고 나선 것은 모두 세 명이었다. 그 세 여신은 '신들의 여왕' 헤라, '아름다움의 신' 아프로디테, '지혜의 여신' 아테나였다.

황금사과의 주인을 가리기 위해 제우스는 트로이의 왕자 파리스에게 심사위원 역할을 맡겼다. 파리스는 자신에게 세상에서 가장 아름다운 여인을 주겠다는 아프로디테의 손을 들어주었다. 세상에서 가장 아름다운 여인 헬레네는 이미 기혼자였지만, 아프로디테는 파리스의 품에 그녀를 안겨주었다. 헬레네를 빼앗긴 그리스는 트로이로 군대를 보냈다. 그렇게 트로이 전쟁의 막이 올랐다.

모성으로도 막을 수 없는 운명

예언가들은 아킬레우스가 참전하지 않으면 그리스 동맹군이 트로이 전쟁에서 이길 수 없다고 예언했다. 꼭 예언이 아니더라도 싸움에 승리하기 위해서는 그리스에서 가장 용맹한 아킬레우스와 그의 군대가 참전해야 했다.

아킬레우스의 어머니 테티스는 아들의 운명을 알고 있었다. 만약 전쟁에 참가하지 않는다면 큰 영광은 없지만 무사히 주어진 수명을 향유할 수 있을 것이며, 전쟁에 참가한다면 크나큰 영광을 얻겠지만 전쟁이 끝나기 전에 죽을 것임을 말이다. 그리고 어머니로서 당연히 전자를 선택하고 싶었다.

그리스 전체가 트로이 전쟁의 소용돌이에 휘말리자 테티스는 재빨리 아들을 스키로스 섬에 있는 리코메데스의 궁전에 숨겼다. 그러나 이것으로도 안심이 되지 않았던지 아킬레우스를 여자로 분장시켜 여자들 사이에 섞어놓았다.

아킬레우스를 참전시키는 임무는 아이러니하게도 오디세우스가 맡았다. 오디세우스 역시 참전을 피하려고 미치광이 노릇까지 한 인물이

루이 고피에, 〈리코메데스 딸들 사이에서 아킬레우스를 발견한 오디세우스〉, 1791년, 캔버스에 유채, 81×114cm, 스톡홀름국립미술관

다. 그런데 이번에는 그가 아킬레우스를 전쟁에 끌어들여야 하는 처지가 되었다.

오디세우스는 방물장수로 변장을 하고 아킬레우스가 숨어 있다는 스키로스 섬으로 찾아갔다. 다른 여자들은 모두 오디세우스가 꺼내놓은 보석에 정신이 팔려 있었지만 유독 한 여자만 관심을 보이지 않았다. 필로라는 여자였다. 그때 어디선가 전쟁을 알리는 나팔 소리가 들려왔다. 그러자 필로는 보석과 함께 꺼내놓은 무기를 집어 들고 일어서려고 하다가 오디세우스와 눈이 마주쳤다. 필로는 겸연쩍어하다가 갑자기 웃음을 터뜨렸다. 오디세우스도 마주 웃었다. 필로가 바로 아킬레우스였던 것이다. 이렇게 해서 아킬레우스는 어머니 테티스의 반대를 무릅쓰고 트로이 전쟁에 참가했다.

전쟁을 끝내는 제물이 될 아킬레우스

트로이 전쟁에서 그리스 최고 장수는 아킬레우스였다면, 트로이 최고 장수는 파리스의 형인 헥토르였다. 헥토르는 트로이의 왕 프리아모스의 장남으로 책임감이 강하고 매우 용맹한 장수였다. 헥토르는 처음부터 파리스와 헬레네의 결혼을 반대했다. 그러나 일단 전쟁이 시작된 뒤에는 트로이 군대를 이끄는 대장이 되어 용감하게 싸웠다.

헥토르는 아킬레우스가 그리스 군대의 사령관 아가멤논과 다투고 전쟁터를 떠나자, 트로이 군대를 이끌고 그리스 군대를 맹렬하게 공격했다. 그리스 군대는 무너졌고 배 위로 쫓겨 갔다. 마지막 공격을 앞두고 포세이돈이 돕는 바람에 그리스 군대는 결정적인 파멸만은 면했다.

상황이 이쯤 되자 아가멤논과 그리스 군대는 아킬레우스에게 도움을 청할 수밖에 없었다. 그러나 아킬레우스는 미동도 하지 않았다. 이때 아킬레우스의 가장 친한 친구인 파트로클로스가 아킬레우스의 자존심을 살리면서 그리스 군대를 위기에서 구할 묘안을 생각해 냈다. 그것은 파트로클로스가 아킬레우스의 갑옷을 입고 전쟁터에 나서는 것이었다. 아킬레우스는 친구의 열띤 설득에 넘어갔다. 다만 너무 멀리 트로이 군대를 쫓아가지 말라고 주의를 주었다.

파트로클로스는 아킬레우스의 갑옷을 입고 미르미돈이라고 불리는 아킬레우스의 군대를 이끌고 전투에 참가했다. 아킬레우스가 전쟁터에 나타났다는 소식은 그리스 군대에게 더할 수 없는 힘을 주었고 트로이 군대에게는 절망적인 소식이었다. 전세는 순식간에 역전되었다. 그러나 파트로클로스는 승리에 도취해서 아킬레우스의 주의를 잊고 말았다. 제우스의 사랑하는 아들 사르페돈(193쪽)을 죽이고 헥토르와

프란츠 폰 마치, 〈아킬레우스의 승리〉, 1892년, 프레스코, 코르푸 아킬레이온궁전

아킬레우스는 잔인하게도 헥토르의 시체를 마차에 매달고 트로이 성벽을 돌았다. 시체는 곧 너덜너덜한 누더기가 되었다. 호메로스의 『일리아스』는 헥토르의 장례식과 함께 끝이 난다. 헥토르의 죽음은 트로이의 몰락을 암시한다. 헥토르라는 이름은 '지탱하는 사람'이란 뜻이다. 헥토르는 진정 트로이를 지탱하고 있던 사람이었다.

맞서다가 창에 찔려 전사하고 말았다.

　아킬레우스는 친구의 죽음에 분노해서 트로이를 함락시키기 전에는 파트로클로스의 시체를 땅에 묻지 않겠다고 맹세하고 전쟁터로 나섰다. 영웅의 극적인 등장인 셈이다. 테티스는 헤파이스토스를 찾아가 최고의 갑옷을 주문해 아들에게 주고 제우스에게 아킬레우스의 영광을 기원했다.

　다시 전쟁터에 나타난 아킬레우스의 목표는 단 하나, 헥토르였다.

아킬레우스는 야수처럼 사납게 전쟁터를 누볐다. 그의 모습은 마치 저승사자 같았다. 용맹한 헥토르도 아킬레우스를 대면하자 두려움이 일었다. 트로이 성으로 후퇴하려 했지만 성문이 닫혀 있었다. 트로이인들은 헥토르를 위해 성문을 열면 그리스 군대가 들이닥칠 것이기 뻔했기 때문에 문도 열지 못한 채 성벽 위에서 발만 동동 굴렀다.

술래잡기라도 하듯 헥토르와 아킬레우스는 성을 몇 바퀴 돌았다. 그때 헥토르 옆에 친구가 나타났다. 이에 용기를 얻은 헥토르는 몸을 돌려 쫓아오는 아킬레우스를 향해 창을 던졌다. 창은 빗나갔다. 헥토르가 친구에게서 다시 창을 받으려고 돌아보았지만 친구는 어디론가 사라지고 없었다. 친구는 아테나 여

크리스토프 베리에, 〈죽어가는 아킬레우스〉, 1683년,
대리석, 높이 105cm,
런던 빅토리아앤앨버트뮤지엄

아킬레우스는 유일한 약점인 발뒤꿈치에 파리스가 쏜 화살을 맞고 쓰러진다. 여기서 강한 자의 유일한 약점이라는 의미의 '아킬레스건'이라는 말이 유래했다.

신이 변신한 모습이었다. 아테나는 아프로디테에게 황금사과를 건넨 파리스와 그의 조국 트로이에 악감정을 가지고 있었다.

헥토르는 자기가 속았다는 것을 깨달았다. 그리고 아킬레우스의 창이 그의 운명처럼 날아와 몸에 꽂혔다. 헥토르는 죽었다. 아킬레우스는 잔인하게도 헥토르의 시체를 마차에 매달고 트로이 성벽을 돌았다. 시체는 곧 너덜너덜한 누더기가 되었다. 트로이 성벽 안에서는 통곡이 이어졌다. 헬레네도 울었다. 헥토르의 죽음은 트로이의 멸망을 알리는 전조였다.

그러나 테티스의 예상대로 아킬레우스는 살아서 다시 고향 땅을 밟지 못했다. 아폴론 신전에서 기도하던 중에 파리스가 쏜 화살에 맞아 죽고 말았던 것이다. 파리스의 화살은 그의 발목, 우리가 아킬레스건이라고 부르는 자리에 꽂혔다.

제우스의 각본 아래 진행된 트로이 전쟁

헬레네를 되찾아 오기 위해 일어난 트로이 전쟁의 최고 영웅은 엉뚱하게도 아킬레우스였다. 사실 트로이 전쟁은 아킬레우스를 위한 전쟁이었다. 영웅시대를 마감하는 기념비적인 트로이 전쟁에서 제우스는 아킬레우스에게 영광을 돌리기 위해 노력했다. 왜 하필 아킬레우스일까? 아킬레우스가 테티스의 아들이기 때문이다. 만약 제우스가 테티스와 관계를 맺었다면 아킬레우스는 제우스를 몰아낼 존재가 되었을 것이다. 제우스가 신들의 왕인 것처럼, 아킬레우스 역시 최고의 인간이 될

| 트로이 전쟁을 둘러싼 신들의 대립 |

제우스의 경고
트로이 전쟁에는 많은 신들의 자식이 참가했다. 그래서 제우스는
신들의 전쟁이 될 것을 두려워해 엄정한 중립을 요구했다.

그리스 연합군을 지지
• 헤라(파리스에게 앙심)
• 아테나(파리스에게 앙심)
• 포세이돈(트로이 성을 쌓을 때 라오메돈에게 속았기 때문)
• 제우스(자기를 닮은 아킬레우스를 위해)

두 세력으로
대립

트로이를 지지
• 아프로디테(파리스를 위해)
• 아레스 ('전쟁의 신'으로 아프로디테의 정부)
• 아폴론(아폴론 신전의 사제 크리세스의 딸을 아가멤논이 전리품으로 차지했기 때문)

그리스
연합군의 승리

운명을 타고난 영웅이었다.

따라서 트로이 전쟁은 아킬레우스의 영광을 위해 진행된다. 제우스
는 신들에게 트로이 전쟁에 참전하지 말 것을 명령하고 아킬레우스가
빠진 그리스 군대를 처절한 패배로 내몬다. 절체절명의 위기에 등장하
는 희대의 영웅 아킬레우스를 한껏 돋보이게 하기 위해서이다. 그리고
결정적인 순간에 나타난 아킬레우스는 절망적인 상황을 뒤집고 그리
스 군대에게 승리를 안겨준다.

아킬레우스는 트로이 목마를 이용한 그리스의 마지막 승리를 보지
못하고 죽지만 그리스의 승리는 아킬레우스의 힘에서 왔음을 아무도
부정하지 못한다. 그것은 제우스의 의지였다.

끝이 있어야 시작이 있는 법이다. 트로이 전쟁이 끝나면서 그리스
사람들의 신화도 막을 내린다. 그러나 트로이 전쟁에서 패한 아이네이
아스(184쪽)는 로마의 시작을 알리는 나팔을 불었다.

마침내 자기 삶까지
집어삼킨 허기

"아귀는 자기 자신의 욕망 때문에 자란 것이라 없앨 수 없어요."
한국형 오컬트를 표방한 드라마 〈악귀〉에는 다양한 한국 토종 귀신이
등장한다. 위 문장은 굶주린 귀신 '아귀(餓鬼)'에 대한 설명이다. 극 중
민속학자인 염해상(오정세 역)은 아귀에 씐 사람의 말로를 이렇게 설명
한다. "내가 아는 사람은 끊임없이 다른 사람의 것을 탐내다가 결국 자
기 자신을 견디지 못하고 자살해 버렸어요."

아귀는 불교 경전에도 나오는 족보 있는 귀신이다. "몸은 태산만 한
데 목구멍이 바늘구멍처럼 좁아 늘 배고픔의 고통에 몸부림친다." 불
교 경전 속 아귀에 대한 묘사다. 채울 수 없는 욕망에 사로잡혀 고통받

는 것이 아귀의 숙명이다. 자기 욕심을 채우고자 죽을 듯이 다투는 모습을 '아귀다툼'이라고 하는데, 아귀와 아귀가 만났을 때의 상황이다.

그리스 신화에도 아귀 같은 채울 수 없는 허기에 잠식당한 사람이 있다. 바로 테살리아의 왕 에리시크톤이다. 에리시크톤도 〈악귀〉의 염해상이 예고한 것처럼 종국엔 제 손으로 목숨을 끊었다.

무엇으로도 채울 수 없는 허기의 종착지

어느 날 에리시크톤은 식당을 짓기 위해 나무가 필요했다. 그는 주위를 살피다가 언제나 님프들이 춤을 추며 노는 떡갈나무 숲을 보았다. 그 숲은 '대지의 여신' 데메테르에게 바쳐진 것이었다. 그는 도끼를 들고 숲으로 갔다. 주위 사람들이 여신의 숲을 베면 큰 화를 당하게 된다고 말렸지만 에리시크톤은 들은 척도 하지 않았다.

그가 도끼로 나무를 내리쳤을 때 나무에서 피가 흘러내렸다. 나무에 깃든 요정 하마드리아데스가 흘리는 피였다. 그러자 늙은 하인 한 명이 용기를 내서 나무를 베는 것은 죄를 짓는 일이라며 에리시크톤을 말렸다. 에리시크톤은 도끼를 번쩍 들어 나무 대신 그의 목을 벴다.

나무의 요정들은 더 이상 어찌하지 못하고 데메테르 여신에게 살려달라고 애원했다. 그러자 데메테르가 여자 사제의 모습으로 변장하고 나타나 에리시크톤에게 나무를 베는 불경스러운 짓을 하지 말라고 충고했다. 그러나 그는 피식 웃으며 여사제로 변신한 데메테르를 경멸했다.

분노한 데메테르는 요정 하나를 '굶주림'이라는 뜻의 리모스에게 보

자코모 만치니, 〈접시 : 에리시크톤 신화〉, 1545년, 마졸리카, 직경 38.9cm,
상트페테르부르크 에르미타주미술관

요정이 깃든 나무를 베라고 지시하는 에리시크톤과 만류하는 하인, 이를 보고 받고 분노한 데메테르,
데메테르의 명을 받은 기아의 여신 리모스가 에리시크톤의 뱃속으로 들어가려는 모습이 그려져 있다.

작자 미상, 〈감로도〉, 조선시대, 걸개 그림, 220×235cm, 국립중앙박물관

〈감로도〉 중 아귀 부분도. 감로도는 아귀도에 떨어진 영혼들을 구제하기 위해 의식을 베푸는 장면을 그린 불화다. 보통 아귀는 배가 불룩하고, 목이 좁고 길며, 입에서 불을 뿜는 모습으로 묘사된다.

내 에리시크톤을 혼내주라고 부탁했다. 리모스는 밤에 몰래 에리시크톤의 방으로 들어가 잠자고 있던 그의 뱃속으로 들어갔다.

그 순간 에리시크톤은 심한 허기를 느끼며 잠에서 깨어났다. 도저히 참을 수 없는 굶주림이었다. 그는 주방으로 가서 눈에 보이는 모든 음식을 모조리 먹어 치웠다. 그러나 허기는 조금도 줄지 않았다. 아무리 먹어도 배가 부르지 않았다.

그때부터 에리시크톤은 아무 일도 하지 못하고 오직 먹는 일에만 열중했다. 불행 중 다행이라고 해야 할까, 그에게는 아버지가 남긴 막대한 재산이 있었다. 그러나 온종일 먹는 일에만 매달리는 에리시크톤의 허기는 무엇으로도 메울 수 없었다. 마침내 재산이 바닥났고, 에리시크톤 옆에는 오직 딸 메스트라만 남아 있었다.

빈털터리가 되었으나 여전히 에리시크톤의 창자는 음식을 달라고 아우성을 쳤다. 허기로 눈이 뒤집힌 에리시크톤은 먹을 것을 사기 위해 딸을 노예로 팔았다. 그런데 '바다의 신' 포세이돈이 메스트라를 어여삐 여겼다. 포세이돈은 메스트라에게 어떤 동물로도 변할 수 있는 변신 능력을 주었다. 메스트라는 새로 변신해 탈출했다.

리모스에 잠식당한 비정한 아버지 에리시크톤은 도망쳐 온 메스트라를 계속 팔았다. 그러나 메스트라는 팔려 갈 때마다 말, 사슴, 염소 따위로 모습을 바꾸고 아버지 곁으로 돌아와 힘껏 음식을 마련했다.

그러나 밑 빠진 독에 물을 붓는 것과 다를 바 없었다. 메스트라의 눈물겨운 노력에도 한계가 있었다. 마침내 허기와 굶주림을 이기지 못한 에리시크톤은 자기 몸뚱이를 먹기 시작했다. 그리고 삶까지 삼켰다.

재앙이 된 기적

탐욕에 관한 아주 절망적인 이야기가 하나 더 있다. 프리기아의 왕 미다스의 욕심이 그것이다. 이 이야기는 나무꾼이 도끼를 잃어버리자 신령이 금도끼와 은도끼를 함께 주었다는 이야기의 후편과 닮았다. 나무꾼의 이야기를 들은 어느 욕심쟁이가 일부러 도끼를 호수에 빠뜨렸다.

안토니 반 다이크, 〈사티로스의 부축을 받는 술에 취한 실레노스〉, 1620년경,
캔버스에 유채, 133×197cm, 런던 내셔널갤러리

실레노스는 헤르메스와 님프 또는 판과 님프 사이에서 태어난 자식들이다. 디오니소스의
양육자이자 스승인 실레노스는 대부분 나이가 많고 술에 잔뜩 취한 모습으로 묘사된다.
실레노스가 미다스 왕에게 사로잡혔을 때 삶의 지혜를 전했다. 실레노스는 "가장 좋은 것
은 세상에 태어나지 않는 것이고, 그다음은 일찍 죽는 것"이라고 미다스에게 말했다.

마찬가지로 미다스는 시골 사람이 잡아온 실레노스가 디오니소스의 스승이라는 사실을 알고 욕심을 냈다. 미다스는 실레노스를 정중하고 후하게 대접한 다음 직접 디오니소스에게 인도했다. 물론 디오니소스의 선물을 기대하면서 말이다.

실레노스의 생김새를 보면 사자의 코에 말의 꼬리와 당나귀 귀를 가지고 있었고 머리는 벗겨지고 배는 불룩하게 튀어나왔다. 생긴 것은 이러했지만 실레노스는 실용적인 지혜를 지니고 있었고 예언 능력까지 완벽하게 갖추고 있었다.

디오니소스는 미다스의 기대대로 원하는 것은 무엇이든지 들어주겠다고 약속했다. 미다스는 며칠 동안 생각하고 또 궁리해서 결정해 두었던 자기 소원을 말했다. 손에 닿는 것은 무엇이든 황금이 되었으면 하는 욕심이 그것이었다.

마을의 욕심쟁이는 금도끼를 탐내다가 자기의 도끼까지 잃었다. 마찬가지로 미다스 역시 지나친 욕심 때문에 중요한 것을 잃고 말았다. 미다스는 자기에게 찾아온 행운을 실험해 보았다. 나뭇가지, 돌멩이, 흙, 사과…… 그가 만지는 것은 무엇이든 황금으로 변했다. 미다스는 연금술사들처럼 황금이 만들어지는 과정을 건너뛰려고 했다. 아무 대가도 없이.

그러나 미다스는 곧 황금을 얻은 대가를 치러야 했다. 먼저 그는 식탁에서 아무것도 먹을 수가 없었다. 손에 닿는 것은 모두 황금으로 변했기 때문이다. 식탁마저 황금으로 변했다. 아무 생각 없이 만진 사람도 황금으로 변했다. 더 이상 행운이 아니라 공포스러운 저주였다.

미다스는 디오니소스를 찾아가 자기에게 내린 저주를 풀어달라고 했다. 디오니소스는 팍트로스 강에 손을 씻으라고 말했다. 미다스는 범죄자가 손을 씻듯이 자기에게 내려진 저주를 씻었다. 그 뒤 이 강에서 사금이 많이 나왔다고 한다.

"임금님 귀는 당나귀 귀"

미다스는 아폴론과 마르시아스(320쪽)가 음악 경연을 벌였을 때 아폴론의 승리에 이의를 제기했다가 벌을 받았다. 화가 난 아폴론은 미다스의 귀를 당나귀 귀로 만들었다. 큰 귀로 음악을 제대로 들으라는 의미였다. 귀가 크다고 음악을 잘 듣는 것은 아니지만.

미다스는 모자를 눌러쓰고 자기의 치부를 숨기려고 했다. 그러나 단 한 사람, 이발사의 눈을 피할 수는 없었다. 다른 왕들이 그랬던 것처럼 그 역시 이발사를 협박했다. 비밀을 누설하면 그 즉시 사형에 처하겠다는 무서운 협박이었다. 그러나 미다스의 이발사는 입이 가벼웠다.

신라 경문왕의 복두장(幞頭匠, 감투를 만드는 사람)도 그랬다. 신라 제48대 왕인 경문왕에 대한 설화에는 경문왕이 즉위 후 갑자기 귀가 당나귀처럼 길어진다는 대목이 있다. 그 이야기에서 복두장은 끝내 경문

왕의 비밀을 지키지 못하고 발설하고 만다.

미다스의 이발사는 땅을 파고 거기에 자기가 알고 있는 비밀을 털어놓았다. 그런데 그곳에 갈대가 자라면서 바람 소리와 함께 미다스의 귀가 실레노스의 귀처럼 당나귀 귀인 것이 세상에 알려졌다. 미다스로서는 욕심을 부리다가 실레노스처럼 머리가 벗겨지지 않은 것만도 다행스러운 일이었다.

1893년에 출간된 너새니얼 호손의 『그리스 로마 신화』에 수록된 월터 크레인의 삽화 〈황금으로 변한 미다스의 딸〉.

오늘날에는 손대는 것은 무엇이든 금으로 변하는 미다스의 능력을 축복으로 생각한다. 손대는 일마다 성공하는 그래서 돈 버는 재주가 탁월한 사람을 '미다스의 손'을 가졌다고 한다. 탐욕을 경계하고자 했던 신화의 의미는 퇴색하고 부에 대한 욕망은 한층 더 짙어졌다.

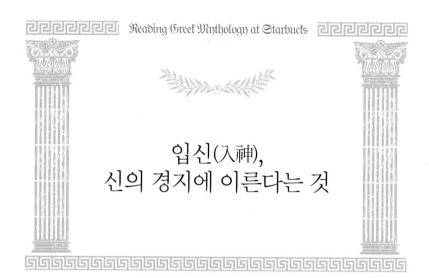

입신(入神),
신의 경지에 이른다는 것

이제부터 살펴볼 이야기들은 인간의 오만으로 빚어진 참혹한 결과에 대한 것들이다. 그러나 여기서 말하는 오만은 정확히 말해서 신에 대한 오만이다. 지금의 시대라면 자기과시나 자기 홍보로 볼 수 있는 것이다. 다만 신화시대여서 신에 대한 오만으로 인해 가혹한 벌을 받았을 뿐이다. 그것은 근대화를 경험하기 이전의 사회에도 그대로 적용된다. 신이 되었건 왕이 되었건 자기의 권위에 도전하는 사람을 그대로 두지 않았기 때문이다.

먼저 볼 사람은 아라크네라는 리디아 출신의 여자이다. 길쌈에 뛰어났던 아라크네는 자기에게 '직물의 수호신'이기도 한 아테나에 비견되

는 능력이 있다고 생
각했다.

이를 알게 된 아테
나는 남루한 옷을 입
은 노파로 변신해서
아라크네에게 겸손한
마음을 가지라고 꾸짖
었지만, 그녀는 듣지
않았다. 다른 건 몰라
도 길쌈만큼은 자신이
있었던 까닭이다.

그러자 화가 난 아
테나는 본래의 모습
으로 돌아와 아라크
네의 길쌈 도전을 받

오토 헨리 바허, 〈아라크네〉, 1884년, 에칭, 30×22cm,
뉴욕 메트로폴리탄미술관

아들였다. 아테나는 인간의 오만한 모습을 직조했고 아라크네는 신들
의 연애 이야기나 실수담을 짜 넣었다. 둘의 실력은 누가 낫다고 할 수
없을 정도로 뛰어났다.

인간의 교만함을 일깨워 주려고 한낱 인간과 대결한 아테나는 신들
을 조롱하는 아라크네에게 크게 화가 났다. 아테나는 아라크네가 짠
천을 갈기갈기 찢고 베틀의 북으로 아라크네를 때렸다. 아라크네는 치
욕을 느껴 목을 매고 죽으려고 했다.

그러나 아테나는 아라크네가 마음대로 죽게 내버려 두지 않았다. 대신 거미로 변신시켰다. 아라크네는 '거미'라는 뜻이기도 하다. 그때부터 거미는 능숙하게 실을 잣게 되었다고 한다.

'음악의 신'에 도전장을 내민 마르시아스

두 번째로 살펴볼 이야기의 주인공은 프리기아 지방에 살던 마르시아스이다. 아테나는 자기 신전의 무녀였던 메두사가 포세이돈과 부적절한 관계를 맺었다고 괴물로 만들고 훗날 페르세우스가 메두사의 목을 벨 때 도움을 주었다. 그리고 메두사의 자매인 고르곤들이 형제를 잃고 내는 비탄의 목소리를 본떠서 일반 피리보다 한 옥타브가 낮은 피리를 만들었다. 그러나 피리를 불면 얼굴이 흉하게 일그러지는 것이 싫었던 아테나는 피리를 내다 버렸다.

그것을 주운 것이 '숲의 정령' 마르시아스였다. 그는 모든 일을 제쳐두고 피리 불기에만 매달렸다. 마침내 피리 불기에 자신이 생기자 오만하게도 '음악의 신' 아폴론에게 도전장을 내밀었다. 그리고 제우스와 티탄 족인 므네모시네 사이에서 태어난 뮤즈들에게 심판을 부탁했다. 뮤즈들은 음악 시합에서 패한 쪽은 승리자의 요구에 무조건 따를 것을 조건으로 내걸었다.

아폴론은 비파를 들고 마르시아스는 피리를 들고 연주를 시작했다. 뮤즈들은 승부를 가리지 못했다. 그러자 아폴론이 악기를 거꾸로 들고 연주해 보자고 제안했다. 비파는 거꾸로 연주할 수 있지만 피리는 그렇지 않았다. 일방적으로 아폴론에게 유리한 조건이었다. 결국 마르시

미켈란젤로 안셀미, 〈아폴론과 마르시아스〉, 1540년경, 패널에 유채, 55.9×117cm, 워싱턴D.C.국립미술관

아스는 피리를 거꾸로 들고 연주하지 못했기 때문에 패했다.

아폴론은 잔인하게도 마르시아스를 소나무에 묶고 살가죽을 벗겨 냈다. 마르시아스의 비명 소리를 아름다운 음악이라도 되는 것처럼 감상하면서 말이다.

신에 대한 도전을 바라보는 인간의 생각

사실 아라크네나 마르시아스의 실력은 신과 대등했다. 그러나 오롯이 노력으로 이룬 이들의 성취를 신은 일방적으로 오만함으로 규정하고 벌했다. 여러분은 신의 처사가 과연 정당하다고 생각하는가?

신은 자기들에게 도전하는 인간의 오만을 비웃으며 형벌을 내렸다. 그러나 아라크네와 마르시아스라는 본보기에도 불구하고, 인간들은 신에게 도전하는 인간의 패기를 높이 샀다. 마르시아스의 이름은 로마 시대에 신의 뜻에 역행하는 의미로 사용되었다. 로마인들은 신에 대항한 마르시아스에게 존경과 경의를 표하면서 로마의 전제정치에 항거하는 시민 공동체의 자유와 이를 보장하는 사법권을 '마르시아스'라고 불렀다.

아테나가 아라크네에게 내린 죽음보다 더 끔찍한 형벌을 다르게 해석한 예술가도 있다. 프랑스 태생의 미국 설치미술가 루이스 부르주아Louise Bourgeois, 1911~2010는 거미를 강인한 모성애의 상징으로 여겼다. 부르주아는 높이 9m, 지름 10m가 넘는 초대형 거미를 여러 점 제작했다. 거미의 몸통은 청동으로 만들어졌고, 몸통에 달린 주머니에는 대리석으로 만든 알이 서른두 개 들어 있다. 작품 이름은 〈마망(maman)〉. 프랑스어로 '엄마'를 뜻한다.

부르주아는 절망감에 시달리면서도 자식을 거뒀던 자신의 어머니를 쉴 새 없이 실을 지어내며 새끼를 보호하는 거미에 빗대 표현했다. 그녀의 어머니는 거미처럼 실로 태피스트리(tapestry : 여러 가지 색실로

크리스토프 베리에, 〈마르시아스〉, 17세기 후반, 대리석, 높이 104cm, 뉴욕 메트로폴리탄미술관

고문의 고통에 비명을 지르고 있는 마르시아스.

사진은 런던 테이트모던 밖에 설치된 루이스 부르주아의 조각 작품 〈마망〉.

실제로 거미 중에는 모성애가 강한 거미들이 있다. 주홍거미는 새끼들이 알에서 깨어나면 자신의 몸을 자양분으로 내어준다. 새끼들이 먹기 쉽도록 내부 조직을 액체 상태로 만든다. 늑대거미는 거미줄로 알주머니를 만들어 몸에 붙이고 다니고 새끼들이 태어날 때까지 알주머니가 땅에 끌리지 않게 복부를 위로 올린 상태로 생활한다. 새끼들이 부화한 후에도 몇 주 동안은 등에 업고 다닌다.

그림을 짜 넣은 직물)를 짜던(수선하던) 사람이었다. 그녀에게 실은 가늘고 끊어지기 쉽지만, 찢어진 것을 꿰매고 헐거워진 부분을 단단히 옭아맬 수 있으며 때로는 용감하고 위협적인 힘을 발휘하는 도구였다. 마치 모성처럼 말이다.

'입신(入神)'이라는 말이 있다. 기술이나 기예 따위가 매우 뛰어나 신과 같은 정도의 영묘한 경지에 이르렀을 때를 나타내는 말이다. "신의 경지에 이르렀다"라는 말은 신의 입장에서는 한낱 인간이 입에 올려서도 안 되는 오만불손한 언사일 수 있겠다. 그러나 밤낮으로 기술과 기예를 갈고 닦기 위해 노력하는 이 땅의 아라크네와 마르시아스에게 같은 인간이 보낼 수 있는 최고의 찬사가 아닐 수 없다.

나답게 살아갈 용기

한 번 들어가면 다시는 나올 수 없는 미궁이 있다. 그곳은 바로 황소 괴물 미노타우로스를 가두었던 라비린토스이다. 미노스가 '바다의 신' 포세이돈을 속인 죄로 아내 파시파에는 황소에게 연정을 품어 황소 괴물 미노타우로스를 낳았고, 신의 저주를 라비린토스에 숨겼던 것이다.

그런데 아네테의 왕자 테세우스가 미노타우로스를 죽이고 아리아드네의 도움으로 라비린토스를 빠져나오는 일이 벌어진다(221쪽). 이에 아리아드네의 아버지인 미노스는 크게 분노했으나, 아리아드네는 이미 테세우스를 따라가고 없었다. 그러자 분노의 화살은 파시파에를 위해 라비린토스를 만든 그리스 최고의 기술자 다이달로스에게 향했다.

미노스는 다이달로스와 그의 아들 이카로스를 라비린토스에 가두었다. 자기가 판 구덩이가 무덤이 될 판이었다. 그러나 다이달로스는 그리스 최고의 기술자였다.

중용의 도를 버린 소년

다이달로스는 궁리 끝에 하늘을 날아서 탈출하기로 하고 오랫동안 새의 깃털을 모았다. 깃털이 충분히 모이자 밀랍으로 새의 깃털을 이어 큰 날개를 만들었다. 두 쌍의 날개를 만든 다이달로스는 아들 이카로스에게 주의를 주었다. 너무 높게 날면 태양열이 밀랍을 녹일 것이고 너무 낮게 날면 바다의 습기 때문에 날개가 무거워져 바다로 추락할 것임을 경고했다.

그리고 두 사람은 힘차게 하늘로 날아올랐다. 벨레로폰도 하늘을 날았지만 그는 날개 달린 말인 페가소스를 탔다. 파에톤도 하늘을 날았지만 그는 아버지 아폴론의 태양 마차를 탔다. 그러나 다이달로스와 이카로스는 신의 도움 없이 하늘을 날았다. 하늘을 나는 것은 라이트 형제가 비행기를 만들기 전까지 오랜 세월 동안 인간이 품고 있던 이룰 수 없는 꿈이었다. 그러나 다이달로스는 신화시대에 이미 하늘을 날았다.

처음에는 서툴던 날갯짓이 점차 익숙해지고 하늘을 난다는 것이 얼마나 아름다운 일인지 알게 될 무렵 이들은 이오니아 해 위를 비행하고 있었다. 다이달로스의 아들 이카로스는 서서히 몸이 달아오르면서 처음의 긴장은 눈 녹듯 사라지고 발갛게 달아오른 흥분이 몸을 지배하

허버트 제임스 드레이퍼, 〈이카로스를 위한 탄식〉, 1898년, 캔버스에 유채, 182.9×155.6cm,
런던 테이트브리튼

기 시작했다.

이카로스는 자꾸만 위로 날았다. 더 높이 날고 싶었다. 벨레로폰처럼 신이 되려고는 하지 않았다. 이미 신이 된 기분이었을 테니까. 이카로스는 아버지의 엄중한 경고를 무시하고 더 높이 날았다. 그러자 밀랍이 조금씩 녹아내리기 시작했고 얼마 뒤 이카로스는 바다로 추락했다. 이렇게 이카로스는 그 뒤 그의 이름을 따서 이카리오스 해(지금의 에게 해)라고 부르게 된 곳에서 죽었다.

사람이 살아가는 것도 이와 같지 않을까? 너무 높이 날거나 너무 낮게 날지 말고 중용의 길로 날아야 한다는 것 말이다.

아버지를 모르고 자란 아들

이카로스처럼 하늘을 날았지만, 게다가 멀리 우주를 날았지만 역시 참혹한 죽음을 맞이한 사람이 있다. 그의 이름은 파에톤으로, 기록으로 남아 있는 첫 우주 비행사였다. 그러나 인류의 첫 번째 우주여행은 끔찍하게 끝이 났다.

파에톤은 아버지 없는 아이로 자랐다. 어릴 때야 그렇지만 어느 정도의 나이에 이르자 고구려의 유리 왕자가 그랬던 것처럼 파에톤은 아비 없는 자식이란 놀림을 받고 어머니에게 달려갔다. 그러자 어머니는 아버지가 태양신이라고 가르쳐주었다. 의기양양하게 친구들에게 달려간 파에톤은 자기가 태양신의 아들이라고 자랑스럽게 말했지만 아무도 믿지 않았다.

파에톤은 고민 끝에 직접 태양신을 만나서 확인하기 위해 해가 떠오르는 동쪽 끝의 궁전을 찾아가기로 했다. 파에톤은 여러 영웅처럼 오랜 모험 끝에 태양의 궁전에 도착했다. 태양신 아폴론은 파에톤을 따뜻하게 맞이하고 그가 자기 아들이 분명하다고 말했다. 파에톤은 이로써 여행의 목적을 달성했다.

아폴론은 아버지 없이 자란 아들이 불쌍했다. 그래서 파에톤에게 소원이 있으면 무엇이든 하나 들어주겠다며 스틱스 강에 대고 맹세를 했다. 파에톤은 서슴없이 하늘을 달리는 태양의 마차를 끌어보고 싶다고 대답했다. 일순간 아폴론과 주위 신들의 얼굴이 파랗게 질렸다. 그리고 파에톤에게 그 부탁만은 들어줄 수 없으니 다른 것을 선택하라고 말했다.

그러나 파에톤은 요지부동이었다. 아폴론은 경솔하게 스틱스 강에 대고 맹세한 것을 후회했다. 제우스는 티탄 족과 싸울 때 스틱스가 제우스 편을 들어 공을 세웠기 때문에 스틱스 강에 대고 맹세를 하면 반드시 지키도록 해서 스틱스에 대한 은혜를 갚았다. 만약 이 약속을 어기면 아무리 신이라도 오랫동안 혼수상태에 빠져 있어야 했다.

아폴론과 주위의 신들은 어떻게 해서라도 파에톤의 결심을 바꾸게 하려고 노력했지만 허사였다. 하지 못하게 하면 더 하고 싶은 것이 사람의 심리이다. 파에톤은 태양의 마차를 몰고 하늘을 나는 일만이 유일한 소원이라고 딱 잘라 말했다.

이제 어쩔 수 없었다. 아폴론은 파에톤에게 간곡하게 몇 가지 주의를 주었다. 그러나 이미 태양의 마차를 몰게 되어 흥분해 있는 파에톤의 귀에는 아무 말도 들어오지 않았다. 빨리 하늘을 날고 싶다는 생각

뿐이었다.

　마침내 운명의 시간이 되었고 파에톤을 태운 태양의 마차가 하루의 운행을 위해 출발했다. 그러나 마차의 주인이 바뀐 것을 아는 말들은 제멋대로 달리기 시작했다. 하늘 위로 올라가 별들이 뜨거운 마차를 피하게 만들고 지나치게 아래로 내려가 지구를 태우기도 했다. 파에톤은 말들이 제멋대로 달리기 시작하고 통제를 할 수 없는 지경에 이르자 두려움 때문에 고삐를 놓고 눈을 감아버렸다.

　이제 세상은 제멋대로 움직이는 태양 때문에 큰 혼란에 빠졌다. 제우스는 하늘에서 파에톤이 초래한 재앙을 두고 볼 수 없다고 생각하고 벼락을 던져서 파에톤을 죽였다. 하늘을 날았던 파에톤은 검게 그을린 시체가 되어 하늘에서 떨어졌다. 아프리카 사람들의 피부가 까맣게 된 것도 이때의 일이라고 한다.

내 안의 작은 괴물, 콤플렉스

그리스 신화 속 신과 영웅은 완전무결한 존재가 아니다. 기뻐하고, 사랑하고, 오해하고, 시기하고, 미워하고, 분노하는 등 인간보다 더 인간적이다. 신화 속 신과 영웅의 심리를 따라가다 보면 인간이 고민하는 문제를 맞닥뜨리게 된다. 실제로 심리학자들은 그리스 신화 속 인물에 빗대어 인간 행동을 설명하기도 한다. 이카로스와 파에톤 이야기는 마음속에 복잡하게 얽혀 있는 지점, 우리 안의 '콤플렉스(complex)'를 들여다보게 한다.

이카로스 콤플렉스는 미국의 심리학자 헨리 A. 머레이^{Henry A. Murray,}
^{1893~1988}가 처음 사용한 용어다. 사람들에게 무한한 사랑과 관심을 받고
싶어서 사회적으로 높은 지위를 바라는 심리이다. 이카로스 콤플렉스
가 있는 사람들은 하나를 이루면 그다음, 또 그다음을 욕심낸다. 이들
은 자신이 특별하다고 생각하며 누군가 자신을 얕보는 걸 견디지 못한
다. 밀랍이 녹는 줄도 모르고 자꾸만 더 위로 날다 이카로스가 맞이한
최후처럼 상승만을 끝없이 추구하는 이들을 기다리는 것은 추락이다.

타인의 인정에 강박적으로 매달리는 심리는 파에톤 콤플렉스라고 한
다. 파에톤 콤플렉스는 성공한 부모 밑에서 사랑받지 못하고 자란 아이
에게 많이 나타난다. 오스트리아의 정신의학자 알프레드 아들러^{Alfred Adler,}

도미니크 르페브르, 〈파에톤의 추락〉, 1700~1711년, 대리석, 높이 154cm, 런던 빅토리아앤앨버트박물관

1870~1937는 파에톤 콤플렉스를 다음과 같이 분석했다. "자신이 버림받았다고 느끼는 아이는 모든 아이를 앞질러야 하고 모든 것을 혼자서 이뤄야 한다고 생각한다. 그들의 머릿속에는 온갖 거창한 환상들이 가득하며, 어떻게든 멋진 성과를 올리고 싶어 조바심을 낸다." 파에톤 콤플렉스의 가장 중요한 특징은 이상화된 자기상을 구축하는 데 강박적으로 매달린다는 것이다. 파에톤 콤플렉스에 매몰된 사람은 자신이 평범한 존재라는 사실을 받아들이지 못한다. 그러나 인정에 대한 갈망은 능력 이상의 성취를 원하게 되어 결국 실패의 악순환에 빠지게 한다.

인간은 누구나 다른 사람에게 인정받음으로써 자신의 가치를 확인받고 싶어 한다. 사회적 동물인 인간에게 인정 욕구는 본능이다. 인정 욕구는 더 나은 삶을 살게 하는 원동력으로 작용하기도 한다. 문제는 인정의 결정권이 타인에게 있다는 점이다. 아무리 인정받고 싶어도, 아무리 노력해도 상대가 인정해 주지 않으면 인정 욕구는 충족되지 않는다. 타인의 기준으로 자신의 가치를 인정받으려 할수록 '나'라는 존재는 희미해진다.

타인의 인정을 목숨과 맞바꾼 파에톤과 이카로스. 그들의 전철을 밟는 사람들에게, 아들러는 이렇게 조언한다. "타인에게 '미움받을 용기'를 가져야만 비로소 자유롭고 행복해질 수 있다."

케이팝 그룹 BTS는 〈작은 것들을 위한 시〉에서 추락하지 않고 하늘을 나는 법을 노래한다. 이들 21세기의 이카로스들은 태양을 향해 날아오르기보다는 작은 존재의 소소한 행복을 지키며 그들과 눈 맞추며 나는 것을 비행의 목표로 삼는다. "니가 준 이카로스의 날개로 태양이 아닌 너에게로 Let me fly"

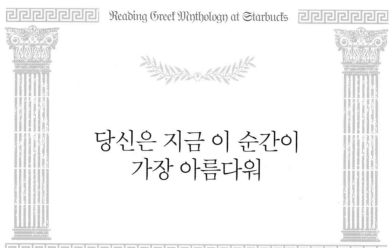

당신은 지금 이 순간이
가장 아름다워

"신은 죽었다."

독일 철학자 니체[F. W. Nietzsche, 1844~1900]는 신이 죽었다고 했지만, 그리스 신들은 죽지 않는다. 다만 태어날 뿐이다. 특히 그리스 신화에서 신과 인간의 차이는 죽음에 달려 있다고 해도 지나치지 않다. 죽으면 인간이고 죽지 않으면 신이라는 말이다. 신이나 인간이나 하는 행동은 거의 다르지 않기 때문이다. 사랑하고 싸우고 죽이고 그리고 자식을 낳는다.

그렇다면 신과 인간은 큰 차이가 없다는 말인가? 그렇지 않다. 죽음이야말로 하늘과 땅만큼 큰 차이가 난다. 한번 생각해 보자. 내가 영원히 죽지 않는다고 한다면 지금 당장 해야 할 일을 지금 바로 해야 할 이유는 없다. 내일 해도 되고 100년 뒤에 해도 된다. 어차피 시간은 나에게 아무런 의미가 없으니까. 그만큼 절박함이나 그 순간이 아니면 느낄 수 없는 감정을 가질 수 없다는 말이기도 하다.

니체가 틀렸다

뱀파이어를 다룬 영화를 보면 그들 역시 죽지 않는다. 어떤 뱀파이어는 죽음이 얼마나 달콤하고 깊은 잠인지를 말하며 죽고 싶어한다. 그런데 인간들은 죽지 않기를 간절히 바란다. 잘 아는 것처럼 불로초를 찾아다녔던 진시황도 그랬고 지금 책을 읽는 여러분도 그럴지 모른다.

그리스 신화에 시빌레(189쪽)라는 무녀가 나온다. '태양의 신' 아폴론이 그녀를 좋아해 시빌레가 집어 든 모래알만큼 오래 살게 해주었다. 그러나 시빌레가 아폴론의 사랑을 거부했기 때문에 아폴론은 그녀의 젊음을 앗아갔다. 시빌레는 다른 사람처럼 늙었지만 늙은 몸을 이끌고 모래알만큼이나 오래 살아야 했다. 과연 행복했을까?

한편 신들은 인간들의 삶이 궁금했다. 죽을 수밖에 없는 유한성을 지닌 인간의 삶을 알고 싶었던 신들은 인간의 모습을 하고 땅으로 내려온다. 이것이 바로 오비디우스의 『변신 이야기』이다. 신들은 인간으로 변해 사랑도 하고 싸우기도 한다. 그러나 죽음이 예정되어 있지 않은 신들은 순간이 주는 쾌감을 절대로 느낄 수 없다. 그 절박감, 그 성취감, 그리고 그 행복감을 말이다. 죽음을 무릅쓰고 해야 할 일을 하지 못하니까.

에드바르 뭉크, 〈프리드리히 니체〉, 1906년, 캔버스에 유채, 201×160cm, 스톡홀름 티엘스카갤러리

독일 철학자 니체는 『즐거운 학문(1882년)』에서 "신은 죽었다"고 외쳤다. 그러나 그리스 신들은 죽지 않는다. 그리스 신화에서 신과 인간의 차이는 영원히 사느냐 죽느냐에 있다.

신들도 태어났다. 신화는 신과 인간의 이야기이지만 기록은 인간들이 했기 때문에 태초에 일어났던 일에 대해서는 사실 아무도 모른다. 다만 신들이 인간들에게 해주었거나 호메로스와 같은 사람이 오랜 세월 고민해서 쓴 것이 남아 있다. 이를 바탕으로 신의 계보가 만들어졌다.

신의 계보를 보면 신들끼리의 결혼으로 신의 수가 자꾸 늘어났고 신들이 인간으로 변신해 인간과 관계를 맺어 신이나 영웅이 태어났다. 이렇게 보면 신이나 인간이나 탄생에는 큰 차이가 없다.

태초에 혼돈이 있었다

세계의 대부분 신화는 태초의 혼란에 대해 말한다. 혼란의 형태는 대체로 두 가지로 나뉘는데 하나는 물이고 다른 하나는 혼돈이다. 물은 빙하기가 끝나고 지구를 덮친 혼란스러운 상황을 설명하는 것으로 세상에는 오직 물만 찰랑거리고 있었다는 내용이다. 혼돈은 체계를 갖춘 신화에서 볼 수 있는 혼란의 형태이다.

그리스 신화는 후자를 따랐다. 태초의 혼돈 속에서 '대지의 여신' 가이아가 태어났다. 가이아의 부모가 누구냐고 캐묻는 것은 그리스도교에서 하나님의 부모가 누구냐고 묻는 것과 크게 다르지 않다. 또한 가이아가 여신이라면 남성으로서의 성질은 아예 없는지 묻는 것도 의미가 없다. 굳이 남녀라는 두 가지 성이 필요한 것이 아니기 때문이다. 여러 신화에 등장하는 태초의 신 가운데 두 성을 모두 갖춘 양성구유(兩性具有)도 많다.

그리스 신화에 가이아 이전에 대한 이야기가 없는 것은 아니지만 여기서는 가이아를 첫 번째 신으로 보고 이야기를 풀어가려고 한다. 먼저 첫 번째 신이 '대지의 여신'이라는 것은 매우 중요한 모티프이다.

대지의 여신이라는 위상은 다른 지역의 신화에서도 볼 수 있는데 먼

작자 미상, 〈우라노스와 가이아〉, 200~250년, 모자이크, 뮌헨 클립토텍

'대지의 신'이자 '신들의 어머니' 가이아가 사계절을 의인화한 신들과 함께 앉아 있다. 그녀가 낳은 '하늘의 신' 우라노스는 황도대 중앙에 서 있다.

저 생각해 볼 수 있는 것이 땅이 지닌 생산성이다. 세상을 길러내는 땅은 나무와 풀을 자라게 하고 곡식을 키우며 꽃망울을 터뜨린다. 인간 역시 죽으면 흙으로 돌아간다. 이렇게 보면 대지는 만물의 근원이다. 세계 여러

곳의 신화에서 대지의 여신이 최초의 신으
로 등장하는 것은 이런 이유 때문
이 아닐까?

또 하나 생각해야 할
것이 여신에 관한 것이
다. 딱히 남신이 우선되
어야 한다고 말하는 것은
아니다. 그런데 왜 여신일
까? 대지가 만물을 키우는
것처럼 아이를 낳은 것 역시
여자이기 때문이 아닐까?

가이아가 세상에 모습을 드러
냄으로써 세상에는 땅이 생겼다.

작자 미상, 〈가이아〉, 1세기, 청동과 은상감,
11×10×4.5cm, 볼티모어 월터스아트뮤지엄

동양의 음양 사상처럼 땅이 홀로 존재할 수는 없는 노릇이어서 가이아
는 스스로 하늘을 낳았다. 하늘의 이름은 우라노스였다. 이로써 세상에
는 하늘과 땅이 생겼다. 그렇다고 지금처럼 멀리 떨어져 있었던 것은
아니다. 남태평양이나 이집트 신화에 나오는 것처럼 당시 그리스의 세
계는 하늘과 땅이 맞붙어 있었다. 그렇다고 갑갑하게 생각할 것은 없
다. 당시 세계에는 이들 이외에 아무도 없었으니까.

신화는 이름 짓기를 고민하는 현대의 작명가들이 가장 가까이에 두
고 들여다보는 '작명 사전'이다. 하얀 도화지 같은 갓 태어난 제품, 회
사 등에 유구한 역사를 가진 신화 속 인물을 붙이면, 빠르게 원하는 이
미지가 만들어진다. 사랑과 아름다움을 관장하는 아프로디테(로마 신

하이트진로의 맥주 브랜드명인 테라(TERRA)는 라틴어로 흙, 대지, 지구를 뜻한다. 가이아는 로마 신화에서 대지의 여신 테루스(Tellus) 또는 테라(Tarra)다.

화의 비너스)가 여성 속옷 브랜드명이 된 것처럼. 하이트진로의 맥주 브랜드명인 테라(TERRA)는 라틴어로 흙, 대지, 지구를 뜻한다. 로마 신화에 나오는 대지의 여신 테루스(Tellus) 또는 테라(Tarra)가 바로 가이아다. 가이아는 유럽우주기구(ESA)가 2013년 발사한 우주망원경의 이름이기도 하다. 가이아 우주망원경은 지구에서 150만km가량 떨어진 제2라그랑주점(L2)에서 태양 궤도를 돌며 우주 지도 만드는 임무를 수행하고 있다.

"당신은 지금 이 순간이 가장 아름다워"

그리스 신화에서 신과 인간의 차이는 영원히 사느냐 죽느냐에 있다고 했다. 그러나 죽음을 곁에 두고 살기에 인간의 삶에는 아름다움이 깃들어 있다. 무한한 신들의 삶에는 간절한 소망과 기대, 패배와 몰락, 위대한 승리와 성취같은 것이 없다.

볼프강 피터젠 감독의 영화 〈트로이(2004년)〉에서 아킬레우스(브래드 피트 역)는 불멸의 존재인 신들이 인간을 부러워한다고 얘기한다. "비밀을 하나 말해 줄까? 신들은 사실 우리 인간을 부러워해. 우리는 언젠가는 죽을 운명이니까. 우리의 매 순간순간은 마지막일지도 모르니까. 사라질 운명을 지닌 자들에게는 모든 것이 더 아름다운 법이지. 당신은 지금 이 순간이 가장 아름다워. 다시는 이만큼 아름답지 않을 거야."

빔 벤더스 감독의 〈베를린 천사의 시(1987년)〉는 유한한 삶의 찬란함을 말하는 영화다. 천사 다미엘(브루노 간츠 역)과 동료 카시엘(오토 샌더 역)은 인간을 지켜보고 보호하는 일을 한다. 두 천사는 사람들을 지켜보며 점점 그들의 느끼는 것들을

빔 벤더스 감독의 1987년 작품 〈베를린 천사의 시〉 미국 개봉 포스터. ⓒ IMDb

궁금해한다. 커피는 어떤 맛일지, 돌멩이를 쓰다듬으면 어떤 느낌이 드는지…… 불사(不死)의 존재인 그들은 아무것도 느끼지 못하기 때문이다. 다미엘은 사랑을 위해 인간이 되고자 한다. 그는 시간과 질병, 고통과 죽음이 있는 인간의 삶을 선택하는 이유를 이렇게 설명한다.

"더 이상 영원한 시간 위를 떠도는 게 아니라 불어오는 바람을 느끼면서 '지금'이라는 말을 하고 싶어. 지금, 바로 지금. …… 전능하지 않아도 좋으니까 예감이라는 것도 좀 느끼고. '아!' '오!' 이렇게 외치고 싶어."

한 번뿐인 삶을 제대로 사는 방법은 지금, 이 순간을 온전히 느끼며 사는 게 아닌가 싶다.

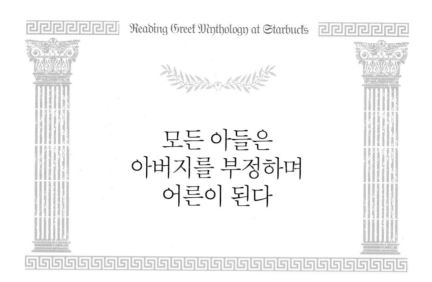

모든 아들은
아버지를 부정하며
어른이 된다

'오이디푸스 콤플렉스'는 아버지를 살해하고 아버지 자리를 차지하려
는 인간의 무의식적인 욕망으로, 오이디푸스(286쪽) 신화에서 유래한
말이다. 프로이트 Sigmund Freud, 1856-1939는 『토템과 터부(1912~1913년)』에서 아
버지를 살해하려는 무의식적인 욕망이 인류 문화의 보편적인 창조 원
리라고 주장했다. 여기서 아버지는 나를 있게 한 존재이자 기성의 권
위를 상징한다.

그리스 신화에서는 아버지가 아들에게, 아들이 아버지에게 칼을 겨
누는 이야기를 어렵지 않게 찾을 수 있다. 우라노스와 크로노스, 크로
노스와 제우스 신화가 대표적이다. 프로이트의 주장은 신화 속 부자지

간의 살육을 이해하는 열쇠가
된다.

먼저 태어난 '대지의 여신'
가이아와 나중에 태어난 '하늘
의 신' 우라노스는 서로 붙어 있
었다. 서로 몸을 붙이고 있으니
자연스레 생식 활동이 생기고
아이들이 태어났다. 가장 먼저
태어난 것은 헤카톤케이레스라
고 불리는 거인이었다. 모두 삼
형제였는데 인간과 다른 점이
하나 있었다. 그것은 50명의 사
람을 하나로 모아놓은 몸을 지
니고 있었다는 점이다. 다시 말
해서 머리가 50개, 팔과 다리가
각각 100개씩이었다.

페르디난트 슈무처, 〈프로이트의 초상화〉,
1926년, 종이에 석판화, 68×53cm,
빈 프로이트박물관

프로이트는 『토템과 터부』에서 아버지를 살해하고
아버지의 자리를 차지하려는 자식의 무의식적인
욕망인 오이디푸스 콤플렉스가 인류 문화의 보편
적인 창조 원리라고 주장했다.

어머니와 아들이 공모하여 아버지의 남근을 자르다

헤카톤케이레스 삼형제는 엄청나게 힘이 셌다. 이들은 신화에 거의 등
장하지 않지만 놀라운 힘을 과시한 적이 한 번 있다. 그것은 '바다의
신' 포세이돈과 '태양의 신' 아폴론, 여기에 제우스의 아내 헤라가 공모

| 티탄 족의 계보 |

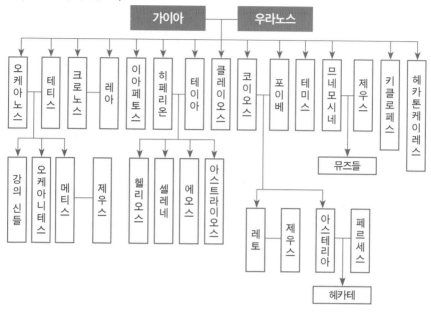

해서 제우스에게 반란을 일으킨 때였다. 아무리 강한 제우스도 올림포스 최고의 신 셋이 덤벼들자, 속수무책이었다. 제우스를 도운 것은 어머니 없이 태어난 '지혜의 여신' 아테나였다. 그렇다고 아테나가 직접 싸운 것은 아니고 지하 깊은 곳에 있는 타르타로스로 내려가 헤카톤케이레스를 데리고 왔다. 그리스 신화에서 이름깨나 난 신들도 헤카톤케이레스의 힘에 꼼짝 못 하고 제우스를 풀어줄 수밖에 없었다.

그다음에 태어난 것이 역시 삼형제인 키클로페스였다. 그런데 이들은 눈이 하나 모자랐다. 모자랐다는 것은 우리 인간과 비교해서 그렇다는 것이다. 아버지 우라노스는 키클로페스를 보고 자기도 이상했던지 지하세계에서도 가장 깊은 곳에 있는 타르타로스에 가두었다. 불쌍한 외눈박이 거인들!

그 뒤에 태어난 것이 티탄 족이라고 불리는 거인들이었다('거인'을 뜻하는 타이탄은 티탄에서 유래했다). 티탄 족은 일단 수가 많았다. 올림포스의 주신들이 관할하지 못하는 세세한 곳까지 맡아야 했기 때문에 자연히 수가 많을 수밖에 없었다. 그런데 여기서 큰 문제가 생겼다. 덩치가 큰 티탄 족이 활개를 펴고 살 곳이 없었던 것이다. 앞에서 하늘과 땅이 붙어 있었다고 말했다. 빛도 없는 어둡고 좁은 곳에서 수많은 티탄 족이 태어났으니 큰일이 아닐 수 없었다.

티탄 족의 불만이 점점 커졌다. 여기에 어머니 가이아 역시 불만이 많았다. 가이아의 가장 큰 불만은 키클로페스를 타르타로스에 가둔 것이었다. 열 손가락 깨물어 아프지 않은 손가락 없다고, 아무리 생긴 것이 다르다 해도 자식은 자식이었다. 여기에 티탄 족에 대한 마음 역시 가볍지 않았다.

얼마나 고민을 했을지는 모른다. 무한히 사는 신들에게는 시간 개념이 없으니까. 가이아는 우라노스를 쫓아내기로 하고 티탄 족을 불러 모았다. 그리고 아버지를 몰아낼 용기를 가진 자식이 있는지 물었다. 티탄 족은 서로 눈치를 보며 아무도 나서지 않았다. 그때 막내 크로노스가 앞으로 나왔다. 하룻강아지 범 무서운 줄 모른다고 했다. 가이아는 크로노스에게 청동으로 만든 낫을 주었다. 어머니와 아들의 무서운 공모가 시작된 것이다.

크로노스는 땅에 깊이 박혀 있는 아버지 우라노스의 남근을 낫으로 잘랐다. 이른바 거세를 한 것이다. 그 순간 피가 튀면서 하늘과 땅이 서로 떨어졌다. 이렇게 해서 흔히 우리가 세상이라고 부르는 곳이 생겼다. 빛이 흘러들고 나무가 자라고 '하늘만큼 높다'라는 말이 생겼다. 암흑 속에서 태어난 티탄 족은 비로소 빛 속에서 살게 되었다.

아버지의 거세에서 생겨난 원죄 의식

아버지의 성기를 잘라 하늘과 땅을 떼어놓은 일은 매우 중요한 사건이었다. 다른 신화에서는 머리나 발을 땅에 깊이 디디고 하늘을 밀어 올리는 것으로 하늘과 땅의 분리를 설명하는데 그리스 신화는 거세라는 엄청난 모티프를 담고 있다. 이는 앞으로 권력의 이동이 폭력을 수반할 것임을 상징한다. 또한 비록 어머니의 도움을 받기는 했지만 아버지에게 해를 가했다는 원죄 의식이 생겨나는 사건이기도 하다.

그리고 새로운 신의 탄생이 있었다. 크로노스가 청동 낫을 휘둘러 우라노스의 성기를 잘라 바다로 던졌는데 성기 주위에 거품이 일면서 태어난 것이 '사랑과 미의 여신' 아프로디테였다. 보티첼리의 그림 〈아프로디테의 탄생〉을 보면 큰 조개껍데기에서 아프로디테가 걸어

조르조 바사리, 〈크로노스에게 거세된 우라노스〉, 16세기경, 패널에 유채, 피렌체 베키오궁전

| 세계 신화의 최고신들 |

지역	신	특징
그리스	제우스	폭풍과 벼락의 신
이집트	레 → 오시리스	죽음의 신
인도	인드라	폭풍의 신으로 코끼리를 타고 다님
북유럽	오딘	애꾸눈
일본	아마테라스	여신으로 태양신
메소포타미아	티아마트 → 마르두크	세계의 질서를 창조
아스텍	케찰코아틀	깃털 달린 뱀의 모습

작자 미상, 〈아프로디테〉,
BC 200~100년, 점토,
높이 37.6cm, 베를린박물관

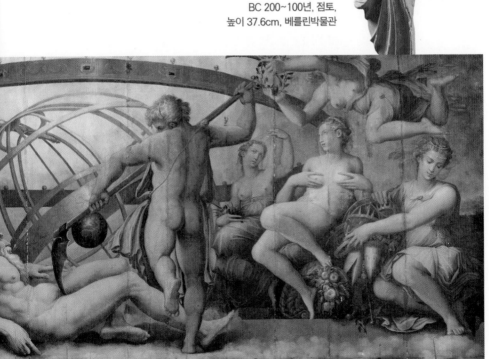

나오는 모습이 묘사되어 있다. 한편 아프로디테가 제우스의 딸이라는 주장도 있다.

그러나 아프로디테는 원래 아시아의 강력한 여신으로 그리스에 편입된 존재이다. 새롭게 받아들인 신을 그리스 신화에 맞추기 위해 앞의 이야기가 만들어졌다는 말이다. 생각해 보면 사랑만큼 세상에서 강한 힘이 또 어디 있겠는가? 그렇다면 최고신의 자리를 차지해야 하지만 그리스 신화 내에서는 이방 신인 탓에 신과 인간들을 전전하면서 바람이나 피우고 질투하는 여신으로 그려졌다.

저주 때문에 아이를 삼키는 아버지

어쨌든 크로노스의 힘찬 낫질은 아프로디테를 태어나게 했고 크로노스를 신들의 왕으로 만들었다. 또한 그 밖의 다른 중요한 지위는 티탄 족의 몫이 되었다. 그러나 아직 세계가 완비되지 않은 탓에 어수선했다. 왕이 된 크로노스는 폭력으로 자리를 쟁취한 신답게 권력을 휘둘렀다. 그가 행한 가장 잔인한 행위는 태어나는 아이를 삼키는 일이었다.

아들에게 거세를 당한 우라노스는 크로노스를 향해 너 역시 아들에게 크게 당할 것이라는 저주에 가까운 말을 던졌다. 이 때문에 크로노스는 아이가 태어나면 그대로 삼켰다. 우라노스의 말처럼 아들에게 왕좌를 빼앗기지 않으려면 그 방법밖에 없다고 생각했던 까닭이다.

크로노스는 누나 레아와 결혼을 해서 모두 여섯 명의 자식을 얻었다. 순서대로 보면 가정에 있는 '불의 신' 헤스티아, '곡물의 여신' 데메

아르투스 쿠엘리누스, 〈사투르누스〉, 1652~1653년, 테라코타, 높이 90cm, 암스테르담국립미술관

___

크로노스는 자신의 자리를 빼앗길까 두려워 자식을 삼켰다. 고대 로마에서는 크로노스를 '사투르누스' 라고 부르며 '농경의 신'으로 모셨다.

테르, 훗날 '신들의 여왕'이 된 헤라, 지하세계를 다스리게 된 하데스, '바다의 신' 포세이돈, 그리고 최고신 제우스였다. 이 가운데 헤스티아는 그리스 신화보다 로마 신화에서 중요하게 부각되는데 로마에서는 베스타라고 부르며 그를 숭배했다.

크로노스는 헤스티아부터 차례로 삼켰다. 여섯 번째 제우스가 태어났을 때 레아는 더 이상 참을 수가 없었다. 어머니 가이아가 겪었던 고통이 그대로 반복된 셈이다. 자식에 대한 깊은 애정과 남편에 대한 깊은 절망이 그것이다. 레아는 가이아처럼 고민 끝에 갓 태어난 제우스 대신 돌덩어리를 강보에 싸서 남편 크로노스에게 삼키라고 주었다. 크로노스는 아무 의심 없이 돌덩어리를 삼켰고 갓난아이인 제우스는 크레타로 보내져 어른이 될 때까지 그곳에서 자랐다. 이제 새로운 시대의 여명이 세상을 밝히기 시작했다.

새 술은 새 부대에, 새로운 세상은 새로운 신들에 의해

제우스는 아버지의 배 속으로 들어가지 않고 크레타 섬에서 양의 젖을 먹고 멋진 신으로 자랐다. 그리고 아버지 몰래 숙모이자 티탄 족인 메티스와 결혼을 했다. 메티스는 아주 현명한 티탄 족 여신이었다.

제우스는 아내 메티스를 시켜 아버지에게 구토 약을 먹였다. 구토 약을 먹은 크로노스는 그동안 삼켰던 아이들을 모두 토해냈다. 그리스 신들은 태어날 뿐이지 죽지 않는다. 어두컴컴한 아버지의 배 속에 들어 있던 다섯 명의 신들은 당연히 죽지 않았다.

태풍은 중심 최대 풍속이 17m/s 이상이면서 강한 폭풍우를 동반한 열
대성 저기압(tropical cyclone)을 가리킨다. 태풍은 발생 지역에 따
라 명칭이 달라진다. 북서태평양에서 발생하면 '타이푼(typhoon)', 북
대서양 · 카리브해 · 멕시코만 · 북태평양 동부에서 발생하면 '허리케인
(hurricane)', 인도양에서 발생하면 '사이클론(cyclone)'으로 부른다.
사이클론은 그리스 신화 속 외눈박이 거인 키클롭스에서 유래했다. 태
풍은 강한 바람과 많은 비로 막대한 피해를 주기도 하지만, 저위도와 고
위도 간의 에너지 불균형을 해소하는 역할을 한다.

제우스의 생각은 크로노스가 그랬던 것처럼 아버지 배 속에 갇혀 있던 형제자매와 함께 폭력적인 아버지를 몰아내고 새로운 세상을 만드는 일이었다. 그러나 쉽지만은 않았다. 크로노스는 아버지 우라노스만 몰아내면 되었지만 제우스는 크로노스의 형제자매인 티탄 족과 싸워야 했기 때문이다.

　물론 모든 티탄 족이 크로노스 편을 든 것은 아니다. 앞날을 예측할 수 있는 프로메테우스 등을 비롯한 많은 티탄 족이 제우스 편을 들었다. 그러나 싸움은 쉽게 끝이 나지 않았다. 그때 '대지의 여신' 가이아가 제우스에게 이길 수 있는 방법을 일러주었다. 가이아는 자식보다 손자 편에 가담한 것이다. 훗날 가이아는 이때의 선택을 후회했다.

　외눈박이로 태어나 곧바로 지하 가장 깊은 곳에 갇힌 거인 키클로페스를 잊지 않았을 것이다. 우라노스에게 버림받았던 키클로페스는 크로노스에게도 외면을 당했다. 키클로페스 삼형제는 어둡고 축축한 곳에 갇혀서 무슨 생각을 했을까? 어떤 대가를 치르더라도 밖으로 나가 밝은 곳에서 살 수만 있다면 얼마나 좋을까, 뭐 이런 것이 아니었을까?

　가이아는 제우스에게 키클로페스 삼형제를 자기편으로 끌어들이면 싸움에서 이길 수 있다고 알려주었다. 제우스는 곧바로 타르타로스로 내려가 키클로페스 삼형제를 데리고 지상으로 올라왔다.

　키클로페스 삼형제는 자기들을 구해준 대가로 제우스에게는 벼락을, 포세이돈에게는 삼지창을, 하데스에게는 머리에 쓰면 모습을 감춰주는 모자를 주었다. 키클로페스 삼형제의 가세는 결정적이었다. 제우스는 삼촌과 숙모인 티탄 족을 제압해 타르타로스에 가두고 머리가 50개에 팔과 다리가 각각 100개인 헤카톤케이레스 삼형제에게 지키게 했다.

민주적인 권력 분할과 새로운 신들의 질서 창조

크로노스가 그랬던 것처럼 권력은 싸움을 주도한 사람의 것이다. 그러나 제우스는 민주적인 방법을 선택했다. 제우스는 형제인 포세이돈과 하데스와 권력을 나누기로 했다. 제비뽑기에 따라 제우스는 하늘을, 포세이돈은 바다를, 하데스는 지하세계를 맡기로 하고 올림포스와 대지는 공동 영역으로 삼았다. 물론 최고의 자리인 '신들의 왕'은 제우스가 맡았다.

| 올림포스 신들의 계보 |

제우스, 포세이돈, 하데스 가운데 누가 형일까? 하데스와 포세이돈은 세상에 나오자마자 바로 아버지 배속으로 들어갔고 제우스만 이데 산에서 정상적으로 자랐다. 하지만 세상에 먼저 태어난 것은 하데스, 포세이돈, 제우스 순이다. ▧으로 표시한 신들이 올림포스 12신이다.

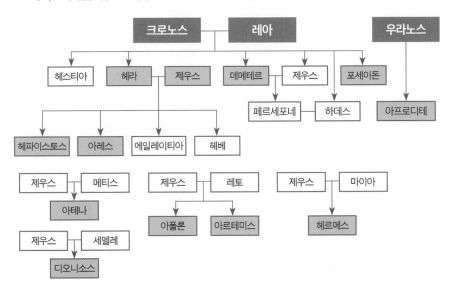

잔 로렌초 베르니니, 〈돌고래와 포세이돈〉, 17세기, 청동, 높이 56cm, 로스앤젤레스 폴게티미술관
작자 미상, 〈제우스 동상〉, 1~2세기, 대리석, 높이 227cm, 리버풀국립미술관
작자 미상, 〈하데스와 케르베로스〉, 1588년, 청동, 높이 52cm, 뉴욕 메트로폴리탄미술관

　이렇게 제우스와 아버지 배 속에 갇혀 있다가 나온, 다르게 표현하면
새로 태어난 하데스와 포세이돈은 새로운 신들의 질서를 만들기 위해
노력했다. 사실 그리스 신화는 이때부터 비로소 제 모습과 질서를 갖추
기 시작한다. 여기에는 제우스의 보이지 않는 숨은 노력이 담겨 있다.

　제우스는 오랫동안 생각한 끝에 주도면밀하게 세상을 이끈다. 그래
서 그리스 신화는 얼핏 보면 제각각 다른 이야기들처럼 보이지만 무엇
하나 홀로 떨어져 존재하는 이야기가 없다. 그것은 이런 식으로 표현
할 수 있다. 제우스는 크로노스가 그랬던 것처럼 세상을 삼켰다가 다
시 꺼내놓았다. 그런데 제우스의 배속에 들어갔다가 새로 나온 세상은
보이지 않는 그물에 싸여 있었다.

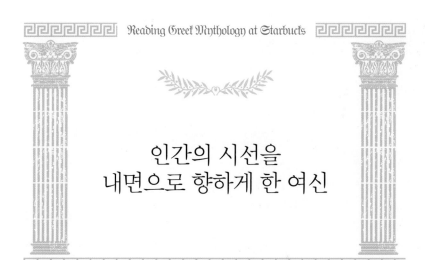
인간의 시선을
내면으로 향하게 한 여신

계단 아래 온갖 잡동사니가 가득한 창고 방에 사는 해리는 열한 번째
생일날에 올빼미로부터 마법학교 호그와트 입학통지서를 받는다. 호
그와트는 매년 올빼미를 통해 입학통지서를 보낸다. 신입생들에게 올
빼미를 보낸 사람은 미네르바 맥고나걸 교수. 그녀는 호그와트의 교감
으로 교장인 덤블도어가 매우 신뢰하는 마법사다.

"미네르바의 올빼미는 황혼이 되어서야 비로소 날기 시작한다." 독
일 관념론 철학을 완성한 헤겔Georg Wilhelm Friedrich Hegel, 1770~1831이 『법철학』서
문에 쓴 말이다. 여기서 '미네르바의 올빼미'는 지혜와 진리를 추구하
는 철학을 상징하고, '황혼'은 한 시대가 마감되는 시점을 의미한다. 이

『해리포터』에서 올빼미는 신입생들에게 입학통지서를 배달하고 서신을 전하는 전령사 역할을 한다. 올빼미는 '지혜의 여신' 아테나를 상징하는 동물이다.

말은 온갖 것이 활동하는 낮이 지나고 해가 지고 어스름해질 때 날개를 펴는 올빼미처럼, 철학도 현상과 사건이 처음 발생한 때가 아니라 그 현상이나 사건이 마무리될 무렵이 되어야 정확하게 실체를 파악할 수 있다는 의미다.

『해리포터』와 『법철학』, 두 책에는 공통적으로 미네르바와 올빼미가 등장한다. 미네르바는 '지혜의 여신' 아테나의 로마식 이름이다. 올빼미는 아테나를 상징하는 동물로, 세상을 살피고 신의 말을 전하는 전령 노릇을 한다. 아테나 신화를 알면 판타지 소설을 더 재미있게 읽을 수 있고 철학자의 은유를 제대로 이해할 수 있다.

아버지의 머리를 깨고 태어난 지혜의 여신

제우스는 공식적으로 결혼을 두 번 했다. 첫 번째는 티탄 족인 메티스와의 결혼이었다. 그런데 제우스가 티탄 족을 몰아내고 '신들의 왕'이 되었을 때 아주 무서운 이야기를 들었다. '대지의 여신' 가이아는 손자에게 메티스가 낳은 아들이 크로노스와 제우스가 그랬던 것처럼 아버지를 몰아내고 왕이 될 거라는 예언을 했다.

아버지 크로노스를 몰아낸 제우스는 예언을 듣자 등골이 오싹해졌다. 어떻게 해야 할까? 제우스는 잠깐 고민을 하다가 아버지를 생각해 냈다. 그리고 가만히 메티스에게 다가가 그녀를 통째로 삼켰다. 크로노스는 아이들을 삼켰지만 제우스는 아내까지 삼킨 것이다. 그런데 그때 이미 메티스는 임신을 하고 있었다. 이 사실을 모르는 제우스는 안심하고 누나인 헤라와 두 번째 결혼식을 올렸다.

어느 날 제우스는 편안한 자세로 의자에 앉아 있었다. 그런데 그날 따라 신들도 그렇고 올림포스 산의 분위기도 평소와 영 달랐다. 모두 알고 있는 것을 제우스만 모르고 있다는 표정이었다.

얼마 뒤 올림포스 산 위에 '출산의 여신'이 나타나 가만히 제우스를 바라보았다. 제우스가 영문을 모른 채 주위를 두리번거리고 있을 때 제우스와 헤라 사이에서 태어난 '대장장이 신' 헤파이스토스가 다리를 절뚝이면서 나타났다. 다리가 불편한 헤파이스토스는 연신 제우스의 눈치를 살피면서 슬금슬금 그를 향해 걸어왔다. 손에는 도끼가 하나 들려 있었다. 헤파이스토스는 그러다가 갑자기 달려들어 제우스의 머리를 도끼로 힘껏 내리쳤다. 헤파이스토스가 아버지를 몰아내기 위해 반역을 꾀한 것은 물론 아니다.

제우스는 그 순간 뭔가 머리를 빠져나가 위로 휙 날아오르는 것을 느꼈다. 곧이어 벌거벗은 한 여신이 사뿐히 바닥에 내려앉았다. 그러자 시녀들이 나타나 누군가가 벌거벗은 몸을 볼세라 여신의 몸을 물샐틈 없이 가렸다. 그리고 그 여신은 곧바로 트리톤 강으로 날아가 몸을 씻고 완전무장을 했다. 어머니 없이 자기 혼자 힘으로 태어난 여신이 바

르네 앙투안 우아스, 〈제우스의 머릿속에서 무장한 채 태어난 아테나〉, 1688년, 캔버스에 유채,
136.5×190.5cm, 파리 베르사유궁전

아테나는 지혜, 전쟁, 기술, 직물, 요리, 도기 등을 관장하는 여신으로 투구와 갑옷을 입고 창과 방
패를 든 여전사의 모습을 하고 있다. 아테나는 아테네의 수호신으로 도시 이름이 그녀에게서 유
래하였으며, 아테네 파르테논 신전이 그녀에게 바쳐진 곳이다.

로 '지혜의 여신' 아테나였다.

아테나는 제우스에게 매우 중요한 딸이다. 가이아의 말처럼 메티스가 제우스의 아들을 낳았다면 제우스의 운명은 크게 바뀔 수도 있었다. 그러나 아테나는 두 가지 점에서 제우스를 안심시켰다. 하나는 메티스가 낳지 않았다는 것이고 다른 하나는 아들이 아니라는 점이다. 또한 다른 누군가와 바람을 피워 얻은 딸이 아니기 때문에 질투심 강한 헤라의 핍박을 받지 않아도 되었다. 따라서 아테나를 바라보는 제우스의 눈길은 따스할 수밖에 없었다.

그림에 묘사된 아테나는 늘 완전무장을 하고 있다. 머리에는 투구를 쓰고 손에는 창과 방패를 들고 있다. 아이기스라고 불리는 이 방패 중앙에는 보기만 해도 돌로 변하게 만드는 무서운 메두사의 머리가 달려 있다. 아테나는 메두사의 머리를 직접 방패에 달았는데, 이러한 행위는 뱀으로 상징되는 제우스의 힘에 필적하는 힘이 자신에게 있다는 것을 보여주려는 의지의 표현이다.

처녀 신에게 엉겁결에 생긴 아들

아테나는 지혜의 여신으로 '사냥의 신' 아르테미스와 함께 처녀 신이다. 누구나 자기 신념에 대한 위기가 있는 법인데 아테나 역시 처녀성을 잃을 뻔한 일이 있었다. 아이러니하게도 그

상대는 아테나의 산파 역할을 했던 헤파이스토스였다.

헤파이스토스의 아내는 그리스 신화에서 최고의 미녀인 '미의 여신' 아프로디테였다. 헤파이스토스는 늘 바람을 피우고 다니는 아내 아프로디테보다 품위 있고 청순한 아테나를 좋아했다. 어느 날 아테나가 가벼운 발걸음으로 헤파이스토스의 대장간을 찾아왔다. 갑옷을 손보기 위해 찾아온 것이었다. 헤파이스토스는 아테나가 맡긴 갑옷을 정성을 다해 고치고 다듬었다. 사랑의 손길이 닿은 곳마다 황금빛으로 번쩍였다. 헤파이스토스는 수줍은 표정으로 아테나에게 갑옷을 내밀었다.

아테나는 고마운 마음에 보상을 하려고 했다. 보상이라는 말에 갑자기 용기를 얻은 듯 헤파이스토스가 아테나에게 달려들었다. 오랫동안 품어온 연정이 마침내 폭발하고 만 것이다. 아테나는 놀라 몸을 피하려 했고 엎치락뒤치락하는 사이에 일이 벌어졌다.

그리스의 국립학술원인 '아테네 아카데미' 건물 앞에 있는 아테나 여신상.

제라르 드 래레스, 〈바구니에서 에리크토니오스를 발견한 케크로프스의 딸들〉,
1685~1690년, 캔버스에 유채, 지름 120.5cm, 노르웨이국립미술관

아테나가 아테네의 세 공주에게 에리크토니오스를 맡기면서 절대로 덮개를 열어서는 안 된다고 주
의를 주었지만, 강한 호기심에 사로잡힌 처녀들은 덮개를 열었다. 똬리를 튼 뱀 꼬리 속에 작은 아기
가 들어 있었다. 신의 비밀을 엿본 처녀들은 스스로 목숨을 끊고 말았다.

성급한 헤파이스토스가 그만 정액을 아테나의 옷에 묻히고 말았다.

아테나는 정액을 닦아서 바닥에 버렸고 헤파이스토스의 정액을 '대지의 여신' 가이아가 받아서 아이가 태어났다. 이런 우여곡절을 겪고 태어난 아이가 에리크토니오스이다. 아테나는 엉겁결에 에리크토니오스의 어머니가 되고 말았다.

아테나는 갓난아기를 상자에 담아 케크로프스의 딸 판드로소스에게 맡기면서 절대로 열어보지 말라고 경고했다. 그렇지만 한창 호기심이 많은 처녀들에게 그건 열어보라는 것과 다를 바 없었다. 판드로소스 자매는 호기심을 이기지 못하고 상자를 열었다. 상자 안에는 큰 뱀이 아기를 돌돌 말고 있었다. 어떤 사람은 이 큰 뱀이 판드로소스 자매를 살해했다고 말하기도 하고, 이를 알게 된 아테나의 분노 때문에 미쳐버린 자매가 아크로폴리스에서 뛰어내려 죽었다고도 말한다.

어쨌든 아테나는 아기를 거두어 아크로폴리스의 신전에서 키웠다. 또는 아테나가 갑옷 아래 따뜻한 가슴에 넣어 키웠다고도 한다. 아테나의 방패에는 머리카락이 뱀인 메두사의 머리가 달려 있었다. 에리크토니오스는 이래저래 뱀과 친숙했다. 그리고 뱀처럼 영리했다.

에리크토니오스는 성인이 되자 왕 암픽티온을 추방하고 스스로 아테네의 왕이 되었다. 그는 아크로폴리스에 아테나 여신의 목상을 세우고 판아테나이아 축제를 창설했으며 프락시테아와 결혼해서 외아들 판디온을 두었다. 그는 발에 장애가 있었기 때문에(하체가 뱀이었다는 주장도 있다) 거동이 불편했다. 발이 자유롭지 못하다고 해서 마음까지 자유롭지 못한 것은 아니었다.

에리크토니오스는 선정을 베풀었으며 백성들 역시 그를 따랐다. 그

작자 미상, 〈은화〉, BC 450~406년, 은, 무게 17g, 런던 대영박물관

은화 앞면에는 아테나가 뒷면에는 올빼미가 새겨져 있다. 고대 그리스 속담에 "올빼미를 아테네로 가져가다(carry owls to Athens)"라는 말이 있다. 오늘날로 치면 "에스키모에게 눈을 팔다"와 비슷한 속담으로, 무의미하거나 쓸데없는 일을 한다는 뜻이다. 아테나 여신을 모신 아테네 파르테논 신전 서까래에는 수많은 올빼미가 둥지를 틀고 있었기 때문이다.

는 자기를 길러준 아테나 여신에 대한 신앙을 장려했다. 또한 아버지 헤파이스토스처럼 만들기를 좋아했고 발명에 재능이 뛰어났다. 그는 오랜 궁리 끝에 오늘날의 휠체어와 비슷한 것을 발명했다. 그는 그것을 타고 여러 가지 조작을 통해 자유롭게 움직일 수 있었다. 전쟁터에 자기가 발명한 탈것을 타고 나타나 적과 아군을 놀라게 만들기도 했다.

에리크토니오스는 죽은 뒤에 뱀의 모습으로 숭배되었다. 그는 이를테면 아테나의 양자였던 셈이다. 그리고 그가 아들에게 왕위를 물려준 것에서 볼 수 있듯이 아테네의 왕권도 이때에 이르러 비로소 확립되었다고 볼 수 있다. 에리크토니오스가 죽자 외아들 판디온이 그의 뒤를 이어 왕이 되었다.

인간의 시선을 내면으로 향하게 하다

아테나는 어머니의 자궁을 빌리지 못하고 제우스의 머리에서 태어났다. 아테나는 인간으로 하여금 눈을 돌려 내부를 보게 만든 여신이다. 이전까지 외부의 자연으로 향해 있던 인간의 시선을 내면으로 향하게 만들었던 것이다. 인간 내부에 자리하고 있는 것이 바로 지혜이다. 아테나가 지혜의 여신인 것은 이 때문이다.

오디세우스는 언제나 아테나와 대화를 했다. 그는 주위에서 일어나는 모든 것이 신에게서 기인한 것으로 생각하고 늘 신의 목소리에 귀를 기울였다. 오디세우스가 지혜로운 사람이 된 것 역시 이 때문이다.

아테나가 에리크토니오스를 키우고 보살핀 것처럼 아테나는 아테네의 수호신이 되었다. 아테네 인은 아테나의 상(像)을 세우고 숭배했는데 이 상은 여신의 이미지를 증식시키는 중요한 매개 역할을 한다. 그 이미지는 상이 있는 한 아테네는 무사하다는 믿음에서 비롯된다. 신을 본뜬 상은 인간세계를 떠난 신들과 연관된다. 영웅의 시대가 끝나고 하늘로 올라간 신들이 상으로 대체되었기 때문이다.

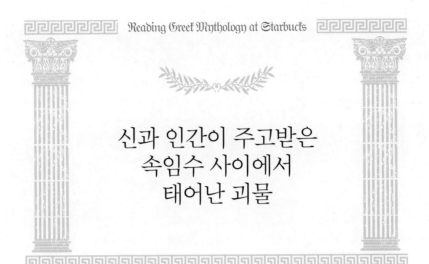

신과 인간이 주고받은 속임수 사이에서 태어난 괴물

가르치는 사람에게도 배우는 사람에게도, 첫 번째 강의는 매우 중요하다. 몇 달에 걸쳐 함께 공부할 주제에 대한 첫인상을 좌우하는 시간이기 때문이다. 그래서 늘 어떤 이야기로 물꼬를 틀지 고민하게 되는데, 경험상 젊은 남성 수강자가 많다면 '게임' 이야기로 포문을 열면 효과적이다. 이들은 인지하지 못할 뿐, 이미 신화의 세계를 즐기고 있기 때문이다.

"〈리그 오브 레전드〉에서 황소의 머리에 인간의 몸을 한 반인반수 캐릭터 아시나요?"

"알리스타요."

〈리그 오브 레전드〉에 나오는 캐릭터 알리스타(ⓒ 라이엇게임즈). 〈디아블로2〉, 〈리그 오브 레전드〉, 〈어쌔신크리드 오디세이〉 등 게임에 등장하는 반인반수 황소 괴물은 대개 미노타우로스가 그 원형이다.

"맞습니다. 그럼 알리스타가 그리스 신화에서 어떤 인물을 원형으로 삼았는지도 알고 있나요?"

"미노타우로스요."

수강생들의 눈빛에 '그쯤이야'하는 자신감이 비치면, 좋은 징조다. 아마도 오늘 강의는 순조롭게 마칠 수 있을 것이다.

괴물은 주로 이종교배로 탄생한다. 미노타우로스는 그리스 신화에서 인간과 황소, 서로 다른 종의 부적절한 결합으로 세상에 나온 대표적인 괴물이다.

엉뚱한 곳으로 번진 신의 분노

크레타의 왕 미노스(194쪽)는 왕이 될 자격을 보이기 위해 '바다의 신' 포세이돈에게 기도를 했다. 그러자 포세이돈은 바다에서 멋진 황소를 보내 기도에 답했고 이를 통해 미노스는 크레타의 왕이 될 수 있었다.

작자 미상, 〈미노타우로스 흉상〉, 그리스 시대 작품을 로마 시대에 복제, 아테네 국립고고학박물관

이때 미노스는 포세이돈에게 자기의 기도를 들어주면 그 황소를 제물로 바쳐 제사를 지내겠다고 약속을 했다. 그러나 미노스는 약속을 지키지 않았다. 포세이돈의 황소가 너무나 훌륭해 욕심을 부렸던 것이다. 그래서 다른 황소를 제물로 바치고 포세이돈의 황소는 자기가 가졌다. 신을 속였으니 보복이 없을 리 없다.

포세이돈은 크게 분노했다. 포세이돈은 엉뚱하게도 미노스가 아닌 그의

아내 파시파에를 이용했다.
파시파에는 어느 날
부터인가 포세이
돈의 황소에게 강
한 욕정을 품게 되었다.
파시파에의 머리와 가슴은 온
통 포세이돈의 황소에 대한
욕정으로 가득 차 더 이상 다
른 생각을 할 수가 없었다. 하
지만 이게 어디 가능한 일이
겠는가?

작자 미상, 〈파시파에와 미노타우로스〉,
BC 340~320년, 도자기, 파리 BnF박물관
———
파시파에는 어린 미노타우로스를 돌봤지만 사람을
잡아먹는 등 미노타우로스는 나날이 흉포해졌다.

　하지만 당시 크레타에는 그리스 최고의 기술자 다이달로스가 살인
죄를 저질러 도망쳐 와 있었다. 파시파에는 다이달로스에게 자기의 심
정을 토로하고 방법을 찾아달라고 부탁했다.

　다이달로스는 최고의 기술자답게 진짜 암소와 흡사한 모습의 가짜
암소를 만들었다. 물론 내장이 있고 간이 있는 진짜 암소는 아니었지
만 적어도 겉모습은 암소 그대로였다. 재료는 나무였고 안은 텅 비었
으며 바퀴가 달려서 움직이는 것도 가능했다. 그 위에 암소 가죽을 씌
웠다.

　욕정에 눈이 먼 파시파에는 내장 부위쯤에 있는 문을 열고 비어 있는
가짜 암소 안으로 들어갔다. 그리고 천천히 움직여 평소에 소들이 풀을
뜯는 곳으로 갔다. 얼마 뒤 문제의 황소가 파시파에 암소에게 다가와 미
리 만들어 둔 구멍으로 사랑이라고는 부를 수 없는 행위를 했다.

이렇게 해서 태어난 것이 미노타우로스라고 불리는 황소 괴물이다. 황소와 인간이 관계를 맺어 태어났으니 생긴 것도 인간과 황소를 닮을 수밖에 없지 않겠는가. 미노타우로스의 생김새는 목 윗부분은 황소이고 아랫부분은 인간이었다. 미노타우로스를 낳은 파시파에는 물론이고 미노스도 놀랐다.

처치될 수 밖에 없는 괴물의 운명

미노스는 이 일에 대해 신탁을 청했다. 원인이 포세이돈의 분노 때문임을 안 미노스는 어쩔 수 없이 미노타우로스를 받아들일 수밖에 없었다. 그리고 가짜 암소를 만든 다이달로스에게 미노타우로스가 살 집을 지으라고 명령했다.

다이달로스는 미궁이라고 불리는 라비린토스를 만들었다. 이곳은 한 번 들어가면 다시는 나올 수 없는 곳이다. 미노스는 아테네에 매년 소년과 소녀를 각각 일곱 명씩 바치라고 명령했다. 이들은 바로 황소 괴물의 먹이가 되었다. 신의 분노가 낳은 괴물은 매년 열네 명의 소년과 소녀의 목숨을 앗아갔다. 그러나 괴물은 영웅의 손에 퇴치되게 마련이다. 아테네의 왕자 테세우스(221쪽)가 나타나 황소 괴물을 죽이고 무고한 생명의 희생을 막았다.

미노타우로스의 아버지인 포세이돈의 황소는 어떻게 되었을까. 오랫동안 펠레폰네소스를 떠돌다가 헤라클레스에게 잡혀 아티카 지방으로 갔다. 황소는 다시 미노스의 아들을 물어 죽였다. 이 황소를 테세우

| 괴물을 퇴치한 영웅들 |

페르세우스	➡	**메두사** 머리카락은 살아 있는 뱀이고, 이빨은 사자보다 예리하며 보는 사람은 모두 돌이 되는 괴물이다.
헤라클레스	➡	**식인 사자, 독뱀 히드라** 사자는 '달의 여신' 셀레네의 젖을 먹고 자라 불사신이며, 히드라는 머리가 아홉 개로 하나를 자르면 두 개의 머리가 생겼다.
테세우스	➡	**미노타우로스** 머리가 황소인 이 괴물은 미궁에 갇혀서 매년 아테네의 소년과 소녀 열네 명을 먹고 살았다.
벨레로폰	➡	**키마이라** 머리는 사자, 몸은 산양, 하체는 뱀인 괴물로 입에서 불을 뿜었다.
오이디푸스	➡	**스핑크스** 수수께끼를 내서 풀지 못하면 사람을 잡아먹는 괴물로, 여자의 머리에 사자의 몸을 가졌고 날개가 있다.

스는 마라톤 지역에서 쓰러뜨렸다. 이는 아테네가 크레타를 쓰러뜨린 것을 상징한다.

인간의 욕망에 의해 태어난 괴물

티폰(60쪽) 이후 세상에는 괴물이 많이 등장했다. 그것은 신들이 급속도로 불어났던 것처럼 티폰이 괴물의 시조가 되어 괴물 수를 늘렸기 때문이다. 또한 인간의 욕망에 의해 괴물이 세상에 나타나기도 했다. 앞서 살펴본 미노타우로스는 신의 분노와 이상 성욕에 의해 탄생한 괴

에티엔 쥘 라미,
〈미노타우로스와 싸우는 테세우스〉,
1826년, 대리석, 212×205×85cm,
파리 루브르박물관

반인반수 괴물의 운명은 영웅의 손에 퇴치
되는 것이다. 미노타우로스는 미노스의 딸
아리아드네의 도움을 받은 아테네의 왕자
테세우스의 손에 죽었다.

물이라 할 수 있다.

인간의 욕망으로 태어난 두 번째 괴물은 상체는 사람이고 하체는 말인 켄타우로스이다. 유럽 사람들이 신대륙으로 건너갔을 때 인디언들이 말을 탄 모습을 보고 괴물이라고 놀랐다는 이야기가 있는데, 아마그 모습이 그리스 신화에 나오는 켄타우로스와 닮았기 때문일 것이다. 켄타우로스 역시 〈리그 오브 레전드〉에 반인반수 캐릭터 '헤카림'으로 등장한다.

켄타우로스의 조상은 익시온이라는 테살리아의 왕이었다. 익시온은 켄타우로스의 조상으로도 유명하지만 그리스 신화에서 친족을 살해한 첫 번째 사람으로도 유명하다. 당시 그리스 사회는 죄를 짓고 고향에서 쫓겨나면 다른 나라로 가서 죄 씻김을 받을 수 있었다. 그리고 대개 죄 씻김을 부탁하면 들어주었다. 그런데 익시온이 저지른 친족 살해는 너무나 큰 죄였기 때문에 아무도 씻어주지 않았다.

익시온은 자기 친족인 데이오네우스의 딸 디아와 결혼해서 페이리토스라는 아이를 낳았다. 그런데 데이오네우스에게 약속한 결혼 선물을 주겠다고 그를 초청해서는 숯이 가득 타고 있는 구덩이에 빠뜨려 죽이고 말았다.

죄 씻김을 받지 못한 익시온을 아무도 상대해 주지 않았다. 이를 보던 제우스는 딱한 마음이 들어 익시온을 올림포스로 초대했다. 올림포스로 올라간 익시온은 자기가 저지른 죄는 까맣게 잊고 헤라에게 음란한 욕망을 품고 은밀하게 유혹했다. 물론 헤라가 익시온에게 넘어갈 이유는 없었다.

이 이야기를 들은 제우스는 익시온을 시험하기 위해 구름으로 헤라

그리스 신화에 등장하는 반인반마 종족인 켄타우로스를 모델로 만든 〈리그 오브 레전드〉의 헤카림 캐릭터 (ⓒ 라이엇게임즈).

와 똑같은 여자를 만들었다. 익시온은 당연히 헤라로 알고 잠자리를 같이했다. 화가 머리끝까지 난 제우스는 익시온을 붙잡아 타르타로스에 가두고 불이 붙은 네 바퀴 수레를 영원히 끌어야 하는 무서운 형벌을 내렸다.

한편 익시온과 잠자리를 같이한 구름인 네펠레는 괴물 켄타우로스를 낳았고 이 켄타우로스가 페리온 산에 사는 야생마와 관계를 맺어 켄타우로스 족이 생겨났다. 이런 이유 때문인지 켄타우로스는 술을 좋아하고 음란했으며 싸우기를 좋아했다.

켄타우로스 족과 관련된 가장 유명한 이야기는 익시온의 또 다른 인간 후예인 라피테스 족과의 싸움이다. 파르테논 신전에 이때의 광경이 묘사되어 있다. 라피테스 족의 왕이자 익시온의 아들인 페이리토스가

산드로 보티첼리, 〈아테나와 켄타우로스〉, 1482년, 캔버스에 템페라, 204×147cm,
피렌체 우피치미술관

지혜와 전쟁의 여신 아테나가 켄타우로스의 머리칼을 쥐고 있다. 깊은 산속에서 사냥하며 사는 켄타
우로스가 금지 구역으로 들어오자 아테나가 저지하는 것으로 추정된다.

결혼식을 하면서 배다른 형제간인 켄타우로스 족을 초대했다. 그런데
켄타우로스는 자기도 익시온의 아들이라며 왕위를 넘기라고 소란을
피우기 시작했다. 게다가 술이 몸으로 들어가자 라피테스 족의 여자들
을 납치해서 범하려고 했다. 이 때문에 라피테스 족과 켄타우로스 족
사이에 큰 싸움이 벌어졌다.

싸움은 켄타우로스 족의 대패로 끝났고 그들은 테살리아에서 추방
되었다. 그렇다고 켄타우로스 족이 모두 나쁜 것은 아니다. 특히 케이
론은 제우스의 아들로 많은 영웅을 교육시킨 훌륭한 켄타우로스 족이
었다. 또한 켄타우로스 족은 정확히 45도 각도로 활을 쏠 줄 알았는데,
이는 그리스 사람들이 켄타우로스 족을 싫어하지 않았다는 증거이기
도 하다. 왜냐하면 정확한 45도는 기하학에만 존재하고 기하학은 그리
스에서 유래했기 때문이다.

· 찾아보기 ·

그림의 침묵을 깨우는 인문학자의 미술독법

미술관에 간 인문학자

| 안현배 지음 | 428쪽 | 20,000원 |

인문학으로 읽는 루브르의 깊고 장대한 이야기

그림의 침묵을 깨우는 가장 효과적인 방법은, 인문학의 도움을 받는 것이다. 서로 맞닿아 있는 관계나 역사·문화적 배경 등 텍스트를 해석하는 데 도움이 되는 모든 정보를 '콘텍스트(context)'라고 한다. 인문학은 예술 작품의 콘텍스트를 헤아리고 작품과의 소통을 돕는 가장 탁월한 도슨트이다.

길 위에서 만난 여행 같은 그림들

여행자의 미술관

| 박준 지음 | 360쪽 | 16,800원 |

* 한국출판문화산업진흥원 선정 '이달의 읽을 만한 책'

『On the Road』로 수많은 청춘의 가슴에 '방랑의 불'을 지폈던 여행작가 박준. 그는 여권에 이미 500개가 넘는 스탬프를 찍었지만 여전히 다른 세상이 궁금해 세계를 떠돌아다닌다. 그의 여정에서 미술관은 빼놓을 수 없는 경유지다. 그가 여행 가방에 고이 담아온 그림의 기억을 하나씩 꺼내 미술관을 열었다. 이름하여 '여행자의 미술관'. 당신을 그의 미술관으로 초대한다.

삶을 은유하는 영화 그리고 여행

영화가 우리를 데려다 주겠지

| 박준 지음 | 352쪽 | 16,800원 |

* 한국출판문화산업진흥원 선정 '세종도서'

영화라면 내가 사는 이곳과 전혀 다른 세상을 단 두어 시간 만에, 단숨에 보여줄 수 있다. 좁고 거미줄처럼 얽힌 리스본의 골목길, 얼음과 화산이 공존하는 아이슬란드, 긴 밤 내내 바람의 통곡 소리가 들리는 북극해……. 이 책은 스물일곱 편의 영화에 적힌 바람의 지문을 좇는 여정이다.

그림에 삶을 묻다

인생미술관

| 김건우 지음 | 420쪽 | 18,000원 |

실패하고, 욕망하고, 두려움에 뒷걸음질 치고, 타협하는
가장 보통의 삶이 그림 안에 있다!

화가는 그림을 통해 세상과 자기 자신에 관해 수없이 질문을 던진다. 즉, 화가의 삶을 통과해 나온 언어가 그림이다. 이 책은 서양미술사를 관통하는 화가 스물두 명의 인생을, 그들이 삶의 변곡점에 남긴 작품을 프리즘 삼아 헤아려 본다.